山海经

傅硕 / 译注

江西人民出版社
Jiangxi People's Publishing House
全国百佳出版社

图书在版编目（CIP）数据

山海经 / 傅硕译注. -- 南昌：江西人民出版社，
2016. 10

ISBN 978-7-210-08767-0

Ⅰ．①山… Ⅱ．①傅… Ⅲ．①历史地理－中国－古代
②《山海经》－译文③《山海经》－注释 Ⅳ．①K928.626

中国版本图书馆CIP数据核字(2016)第214101号

山海经

傅硕 / 译注

责任编辑 / 冯雪松

出版发行 / 江西人民出版社

印刷 / 北京柯蓝博泰印务有限公司

版次 / 2016年10月第1版

2018年7月第2次印刷

880毫米×1280毫米　1/32　14.25印张

字数 / 199千字

ISBN 978-7-210-08767-0

定价 / 42.80元

赣版权登字-01-2016-542

前　言

在现代纷繁复杂、物欲横流的社会中，读上一本既能获取知识、启迪心智，又能丰富想象、开拓视野的好书是一件令人向往的事情。《山海经》就是这样一本能让你受益良多的好书。

《山海经》是我国一部稀世珍贵又充满玄奇幻想的百科全书式的不朽宝典，其中蕴含着丰富的史学、民族、天文、历法、宗教、巫术、地理、气象、动物、植物、地理学、矿物学、文学、考古、医学、药学、生物学、水利、海洋学和科技史等诸多方面的知识，可谓包罗万象。尤其是《山海经》中所保存的我国古代神话传说，在所有古代典籍中更是首屈一指。它以丰富离奇的幻想和浪漫诡异的笔调，对中国文化产生了深刻而久远的影响，开创了后世神话、寓言、童话、故事、诗歌之先河。

《山海经》以图文并茂的形式，记载了五百多座名山及其地理位置，三百多条河道的名称、河流发源地及流向，四十多个国度以及远方异民的习俗，一百多个神话人物，一百多种药用动植物，四百多种神灵怪兽，等等。用生动的手法描绘变幻无穷的名山大川、功用奇效的树木花草、呼风唤雨的魔鬼神灵、骇人听闻的猛兽奇鸟、闻所未闻的异鱼怪蛇、蕴藏丰厚的金玉珍宝……其中有追求，有探索，有对民生的深切关爱，有对生活的美丽憧憬，有对神灵的敬畏，有对大自然的真诚赞美，有对未知世界的奇思妙想，表现了古代先民认识世界、改造世界、敢于与自然力抗争的英雄气概。这部古典图文珍品，使中国文化界第一次以自己特有的方式，向世界宣告了古老中华大地的神奇发现，将远古先民的生活状况、生存场景一一展现在世人面前，并讲述着中国古代先民们在追寻心中的梦想、追求理想的未来时所发生的一个个离奇而动人心魄的故事。它以丰富的内容和高度的想象力为古今中外的人们所称道、所叹服。

《山海经》中的神话资源为我国古代浩如烟海的文化典籍之最。在《山海经》里，我们可以看见大量光怪陆离的神仙。《南次三经》中的龙身人面神，《西次二经》中人面马身神和人面牛身神等。这些半人半兽神仙是原始人的幻想，是人类早期思维的折射。通过对这些半人半兽神仙的描绘，可以看出先民们对祖先的图腾崇拜。《山海经》中更让我们感动的是众多的神话故事，不但情节完整，题材也积极向上。《北山经》中的精卫填海、《海外北经》中的夸父追日、《海外西经》的刑天舞戚、《大荒西经》中的大禹治水等故事，这些故事美丽动人，集中体现了中华民族百折不挠的奋斗精神、追求真理的求实精神、守职敬业的奉献精神。这些宝贵的神话资源到诗人们手里，就变成了一篇篇脍炙人口的作品。陶渊明有《读〈山海经〉》十三首，其中"刑天舞干戚，猛志固常在"更是千古传诵的名句。西王母故事、夸父追日、黄帝与蚩尤之战、精卫填海等神话传说，不仅哺育了数千年来的文化，而且还震撼着现代人的心灵。《山海经》确实是一部丰富的文化遗产，它对后世的文学产生了很大的影响，并可以帮助我们理解后世的文学作品。如《镜花缘》中出现的长臂、结胸等国度直接来源于《海外南经》的长臂国和结胸国。《红楼梦》一开篇即是大荒山和女娲补天的故事。《楚辞》山水树木神话都可以与《山海经》互证。

《山海经》除了神话资源丰富，它的史学价值也不容忽视。今天的学术界，越来越重视《山海经》作为信史的一面。我们揭开罩在它头上的神秘面纱，追踪到的是上古先民的足迹。书中的肃慎国、匈奴国、犬戎国、氐人国都是秦汉时期生活在我国北方的民族。炎黄两个部落的战争，实际上反映了炎黄两个部族逐渐融合共同构成华夏民族的史实。帝俊生晏龙，晏龙发明琴瑟。帝俊有子八人，创制歌舞，发明车、弓箭，这些都是关于中华文明发源的浪漫传说。虽然是一个个浪漫的神话传说，但是《山海经》一个突出特点是以神话阐释历史，这充分说明历史和神话是同步的。射箭者都不敢向轩辕台引弓，可见黄帝作为华夏始祖在先民心目中的崇高地位。尤其是在《海内经》中，还详细叙述了炎帝、黄帝、舜的世系，这对我们研究上古文明更是有着不可估量的价值。

长生不老是人们一直孜孜以求的梦想。无论是实有其人的秦始皇还是文学作品中的孙悟空，都渴望长生不老，他们吃了许多丹药、仙桃，还做过很多诡异的祭法。道教以长生不老为仙人的标志。《山海经》更是把先民们对长生不死的追求表现得有声有色，如不死山、不死国、不死人、不死药、不死的神树，等等。古人希望自己能突破自然生命的极限，让凡俗的肉身与江河日月一样长存不息。于是他们放眼海外，幻想在遥远的昆仑山上有不死的仙药，在世外的桃源有不死的仙民。事实上，《山海经》中弥漫的长生求仙思想与春秋战国以来兴起的神仙巫术思想是一致的，也为今天我们探寻《山海经》的成书提供了一点线索。

也许，在《本草纲目》问世之前，只有《山海经》能与《神农本草》这样的医药、养生奇著相提并论。它记载了中华大地种类繁多的动植物的基本特征和药用功效，甚至指出了各种鸟兽的出没场所，它们给人类带来的利弊以及对自然灾害的预测。这种用动物的出没预知地震、风暴、旱汛的方法，至今仍为科学家和民众所采用。这也是《山海经》的精彩之处。

当然，由于各种原因，《山海经》也有其局限性。《山经》记载447座山，据考证，其中见于汉晋以来记载并能实指方位者，约140余座，不及总数1/3。而这140余座山分布极不平衡，其中半数属《中山经》，另半分属南、西、东山经。就所记山的方向而言，《中山经》讲的大方向基本正确。在里距方面，除《中山经》所在的晋南、陕中、豫西、河、渭、伊、洛地区所载较为详细准确外，其他经中里距差别很大，可信度并不高。《海经》中记了60余个远方异国，但是除了天毒、朝鲜等少数名称外，大都以当地人的形状命名，如结胸国、大人国等，显然不是真实国名。至于有关各国的形貌、起居与风俗，也多是传闻之词。

由于这部书年代久远，文字艰涩难解，许多读者由于文字的障碍，不能领略《山海经》的全部风采。于是我们把全书译成白话文，并加以注释，选配了大量不同时代的《山海经》的插图，便于读者观赏和阅读。相信本书的出版，会对广大《山海经》爱好者有所助益。

目 录

卷一　南山经

《南山经》是《山经》部分的开始。《山经》部分的内容写实较多，所记述的山川河流、物产、动植物，虽然有很多我们至今不知其详，但是相当一部分现在仍有，或从其他文献中可以找到依据和线索。

《南山经》主要包括三大山系，重点记述这三大山系的地貌矿藏和珍禽怪兽以及各大山系的山神祭祀等情况。三大山系共有大小四十座山脉，蜿蜒一万六千三百八十里。

在第一山系中，鹊山上有神草祝余，人吃了它不会感到饥饿；杻阳山上有怪兽鹿蜀，它会吟唱；柢山上有神鱼鯥鱼，它长着翅膀，人吃了它可以预防疾病；青丘山上有神鸟叫灌灌，人们佩戴它就不会受蛊惑。

在第二山系中，长右山上有形似猿猴却长着四只耳朵的野兽长右，它的出现预示这个地方会发生大水灾；尧光山中有形状像人却长有猪那样的鬣毛的野兽猾褢，哪个地方出现猾褢，哪里就会有繁重的徭役。

在第三山系中，丹穴山上有凤凰，它是吉祥的象征，它的出现意味着天下将会太平安定；仑者山上有神树白蓉，人吃了不会感到饥饿，还可以消除疲劳。

从上面所述神奇的动植物的特点我们可以看出，远古的先民们开始利用大自然，利用这些动植物，更好地生活。

南山经

南山经之首，曰䧿山[1]。其首曰招摇之山，临于西海之上，多桂，多金玉[2]。有草焉，其状如韭而青华[3]，其名曰祝余，食之不饥。有木焉，其状如榖而黑理，其华四照，其名曰迷榖[4]，佩之不迷。有兽焉，其状如禺[5]而白耳，伏行人走，其名曰狌狌[6]，食之善走。丽𪊨[7]之水出焉，而西流注于海，其中多育沛[8]，佩之无瘕疾[9]。

【注释】

[1]䧿（què）山，䧿即古鹊字。鹊山，据清吕调阳《五藏山经传》卷一："即达穆楚克山，雅鲁藏布所源也。雅鲁藏布即赤水，其源有池斜锐，水自东北流出，会池北一源，象䧿仰地张喙之形，故山得名焉。"[2]金玉，金，古代泛指五金或金属矿石；玉，有光泽的美玉。类似的很多词在古今都很常用，但往往所指的东西并不一样。[3]华，同"花"。[4]榖（gǔ），桑科植物，又可以称为构或楮，古代用其树皮造纸。[5]禺（yú），兽名，形似猕猴，赤目长尾，后人常猜测为猿类动物。《五藏山经传》卷一："禺，狒狒也。一名蒙颂，一名枭阳。"[6]狌（shēng）狌，一种人面兽，也有的说就是猩猩。[7]丽𪊨（jǐ）之水，古水名。《五藏山经传》卷一："有色梅河二源西北流而合，即丽旨之水。"[8]育沛，水中生长的一种植物的名称。[9]瘕（jiǎ）疾：指蛔虫、蛲虫等肠道寄生虫病，古代说法不一，大都指腹中结块。

【译文】

《南山经》所描述的南部山系的第一组山叫鹊山。鹊山组的第一座山叫招摇山，这座山高高耸立在西海岸边，山上盛产

狌　狌

桂树，还蕴藏着丰富的金属矿物和玉石。山上长有一种草，样子很像韭菜，开着青色的花朵，这种草的名字叫祝余，人们如果吃了这种草就不会感到饥饿。山中长有一种树木，它的形状像构树，有黑色的纹理，能开出光彩四射的花，这种树的名字叫迷穀，人们将这种树开的花佩带在身上就不会迷路。山中还有一种野兽，长得很像猿猴却有着一对白色的耳朵，它有时伏地爬行，有时像人一样站立行走，这种野兽的名字叫狌狌，人们如果吃了它的肉就可以走得飞快。从这座山流出一条河，这条河叫丽麂，丽麂水向西注入大海，水中有种叫作育沛的东西，人们如果佩带这种东西在身上就不会生寄生虫病。

又东三百里，曰堂庭之山[1]，多棪[2]木，多白猿，多水玉，多黄金。又东三百八十里，曰猨翼之山，其中多怪兽，水多怪鱼，多白玉，多蝮虫[3]，多怪蛇，多怪木，不可以上。

【注释】

[1] 堂庭之山，古山名。《五藏山经传》卷一："在今姜白穆庙之南，有隆列河自西来受，北偏西一水东迳庙南平流百五十里，屈而北少东，注赤水，象堂庭也。"[2] 棪（yǎn），木名，一说是乔木，果实像海棠果，熟了可以吃；一说就是现在的苹果。[3] 蝮虫，古代的一种毒蛇，也叫反鼻虫。郭璞注："蝮虫，色

如绶纹，鼻上有针，大者百余斤，一名反鼻。"

【译文】

从招摇山再往东三百里的地方，有座山叫堂庭山。山上有很多棪树，还有很多白色的猿猴，盛产水晶，蕴藏着丰富的金属矿物。

从堂庭山再往东三百八十里的地方，有座山叫猨翼山，这座山上有许多怪兽，水中有很多罕见怪异的鱼，这里盛产白玉，水中有很多蝮虫和怪异的蛇，山上有很多奇怪的树木，这座山险峻不可以随便上。

又东三百七十里，曰杻阳[1]之山，其阳[2]多赤金，其阴多白金[3]。有兽焉，其状如马而白首，其文如虎而赤尾，其音如谣[4]，其名曰鹿蜀[5]，佩之宜子孙。怪水[6]出焉，而东流注于宪翼之水。其中多玄龟，其状如龟而鸟首虺[7]尾，其名曰旋龟，其音如判木[8]，佩之不聋，可以为底[9]。

【注释】

[1] 杻（niǔ）阳，古山名。《五藏山经传》卷一："杻当作丑，羞也。丑阳之山，今郭拉岭也，以居怪水之阳，故名丑阳。"[2] 阳，山南水北为阳。又，山北水南为阴。[3] 白金，指银矿石。[4] 谣，古代不用乐器伴奏的清唱叫"谣"。[5] 鹿蜀，古代传说中的兽名。[6] 怪水，《五藏山经传》卷一："今佳隆鲁河，出山之西南，东北流会翁楚河。象穿斋，故曰怪。又象淫者，故曰丑。"[7] 虺（huǐ），一种有毒的蛇。[8] 判木，劈木。[9] 为底，为是治疗的意思，"底"通"胝"，指手掌或脚底的厚茧。为底，意思是可以医治厚茧。

【译文】

从獂翼山再往东三百七十里的地方，有座山叫杻阳山。山的南面盛产金属矿物，山的北面盛产白银。山中有一种身形像马的野兽，它的头是白色的，身上的斑纹像虎斑，而尾巴是赤红色的，它鸣叫起来声音很动听，如同人在唱歌，这种野兽叫鹿蜀，人们如果穿戴它的毛皮，对他们的子孙很有好处。还有奇怪的溪水从这座山流出，向东流入宪翼水。溪中有许多玄龟，这种玄龟的样子与普通的龟没什么区别，但是长着鸟一样的头和蛇一样的尾巴，它的名字叫旋龟，它的叫声像是劈木发出的响声。人们如果佩带它不但能使耳朵聪慧，而且还可以治疗脚上的老茧。

鹿 蜀

又东三百里柢山[1]，多水，无草木。有鱼焉，其状如牛，陵居，蛇尾有翼，其羽在鮇[2]下，其音如留牛，其名曰鯥[3]，冬死而夏生[4]，食之无肿疾。

【注释】

[1] 柢（dǐ）山，古山名。《五藏山经传》卷一："蓬楚藏布东源所出曰瓜查岭，盖即柢山。柢通舣，水形象兽角也。"[2] 鮇（xié），鱼胁，就是鱼的肋骨部位。[3] 鯥（lù），传说中的一种鱼。[4] 冬死而夏生，指动物的冬眠现象。

【译文】

从杻阳山再往东三百里的地方，有座山叫柢山。山中有很多溪水，却没有花草树木，光秃秃的。水中有一种鱼，形状像牛，还能在山坡中栖息，长着蛇一样的尾巴，还长有一对翅膀，它的声音像犁牛吼叫一样，它的名字叫鯥。它冬天休眠，夏天又重新苏醒过来。人们如果吃了这种鱼就可以防治痈疽疾病。

鯥

又东四百里，曰亶爰之山 [1]，多水，无草木，不可以上。有兽焉，其状如狸而有髦 [2]，其名曰类，自为牝牡 [3]，食者不妒。

【注释】

[1] 亶爰（dǎn yuán）之山，古山名。《五藏山经传》卷一："拜的城南有牙穆鲁克池，广二百三十余里，周七八百里，中有三山，一名米纳巴，一名鸦博士，一名桑里。山下溪流甚多，时白时黑，或成五采，池水周绕不流，亦不涸，即亶爰之山也。"[2] 髦（máo），动物颈上的毛发，下垂到眉。[3] 自为牝牡（pìn mǔ），指雌雄同体，自己和自己交配就可以繁衍后代。这里所说的类，和灵猫科动物大灵猫很相似，但并非雌雄同体。牝，（鸟兽等）雌性的；牡，（鸟兽等）雄性的。

【译文】

从柢山再往东四百里的地方，有座山叫亶爰山。山上水流很多，

类

7

但没有花草树木，光秃荒芜。山势险峻，人不可以随便上去。山上有种奇特的野兽，它的形体像野猫却长有人一样的毛发，它的名字叫类。类一身具有雄雌两种器官，可以自行交配。人们如果吃了这种野兽的肉就不会产生妒忌之心。

又东三百里，曰基山^[1]，其阳多玉，其阴多怪木。有兽焉，其状如羊，九尾四耳，其目在背，其名曰猼訑^[2]，佩之不畏。有鸟焉，其状如鸡而三首六目、六足三翼，其名曰鹐鸰^[3]，食之无卧^[4]。

【注释】

[1] 基山，古山名。《五藏山经传》卷一："基当作箕。山即努金刚藏山，有水东北会龙前河入赤水，西对林奔城，西南小水形如箕也。"[2] 猼訑（bó shī），传说中的一种野兽。[3] 鹐鸰（chǎng fú），传说中的一种鸟。[4] 无卧，不睡下，不用睡眠的意思。

【译文】

从甐爰山再往东三百里的地方，有座山叫基山，山的南面有很多玉石，山的北面有许多怪木。山上有一种怪兽，它的身形像羊，长着九条尾巴和四只耳朵，眼睛还长在背上，这种怪兽叫猼訑，人们要是佩带它就会大胆无畏。山上还有一种鸟，

鹐　鸰

8

它的形状跟鸡很相似，却长有三个头、六只眼睛、六只脚、三只翅膀，这种鸟叫鹠鸺，人们要是吃了它的肉就会精力充沛，还可以不用睡觉。

又东三百里，曰青丘之山[1]，其阳多玉，其阴多青䨼[2]。有兽焉，其状如狐而九尾，其音如婴儿，能食人，食者不蛊。有鸟焉，其状如鸠[3]，其音若呵，名曰灌灌，佩之不惑。英水出焉，南海注于即翼之泽。其中多赤鱬[4]，其状如鱼而人面，其音如鸳鸯，食之不疥[5]。

【注释】

[1] 青丘之山，古山名。《五藏山经传》卷一："青丘在藏地日喀则城之西南四百余里，萨布楚河所出之卓尔木山也。萨布水象人趺足窥井，故名青丘。"[2] 青䨼（hù），就是丹青，是一种很好看的颜色，可以用来制作涂料和染料。[3] 鸠，指斑鸠，一种体形像鸽子的鸟。[4] 赤鱬（rú），指娃娃鱼，属两栖动物，四只脚，长尾巴，会上树。以下《西山经》、《中山经》也有叙述。[5] 疥（jiè），指疥疮。

【译文】

从基山再往东三百里的地方，有座山叫青丘山。山的南面盛产玉石，山的北面盛产青䨼。山中有一种怪兽，它的形状与狐狸很相似，却长着九条尾巴，它的声音与婴儿啼哭一样，这种野兽会吃人。人们如果吃了它的肉就可

灌　灌

9

以避邪防妖。山中还有一种鸟，它的形状像斑鸠，它啼叫起来像是人们在相互呵斥，这种鸟的名字叫灌灌，人们如果佩带这种鸟的羽毛就不会受蛊惑。英水是从这座山流出，向南流入即翼泽。水中有很多赤鱬鱼，这种鱼的形体与普通鱼一样，但是长着人的面孔。它发出的声音如同鸳鸯在叫，人们如果吃了这种鱼肉就不会生疥疮。

赤鱬

又东三百五十里，曰箕尾之山 [1]，其尾踆 [2] 于东海，多沙石。汸水 [3] 出焉，而南流注于淯 [4]，其中多白玉。

【注释】

[1] 箕尾之山，古山名。《五藏山经传》卷一："箕尾，箕山之尾也，山在今拜的城西南。"[2] 踆（cún），通"蹲"，蹲居。[3] 汸（fāng）水，《五藏山经传》卷一："有龙前河西南流会努金刚山水，北注赤水，其形长方，故名汸。"[4] 淯（yǔ），与蠡古音相近，《五藏山经传》卷一："努金刚水形圆，似孕妇腹，故名淯。"

【译文】

从青丘山再往东三百五十里的地方，有座山叫箕尾山，山的尾部坐落在东海中。山中有很多沙石。汸水从这座山流出，向南一直注入淯水，汸水中有很多白色玉石。

凡誰山之首，自招摇之山以至箕尾之山，凡十山，二千九百五十里。其神状皆鸟身而龙首，其祠之礼：毛[1]用一璋玉瘗[2]，糈[3]用稌[4]米，一璧，稻米，白菅[5]为席[6]。

【注释】

　　[1]毛，古代祭祀时所用的有毛的牲畜，如猪、羊、牛、马、鸡等。下文有"毛用一鸡"、"毛用一犬"等说明用哪一种牲畜。[2]璋，玉器名，状如半圭。瘗（yì），埋，埋葬。[3]糈（xǔ），祭祀用的精米。[4]稌（tú）米，稻米，粳米。[5]白菅（jiān），茅草的一种，叶片细长，很坚韧，可以用来制作扫帚。[6]席，郝懿行注："席者，藉以依神。"也就是降神所用的席子。

【译文】

　　纵观南山第一山系鹊山，从招摇山到箕尾山一共十座山，二千九百五十里。这些山的山神都长着鸟身龙头。祭祀的礼仪是将牲畜和璋玉一起埋在地下，祭祀用的米是稻米，还用一块璧玉和稻米作贡品，供奉山神的坐席是用茅草编的席子。

南次二经

　　南次二经之首，曰柜山[1]，西临流黄[2]，北望[3]诸毗[4]，东望长右。英水出焉，西南流注于赤水，其中多白玉，多丹粟。有兽焉，其状如豚，有距[5]，其音如狗吠，其名曰狸力，见则其县[6]多土功。有鸟焉，其状如鸱[7]而人手，其音如痹[8]，其名曰鴸[9]，其名自号也，见则其县多放士[10]。

【注释】

[1] 柜（jǔ）山，古山名。《五藏山经传》卷一："柜山，拉撒诏东北之央噶拉岭也。柜同巨，准器，盛水者也。岭东之噶尔招木伦江形方，似之。"[2] 流黄，《五藏山经传》卷一："流黄，泽名，即腾格里海。东西长二百八十里，南北广百四十五里，在拉撒西北三百二十里，所谓流黄辛氏之国者也。"[3] 望，《山海经》中经常用这词，常用于介绍与某山相毗邻的山，非常形象，但是现代汉语不是很常用，所以都译作某面是某山。[4] 诸毗（pí），古代山名，也是水名。《五藏山经传》卷一："凡群水潴泽曰诸毗……此之诸毗谓喀拉诸池黑水上源也。"[5] 距，雄鸡、野鸡等的腿后面突出像脚趾的部分，这里指鸡足。[6] 县：地方行政区的一级。这里泛指某一片地方。[7] 鸱（chī），也就是鹞鹰，一种异常凶猛的飞禽。[8] 痺（bì），类似鹌鹑的一种鸟。[9] 鴸，古代神话传说鴸是帝尧的儿子丹朱所变成的鸟。帝尧把天下传给舜，丹朱不服气，于是与三苗国的人联合起兵造反，被帝尧打败。丹朱非常羞愧，就投海自尽，死后变成鴸鸟。[10] 放士，被放逐的人。

【译文】

《南次二经》所记述的是南部山系的第二组山脉，排在首位的山叫柜山，柜山西临流黄辛氏国，向北可以看到诸毗山，向东可以看到长右山。英水是从这座山流出，然后向西南流入赤水。英水中有很多白色的玉石，还有很多粟粒般大小的丹砂。柜山中有一种野兽，

鴸

12

它的形状像小猪，却长着一双鸡爪子，叫声如同狗叫，它的名字叫狸力，它出现在哪个地方，哪个地方就要加强治水工程。山上还有一种鸟，形状像鹞鹰却长着人手一样的爪子，啼叫的声音如同痺鸣，它的名字叫鹐，它的叫声就好像在呼喊自己的名字，它出现在哪个地方，哪个地方就会有很多的文士被放逐。

东南四百五十里，曰长右之山，无草木，多水。有兽焉，其状如禺^[1]而四耳，其名长右，其音如吟^[2]，见则郡县大水。

【注释】

[1] 禺，长尾猴。[2] 吟，人呻吟时发出的声音。

【译文】

从柜山往东南四百五十里的地方，有座山叫长右山。山上没有花草树木，但有很多溪水。山中有一种野兽，它的形状像猿猴，却长着四只耳朵，名字叫长右，它的叫声像人在呻吟，这种野兽是一种不祥的预兆，它出现在哪里，哪里就将发生水灾。

长　右

又东三百四十里，曰尧光之山^[1]，其阳多玉，其阴多金。有兽焉，其状如人而彘鬣^[2]，穴居而冬蛰，其名曰猾褢^[3]，其音如斫木，见则县有大繇^[4]。

又东三百五十里，曰羽山^[5]，其下多水，其上多雨，无草木，多蝮虫。

13

【注释】

[1] 尧光之山，古山名。《五藏山经传》卷一："尧光之山在今池州建德县西南，香口河所出也，东北有尧城镇，盖取山为名。"[2] 彘鬣（zhì liè），猪身上又长又硬的毛。彘，野猪。古代称野猪为彘，家猪为豕，不过时常也有混称。鬣，兽类颈毛。[3] 猾褢（huái），传说中一种身形像人的怪兽。[4] 繇，通"徭"，劳役。[5] 羽山，古山名。《五藏山经传》卷一："羽山在闽福宁府寿宁县北，俗呼岭头，三水南下合流注海如羽。"

【译文】

从长右山再往东三百四十里的地方，有座山叫尧光山。山的南面盛产玉石，山的北面盛产金属矿物。山中有一种野兽，身形像人却长着猪一样的

猾褢

鬣毛，居住在洞穴中，冬季还要冬眠，它的名字叫猾褢。它的叫声与砍木头时发出的声音一样，哪个地方出现这种怪兽，哪里就将有繁重的徭役。

从尧光山再往东三百五十里的地方，有座山叫羽山，山下有很多水流，山上雨水很多，这里没有花草树木，却有很多蝮蛇。

又东三百七十里，曰瞿父之山，无草木，多金玉。

又东四百里，曰句余之山[1]，无草木，多金玉。

又东五百里，曰浮玉之山[2]，北望具区[3]，东望诸毗。有兽焉，其状如虎而牛尾，其音如吠犬，其名曰彘，是食人。苕水出于其阴，北流注于具区。其中多鮆鱼[4]。

14

【注释】

[1] 句余之山，古山名。《五藏山经传》卷一："句余之山，闽海两矶岸也，在福州罗源县东，其北似句，其南似余。余，食已而噍也。"句同勾，即钩；噍同嚼。[2] 浮玉之山，古山名。《五藏山经传》卷一："浮玉，中天目山也。"[3] 具区，现江苏省境内的太湖。[4] 鮆（cǐ）鱼，即鲚鱼，这种鱼头长而狭薄，大的能长一尺多。

【译文】

从羽山再往东三百七十里的地方，有座山叫瞿父山，山上没有花草树木，却盛产金属矿物和玉石。

从瞿父山再往东四百里的地方，有座山叫句余山，山上没有花草树木，却盛产金属矿物和玉石。

从句余山再往东五百里的地方，有座山叫浮玉山。从这座山顶向北可以看见太湖，向东可以看见诸㟐水。山中有一种野兽，身形像老虎，却长着牛的尾巴。叫声如同狗叫，它的名字叫彘，这种野兽会吃人。苕水是从浮玉山的北坡流出，向北流向太湖。苕水中有许多鮆鱼。

又东五百里，曰成山[1]，四方而三坛[2]，其上多金玉，其下多青雘。闟水[3] 出焉，而南流注于虖勺[4]，其中多黄金。

【注释】

[1] 成山，古山名。《五藏山经传》卷一："成山，今衢州开化县北之马金岭。"[2] 坛，土台，用于祭祀的坛称祭坛。郭璞注："形如人筑坛相累也。成亦重耳。"意谓此山外形层次分明，犹如人工堆叠而成，"成山"的命名取"重山"或"层山"的意思。

15

[3]阋（shǐ）水，古水名。吕调阳校作"闲水"。《五藏山经传》卷一："闲水，金溪水也。闲，厩门也，防马外逸，每启轫阗之义。金溪水南流而东，虖勺自西南反曲流来会之，象闲门，故曰闲。"

[4]虖勺（hū shuò），水名，古人认为南虖沱水。

【译文】

从浮玉山再往东五百里的地方，有座山叫成山。这座山四面山坡，像是三层土坛堆砌起来的。山上蕴藏着丰富的金属矿物和玉石，山下有很多青腹。阋水是从这座山流出，向南流入虖勺河，水底蕴藏丰富的金属矿物。

又东五百里，曰会稽之山[1]，四方，其上多金玉，其下多砆石[2]。勺水[3]出焉，而南流注于湨[4]。

又东五百里，曰夷山[5]，无草木，多沙石。湨水[6]出焉，而南注于列涂[7]。

【注释】

[1]会稽之山，古山名。郭璞注："今在会稽郡山阴县南，上有禹冢及井。"《五藏山经传》卷一："会稽，今大盆山，在金华府东阳县东，与今绍兴山阴之会稽相去百数十里。荆浦诸水西流，象会计者舒掌屈指之形。会，算也；稽，屈也。"[2]砆（fū）石，即武夫石，类似玉石，还有一说是蜡石。[3]勺水，吕调阳校作"句水"。《五藏山经传》卷一："南有千丈岭，西北发为荆浦溪，又西流会东阳江为婺港，注湤水。岭少西南亦曰大盆山，东北发为大溪，即句水，经天台县城南而南折，注于湨水。"[4]湨（jú），古水名。[5]夷山，古山名。《五藏山经传》卷一："句源之北，当荆浦溪之南岸，是为夷山。有马岭溪水，实湨北源，

16

南流会西源之永安溪而东，象人裸仰，故曰夷。"[6] 淏水，《五藏山经传》卷一："又东南会南源之永宁江，总名为淏。"[7] 列涂，《五藏山经传》卷一："又东注海梅嶨，是为列涂，诸小水比次多涂也。今海口东北有桥，名涂下也。"

【译文】

从成山再往东五百里的地方，有座山叫会稽山，这座山呈四方形，山上盛产金属矿物和玉石，山下盛产晶莹透亮的砆石。勺水是从这座山流出，然后向南流入淏水。

从会稽山再往东五百里的地方，有座山叫夷山。夷山上没有花草树木，有很多沙石，淏水是从这座山流出，然后向南流入列涂。

又东五百里，曰仆勾之山 [1]，其上多金玉，其下多草木，无鸟兽，无水。

又东五百里，曰咸阴之山 [2]，无草木，无水。

【注释】

[1] 仆勾之山，古山名。《五藏山经传》卷一："山在今将则城年楚河，象勾背而后有丛枝也。"[2] 咸阴之山，古山名。《五藏山经传》卷一："即嵊县西北龙华山，在咸水之阴也。咸水，今双桥溪，西流入浦阳江而北注滂水也。"

【译文】

从夷山再往东五百里的地方，有座山叫仆勾山。山上盛产金属矿物和玉石，山下草木繁茂，山中没有飞鸟野兽，也没有水流。

从仆勾山再往东五百里的地方，有座山叫咸阴山，山上没有花草树木，也没有水流。

又东四百里，曰洵山[1]，其阳多金，其阴多玉。有兽焉，其状如羊而无口，不可杀[2]也，其名曰𧲂[3]。洵水[4]出焉，而南流注于阏[5]之泽，其中多芘蠃[6]。

【注释】

[1]洵山，古山名。《五藏山经传》卷一："洵山，处州宣平县东北俞源山也。"[2]不可杀，不会死，或者是不容易死的意思。郝懿行注："不可杀，言不能死也。"[3]𧲂（huàn），形状像羊的怪兽。[4]洵水，古水名。《五藏山经传》卷一："洵水，瓯江水也，自源西南流至宣平县南合两水，又东南至府治南合两水，又至青田县西北合两水，合处皆成十字，故谓之洵，从旬，十日也。汉阳之洵亦以源处成十字。"[5]阏（è）泽，湖泊名。[6]芘蠃（zǐ luó），紫色的螺类。

【译文】

𧲂

从咸阴山再往东四百里的地方，有座山叫洵山。山的南面盛产金属矿物，山的北面盛产玉石。山中有一种怪兽，它的身形与普通的羊一样，但是没有嘴巴，不吃东西也不会死，这种怪兽的名字叫𧲂。洵水是从这座山流出，然后向南流入阏泽，洵水中有很多紫色螺。

又东四百里，曰虖勺之山[1]，其上多梓、楠[2]，其下多荆、杞[3]。滂水[4]出焉，而东流注于海。

又东五百里，曰区吴之山，无草木，多沙石。鹿水出焉，而南流注于滂水。

【注释】

[1] 虖勺之山，古山名。《五藏山经传》卷一："虖勺之山，今仙霞岭。虖，虎食兽作声也；勺，爪之也。虖勺之水象之，故山受其名，即今文溪水矣。又名滂水。"[2] 梓，梓树，又名花揪、水桐，落叶乔木。楠，楠树，常绿乔木，常见于我国南方，是珍贵的建筑材料。[3] 荆、杞，荆：牡荆，落叶灌木，果实黄荆子可作药用。杞：即枸杞，落叶灌木，果实枸杞子，可作药用。都属野生灌木，带钩刺，所以常被人们认为是罪木。[4] 滂水，古水名。《五藏山经传》卷一，"滂者，大风吹雨旁溅也。"

【译文】

从洵山再往东四百里的地方，有座山叫虖勺山，山上有许多的梓树和楠树，山下有许多牡荆和苟杞。滂水是从这座山流出，然后向东流入大海。

从虖勺山再往东五百里的地方，有座山叫区吴山，山上没有花草树木，遍地都是沙石。鹿水是从这座山流出，然后向南流入滂水。

又东五百里，曰鹿吴之山 [1]，上无草木，多金石。泽更之水 [2] 出焉，而南流注于滂水。水有兽焉，名曰蛊雕，其状如雕而有角，其音如婴儿之音，是食人。

【注释】

[1] 鹿吴之山，古山名。《五藏山经传》卷一："西天目山以西南，北与大江分水，西与区吴分水，皆鹿吴也。山在杭州于

潜县北，其水曰桐溪，水凡合十一源南注潫水，其形肖鹿。"
[2]泽更之水，《五藏山经传》卷一："泽更水即徽港。更，木燧也；泽，摩也。水东南至严州淳安县西折向东流六十余里，至县城南而南折，有武强溪水出其东折处之西南，东流少南，左受二水，环曲而北注之，象执燧仰其掌，故曰泽更。其水又东至府治南，东注潫水也。"

【译文】

蛊 雕

从区吴山再往东五百里的地方，有座山叫鹿吴山。这座山上没有花草树木，盛产金属矿物和玉石。泽水是从这座山流出，然后向南流入潫水。水里有一种水兽，名叫蛊雕，它的身形与普通的雕一样，但是它头上有角。它的叫声与婴儿的啼哭声一样，这种水兽是会吃人的。

东五百里，曰漆吴之山[1]，无草木，多博石[2]，无玉。处于东海，望丘山[3]，其光载出载入，是惟日次[4]。

【注释】

[1]漆吴之山，古山名。《五藏山经传》卷一："漆吴，尾卷如漆，今镇海东金塘也。"[2]博石，一种色彩斑斓的石头，可用作工艺品。[3]丘山，古山名。《五藏山经传》卷一："丘山，舟山也。"[4]日次，太阳落下。次，停留、休息的意思。

【译文】

从鹿吴山往东五百里的地方，有座山叫漆吴山，山上没有任何花草树木，山里有很多可以用做围棋子的博石，山上不产玉石。漆吴山地处东海之滨，向东望去可以看见一片起伏的丘陵，远处有若明若暗的光芒，这里是日月升起和降落的地方。

凡南次二经之首，自柜山至于漆吴之山，凡十七山，七千二百里。其神状皆龙身而鸟首。其祠：毛用一璧[1]瘗，糈[2]用稌[3]。

【注释】

[1] 璧，这里是指一种圆形的玉器，正中有孔，是古代举行朝聘、祭祀等礼仪时常用的器物之一。[2] 糈（xǔ），祭祀用的精米。[3] 稌（tú），米，稻米，粳米。

【译文】

纵观《南次二经》这一山系，从柜山到漆吴山，共有十七座山，沿途七千二百里。这里的山神都是龙身鸟头。人们祭祀山神时，将祭祀的牲畜与玉璧一起埋在地下，祭祀的米用粳米。

鸟首龙身神

南次三经

南次三经之首，曰天虞之山[1]，其下多水，不可以上。

【注释】

[1] 天虞之山，古山名。《五藏山经传》卷一："天虞即庐山，为三天子都之一，东有七十二水，多瀑布，峰磴险峻，人踪罕及，故曰不可以上。"

【译文】

《南次三经》所记述的南部山系的第三组山脉，排在首位的叫天虞山，山下多流水，峰磴险峻，人不可以随便上去。

东五百里，曰祷过之山，其上多金玉，其下多犀兕[1]，多象。有鸟焉，其状如𬸚[2]，而白首、三足、人面，其名曰瞿如，其鸣自号也。浪水[3]出焉，而南流注于海。其中有虎蛟[4]，其状鱼身而蛇尾，其音如鸳鸯，食者不肿，可以已[5]痔。

【注释】

[1] 兕（sì），古代的一种野兽。像牛，一角，皮厚；有的说就是犀牛。[2] 𬸚（jiāo），古书说的一种水鸟，腿长，头上长有红毛冠。[3] 浪（yín）水，古水名。[4] 虎蛟，传说中的一种龙，也有的说是鲨鱼。[5] 已，停止。这里是指防治、治愈的意思。

【译文】

从天虞山往东五百里的地方，有座山叫祷过山。山上有丰富的金属矿物和玉石，山下有许多的犀牛和野象。山中有一种怪

22

鸟，形状像鸡，白色的脑袋，有三只脚，长着人一样的脸，它的名字叫瞿如，瞿如是根据它的叫声来命名的。浪水是从这座山流出，然后向南流入大海。浪水中有虎蛟，它的身形像鱼，长着蛇一样的尾巴，叫起来像鸳鸯。

瞿　如

人们如果吃了虎蛟肉就不会生痈肿病，同时还可以治愈痔疮。

又东五百里，曰丹穴之山 [1]，其上多金玉。丹水出焉，而南流注于渤海 [2]。有鸟焉，其状如鸡，五采而文 [3]，名曰凤凰，首文曰德，翼文曰义，背文曰礼，膺 [4] 文曰仁，腹文曰信。是鸟也，饮食自然，自歌自舞，见则天下安宁。

【注释】

[1] 丹穴之山，古山名。《五藏山经传》卷一："泛水既入澜沧后，南流百余里，东岸有地名擦喀巴，即丹穴。"[2] 渤海，《五藏山经传》卷一："澜沧又南经云南境，至越南为富良江，入海广南湾，所谓渤海。"[3] 文，通"纹"，花纹、图形、图案。[4] 膺（yīng），胸部。

【译文】

从祷过山再往东五百里的地方，有座山叫丹穴山，山上盛产金属矿物和玉石。丹水是从这座山流出，然后向南流入渤海。山中有一种怪鸟，它的形状像鸡，身上花纹五彩斑斓，这种鸟名叫凤凰。它头上的花纹像"德"字，翅膀上的花纹像"义"

23

字，背部的花纹像"礼"字，胸部的花纹像"仁"字，腹部的花纹像"信"字。这种鸟饮食十分自然从容，经常会自歌自舞。这种鸟是吉祥鸟，只要它出现，天下就会太平。

又东五百里，曰发爽之山[1]，无草木，多水，多白猿。汜水[2]出焉，而南流注于渤海。

又东四百里，至于旄山之尾[3]，其南有谷，曰育遗，多怪鸟，凯风[4]自是出。

【注释】

[1] 发爽之山，古山名。《五藏山经传》卷一："匜楚里冈城东北百二十里，有楚克阡两池，象人目，故曰发爽。发爽，犹发视也。"[2] 汜水，《五藏山经传》卷一："其水东南流，会西来之匜楚里冈山水，又东南入澜沧江，象游者之状，故曰汜水。"[3] 旄（māo）山之尾，《五藏山经传》卷一："河源诸小水象旄形，其山是为旄山。旄山东南历金沙东岸而至里木山之东，当里楚河拆而东流之，北岸是为旄山之尾。"[4] 凯风，南风，一般指柔和舒适的风。

【译文】

从丹穴山再往东五百里的地方，有座山叫发爽山。山上荒芜，没有生长花草树木，到处都是流水，山中有很多白色的猿猴。汜水是从丹穴山流出，然后向南流入渤海。

从发爽山再往东四百里的地

白　猿

方就到了旄山的尽头了。旄山的南面有一座峡谷，称为育遗，山谷中有许多奇怪的鸟，从这座山谷中吹出来的风非常柔和舒适。

又东四百里，至于非山之首[1]，其上多金玉，无水，其下多蝮虫。

又东五百里，曰阳夹[2]之山，无草木，多水。

又东五百里，曰灌湘之山，上多木，无草；多怪鸟，无兽。

【注释】

[1] 非山之首，《五藏山经传》卷一："里楚河流至里塘城东南折而南流，与其东之雅龙江相距五六十里，并行而南三百余里，两川间都无小水，是为非山。非犹违也，背也。非山之首盖在雅龙江西南流折行而南之西。"[2] 阳夹，《五藏山经传》卷一："阳夹，胁在腹前也。山在打箭炉南六十里，其北三池为泸河源，北流东注大渡河。东南一源为什丹河，亦注大渡河。西南为霸拉河，注雅龙江。自此而南，循山发水左右分注，统号之曰阳夹也。"

【译文】

从旄山再往东四百里就到非山的首段了。山上盛产金属矿物和玉石，没有水流，山下遍地是蝮虫。

从非山再往东五百里的地方，有座山叫阳夹山，山上没有花草树木，山中有很多水流。

从阳夹山再往东五百里的地方，有座山叫灌湘山，山上树木茂盛，但是没有花草，山中有许多奇怪的鸟，但是没有野兽。

又东五百里，曰鸡山[1]，其上多金，其下多丹膲。黑水

25

出焉，而南流注于海。其中有鲑鱼[2]，其状如鲋[3]而彘毛，其音如豚[4]，见则天下大旱。

—山海经—

【注释】

[1]鸡山，古山名。《五藏山经传》卷一："鸡山在索克宗城，比近索克占旦索河，东北流折而西南，与黑水会，象鸡首也。喀喇河自此以下名色尔楚。唐古特语：色尔，金也；楚，水也。即鸡山多金之证矣。"[2]鲑（tuán）鱼，古代传说中一种能鸣的怪鱼。[3]鲋（fù），鲫鱼。[4]豚（tún），小猪，也泛指猪。

【译文】

从灌湘山再往东五百里的地方，有座山叫鸡山。山上盛产金属矿物，山下盛产丹膻。黑水从鸡山流出，然后向南流入大海。黑水中有一种怪鱼，形状像鲫鱼，但是又有一条像猪一样的尾巴，它发出的声音如同小猪在叫。鲑鱼一旦出现，天下就会大旱。

又东四百里，曰令丘之山，无草木，多火。其南有谷焉，曰中谷，条风[1]自是出。有鸟焉，其状如枭[2]，人面四目而有耳，其名曰颙[3]，其鸣自号也，见则天下大旱。

【注释】

[1]条风，东北风。[2]枭，猫头鹰一类的鸟。[3]颙（yóng），传说中的一种鸟。

【译文】

从鸡山再往东四百里，有座山叫令丘山。山上无花草树木，容易发生山火现象。山南面有个峡谷，叫中谷。东北风就是从中谷吹出来的，山谷中有一种鸟，它的形状像猫头鹰，但是长着一副人的面孔，有四只眼睛，还有耳朵，它的名字叫颙，颙是根据它的鸣叫声来命名的。颙一旦出现，天下就将发生大旱灾。

又东三百七十里，曰仑者之山，其上多金玉，其下多青䨼。有木焉，其状如榖而赤理，其汗如漆，其味如饴[1]，食者不饥，可以释劳，其名曰白䓘[2]，可以血玉[3]。

【注释】

[1]饴，用麦芽制作的软糖，这里是指有甜味。[2]䓘（gāo），古树名。[3]血玉，血：作动词用，涂染的意思，即将玉饰品涂染使之色泽鲜艳，焕发光彩。郭璞注："血谓可用染玉作光彩。"

【译文】

从令丘山再往东三百七十里的地方，有座山叫仑者山。山上盛产金属矿物和玉石，山下盛产青䨼。山上有一种树，形状像构木，有着红色的纹理，枝干流出的汁液像油漆，味道甘甜。人们如果吃了这种汁就不会感到饥饿，还可以消除疲劳。这种树名叫白蓉，它的汁是染玉的好材料。

又东五百八十里，曰禺稿之山[1]，多怪兽，多大蛇。

又东五百八十里，曰南禺之山，其上多金玉，其下多水。有穴焉，水春辄[2]入，夏乃出，冬则闭。佐水出焉，而东南流注于海，有凤凰、鹓雏[3]。

【注释】

[1]禺稿之山，《五藏山经传》卷一："禺稿之山在工布札

27

木达城南。噶克布河在东，象禺。
工布河象所持空槁也。"[2] 辄
（zhé），即，就。[3] 鹓雏（yuān
chú），传说中鸾凤一类的鸟。

【译文】

从仑者山再往东五百八十
里的地方，有座山叫禹槁山，
山中有许多怪兽和大蛇。

大 蛇

从禹槁山再往东五百八十里的地方，有座山叫南禺山。这座
山盛产金属矿物和玉石。山下有很多水流，山中有一个洞穴，春
天水就流入洞穴，夏天水就从洞穴流出，冬天则闭塞不通。佐
水是从南禺山流出，然后向东南流入大海，山中有凤凰和鹓雏鸟。

凡南次三经之首，自天虞之山以至南禺之山，凡一十四
山，六千五百三十里。其神皆龙身而人面。其祠：皆一白狗
祈 [1]，糈用稌。

右南经之山志，大小凡四十山，万六千三百八十里。

【注释】

[1] 祈，祈求，求福。这里是指向神祈求、祷告的意思。

【译文】

纵观《南次三经》这一山系，从天虞山到南禺山，共十四
座山，沿途六千五百三十里。这里的山神都是龙的身形，人的
面孔。人们祭祀山神时，都是用一条白色的狗作祭品，向神祈祷。
祭神的米是用稻米。

28

卷二　西山经

《西山经》中记述的山脉很多，有现实中的名山如华山、黄山，也有神话传说中的名山诸如昆仑山、玉山，这些都是神话传说中的名山。

《西山经》的第一座山系是华山山系，这说明西岳华山在古代中土就有着丰常重要的地位，其中关于用含矿物质的水给牲畜防疫的知识就表明了我们的祖先对大自然的探索、对矿物的认识和利用就已经很深了。

关于昆仑山、玉山、峚山等的描写都绘声绘色，充满了传奇的浪漫色彩，保留了有关西王母、白帝少昊、后稷等神话人物的传说，无数神奇的物种、神鸟怪鸟神兽怪兽让人感叹遐想不已。

《西山经》中出现一个比较有趣的现象，"皋途之山，有白石焉，其名曰礜，可以毒鼠。有草焉，其状如藁茇，其叶如葵赤背，名曰无条，可以毒鼠。"从中可以看出，古人那时候已经开始和老鼠作斗争了。所以说西山经给我们留下的不只是无限的遐思，还有惊叹"万物无不有焉"的感觉。

西山经

　　西山经华山之首，曰钱来之山[1]，其上多松，其下多洗石[2]。有兽焉，其状如羊而马尾，名曰羬羊[3]，其脂可以已腊[4]。

【注释】

　　[1] 钱来之山，古山名。《五藏山经传》卷二："钱来山在河南阌乡县西南辘轳关，弘农河首也。"[2] 洗石，《五藏山经传》卷二："濯足谓之洗。洗石，今名华蕊石，出华陕诸山中，屑之可治足缝出水，故名。"就是一种瓦石，洗澡时可以用来磋擦皮肤上的污垢。[3] 羬（qián）羊，古代一种体形较大的羊。[4] 腊（xī），皮肤干燥皴裂。

【译文】

羬羊

　　《西山经》所描述的西部山系的第一组山脉叫华山山脉。华山山脉的第一座山叫钱来山，山上有很多松树，山下有很多洗石。山中有种野兽，它的形状像羊，长着马的尾巴，它的名字叫羬羊。羬羊的油脂可以用来治疗皮肤皴裂。

　　西四十五里，曰松果之山。濩水[1]出焉，北流注于渭，其中多铜。有鸟焉，其名曰螐渠[2]，其状如山鸡，黑身赤足，

31

可以已膊^[3]。

【注释】

[1]濩（huò）水，《五藏山经传》卷二："濩水，蒲谷水也。"[2]螐（tóng）渠，古鸟名。[3]膊（báo），皮肤皲裂、肿起。

【译文】

从钱来山往西四十五里的地方，有座山叫松果山。濩水是从这座山流出，然后向北流入渭水，濩水富含铜。山中有一种鸟，名字叫螐渠，它的身形像山鸡，黑色的身体，红色的爪子，这种鸟可以用来治疗皮肤皲裂。

又西六十里，曰太华之山^[1]，削成而四方，其高五千仞^[2]，其广十里，鸟兽莫居。有蛇焉，名曰肥𧍙^[3]，六足四翼，见则天下大旱。

【注释】

[1]太华之山，今陕西省境内的西岳华山。[2]仞，古代八尺为一仞。[3]肥𧍙（wèi），亦作"肥遗"，古蛇名。

【译文】

从松果山再往西六十里的地方中，有座山叫太华山。山势陡峭像是用刀削成的，呈四方形。这座山高达五千仞，方圆十里，飞鸟野兽无法在山上栖居。山中有种蛇，名字叫肥𧍙，长有六只脚和

肥　𧍙

四只翅膀。这种蛇一旦出现，天下就将发生大旱灾。

又西八十里，曰小华之山，其木多荆杞，其兽多㸲[1]牛，其阴多磬石[2]，其阳多㻬琈[3]之玉。鸟多赤鷩[4]，可以御火。其草有萆荔[5]，状如乌韭[6]，而生于石上，亦缘木而生，食之已心痛。

【注释】

[1] 㸲（zuó），古代传说中的一种野牛，体重能达千斤。郭璞注："今华阴山中多山牛山羊，肉皆千斤，牛即此牛也。"
[2] 磬石，一种可用来制作乐器的山石。[3] 㻬琈（tú fú），古代传说中的一种美玉。

赤鷩

[4] 赤鷩（bì），野鸡一类的飞禽。郭璞注："赤鷩，山鸡属也。"[5] 萆（bì）荔，即薜荔，也就是爬山虎，古代传说中的一种香草。[6] 乌韭，有的说是麦门冬，有的说生长石上，但不知为今何物。

【译文】

从太华山再往西十里的地方，有座山叫小华山。山上的树木大部分是牡荆和枸杞，山上的野兽大多是㸲牛。山的北面盛产可以制作乐器的磬石，山的南面盛产㻬琈玉。山中的鸟类大多是赤鷩鸟，饲养它可以避免火灾。山中还有一种叫萆荔的野草，形状像黑韭菜，有的生长在石头上，有的攀缘树木生长。

人们如果吃了这种草，可以治疗心痛病。

又西八十里，曰符禺之山[1]。其阳多铜，其阴多铁。其上有木焉，名曰文茎，其实如枣，可以已聋。其草多条，其状如葵[2]，而赤华黄实，如婴儿舌，食之使人不惑。符禺之水[3]出焉，而北流注于渭。其兽多葱聋，其状如羊而赤鬣。其鸟多鴖[4]，其状如翠而赤喙，可以御火。

【注释】

[1] 符禺之山，古山名。《五藏山经传》卷二："禺性憨愚。遇者以筒竹授之则持而笑，笑则唇自蔽其面，因得脱走，此符禺山水之所取象也。"[2] 葵，即冬葵，也名冬寒菜。[3] 符禺之水，《五藏山经传》卷二："水在今郿县西南曰苍龙谷北，流少东至县西入渭。"[4] 鴖（mín），古鸟名。

【译文】

从小华再往西八十里的地方，有座山叫符禺山。山的南面富有铜矿，山的北面富有铁矿。山上有种树木，名叫中茎，结的果实像枣，人们吃了它可以治疗耳聋。山上的草多是条草，形状像葵，开红色的花，结黄色的果实，形状像婴儿的舌头，吃了这种草可以使人不迷惑。符禺水是从这座山流出，然后向南流入渭水。山中的野兽大多数是一种叫葱聋的动物，它的形状像普通的羊，长着红色的鬣毛。

葱聋

鴖

山中的飞鸟多是鸱，它的形状像翠鸟，长着红色的嘴巴，喂养这种鸟可以预防火灾。

又西六十里，曰石脆之山，其木多棕楠，其草多条，其状如韭，而白华黑实，食之已疥。其阳多琈㻭之玉，其阴多铜。灌水出焉，而北流注于禺水。其中有流赭[1]，以涂牛马无病。

卷二 西山经一

【注释】

[1] 流赭，流，指硫黄，是一种天然矿物，可用作工业原料，常用于医学上。赭，赤褐色的土。

【译文】

从符禺山再往西六十里的地方，有座山叫石脆山。山上的树木多是棕树和楠树，山中的草多是条草，形状像韭菜，开白色的花，结黑色的果实。人们吃了这种草可以医治疥疮。山的南面盛产一种名叫琈㻭的玉石，山的北面有着丰富的铜矿。灌水是从这座山流出，然后向北流入禺水。灌水中有硫黄和赭黄等矿物质，将硫黄涂抹在牛马身上，牛马就能健壮，不会生病。

又西七十里，曰英山。其上多杻橿[1]，其阴多铁，其阳多赤金。禺水出焉，北流注于招水[2]，其中多䱗鱼[3]，其状如鳖，其音如羊。其阳多箭䉋，兽多㸲牛、羬羊。有鸟焉，其状如鹑，黄身而赤喙[4]，其名曰肥遗，食之已疠[5]，可以杀虫。

【注释】

[1] 杻（niǔ）橿（jiāng），杻树，外形像棣树，叶子细。橿树，

35

木质坚硬，古代常用它来制造车子。[2]招（sháo）水，古河名。[3]鲜（bàng）鱼，古鱼名。[4]喙（huì），鸟兽的嘴巴。[5]疠（lì），也就是麻疯，这里泛指疾疫。

【译文】

从石脆山再往西七十里的地方，有座山叫英山。英山上长着许多的杻树和檀树，山的北面有丰富的铁矿，山的南面盛产金矿。禺水是从这座山流出，向北流入招水。禺水中盛产鲜鱼，这种鱼形状像鳖，发出的声音像羊叫。山的南面有很多的箭竹，山中的野兽大多是㹲牛和藏羊。山中还有一种鸟，形状像鹑鸟，黄色的羽毛，红色的嘴巴，这种鸟名字叫肥遗。吃了这种鸟肉，可以治疗瘟病，还可以杀死体内的寄生虫。

又西五十二里，曰竹山[1]，其上多乔木，其阴多铁。有草焉，其名曰黄蓷[2]，其状如樗[3]，其叶如麻，白华而赤实，其状如赭，浴之已疥，又可以已胕[4]。竹水出焉，北流注于渭，其阳多竹箭，多苍玉。丹水出焉，东南流注于洛水，其中多水玉，多人鱼。有兽焉，其状如豚而白毛，大如笄[5]而黑端，名曰豪彘[6]。

【注释】

[1]竹山，古山名。《五藏山经传》卷二："竹山，在今渭南县东南四十里，俗名箭谷岭。"[2]黄蓷（huán），古草名。[3]樗（chū），臭椿树。[4]胕（fú），浮肿。[5]笄（jī），发簪，用来挽盘头发的饰物。多用动物骨、玉石、金属等制作。

豪 彘

[6] 豪彘（zhì），即豪猪，全身都有刺。

【译文】

从英山再往西五十二里的地方，有座山叫竹山，山上有许多的乔木，山的北面有丰富的铁矿。山上有一种名叫黄蘿的草，形状像樗树，叶子像麻叶，开白色的花，结赤褐色的果实。用这种草来洗浴既可以治愈疥疮，又可以治疗浮肿病。竹水是从这座山流出，然后向北流入渭水。山的南面有许多竹箭，还有许多黑色的玉石。丹水是从竹山流出，向东南流入洛水，丹水中有很多水晶，还有很多娃娃鱼。山中有一种怪兽，形状像小猪，长着白色的毛，毛粗得像簪子，只有末端是黑色的，这种兽名叫豪彘。

又西百二十里，曰浮山 [1]，多盼木，枳叶 [2] 而无伤 [3]，木虫居之。有草焉，名曰薰草 [4]，麻叶而方茎，赤华而黑实，臭如蘼芜 [5]，佩之可以已疠。

【注释】

[1] 浮山，古山名。《五藏山经传》卷二："浮山，在蓝田县南牧护关，灞水所出，即秦岭北麓也。" [2] 枳叶，枳树，也叫枸橘，叶子上有很粗的刺。 [3] 无伤，伤，是指刺。这里是指盼木叶上没有能刺伤人的粗刺。 [4] 薰草，《广雅》卷十："薰草，蕙草也。"是一种香草。 [5] 蘼芜，一种香草，香气扑鼻。

【译文】

从竹山再往西一百二十里的地方，有座山叫浮山，浮山上到处都是盼木，树叶与枳树叶一样，但是没有刺，树木中生有木虫。山中有一种草，名字叫薰草，叶形像麻叶，草茎呈四方，开红色的花朵，结黑色的果实，这种草散发出一种像蘼芜一样的气味，佩带这种草就可以治愈疫病。

又西七十里，曰鰧次之山 [1]，漆水出焉，北流注于渭。其上多㯏 [2] 橿，其下多竹箭，其阴多赤铜，其阳多婴垣 [3] 之玉。有兽焉，其状如禺而长臂，善投，其名曰嚣。有鸟焉，其状如枭，人面而一足，曰橐萉 [4]，冬见夏蛰，服之不畏雷 [5]。

【注释】

[1]鰧（yú）次之山，古山名。《五藏山经传》卷二："山在鳌屋县南，有黑水三泉奇发，言归一渎，西北合就水入渭，即漆水也。山之西北即鳌屋河，象鰧，此水为其次也。"[2]㯏（yù），一种矮小的树。[3]婴垣（yuán），一种可以作饰品的玉石。[4]橐萉（tuó féi），古鸟名。[5]"服之"句，郭璞注："着其毛羽，令人不畏天雷也。"《山海经》中有很多处用到"服之"，有的是指佩带，有的是指服用，也有的未能知道到底是指哪一种情况，只好任选其一了。

【译文】

从浮山再往西七十里的地方，有座山叫鰧次山。漆水是从这座山流出，然后向北流入渭水。山上有茂盛的㯏树和橿树，山下有茂密的小竹丛。山的北面有丰富的黄铜矿，山的南面有很多可以制成颈饰的玉石。山中有一种怪兽，它的身形像禺却长着很长的手臂，擅长投掷，它的名字叫嚣。山上还有一种鸟，它的身形像枭，脸似人面，只有一只脚，这种鸟名字叫橐萉，它的习性是冬天出现，在夏天反而蛰居，披着它的羽毛做成的衣服，就不会畏惧打雷。

又西百五十里，曰时山[1]，无草木。逐水出焉，北海注于渭，其中多水玉。

又西百七十里，曰南山[2]，上多丹粟。丹水出焉，北流注于渭。兽多猛豹，鸟多尸鸠[3]。

【注释】

[1] 时山，古山名。《五藏山经传》卷二："时山，即太乙山，今名大岭，狗加川水出其东，即家水也。"[2] 南山，古山名。《五藏山经传》卷二："南山在兴平县南。秦岭自西东走，群支曲折散出，唯此山正南行二百里讫于宁陕，故独受南称。赤水出于其南，即丹水也。"[3] 尸鸠，布谷鸟。

【译文】

从羭次山再往西一百五十里的地方，有座山叫时山，山上没有任何花草树木。逐水是从这座山流出，然后流入渭水，逐水中盛产水晶石。

从时山再往西一百七十里的地方，有座山名字叫作南山，山上有很多细小的丹砂。丹水是从南山流出来的，然后向北流向渭水。山中的野兽大多是凶猛的豹子，这里的飞鸟大多是布谷鸟。

又西百八十里，曰大时之山[1]，上多榖柞[2]，下多杻橿，阴多银，阳多白玉。涔水[3]出焉，北流注于渭。清水出焉，南流注于汉水。

【注释】

[1] 大时之山，古山名。《五藏山经传》卷二："山在宝鸡益门镇之正南，当煎茶坪之东南，为秦岭之首。其北清水河所出，南即襃水、西次二源所出也。"[2] 柞，郭璞注："栎"。属于大风科植物。[3] 涔（cén）水，《五藏山经传》卷二："襃水四源平列，相去各二十余里，或三十里，并南流而合，如人竖指之状，故谓之涔。涔从岑，山小而高，象人竖指也。"

【译文】

从南山再往西一百八十里的地方，有座山叫大时山，山上有许多的构树和柞树。山的北面蕴藏着丰富的银矿，山的南面有丰富的白玉石。涔水是从这座山流出，然后向北流入渭水。清水河也是从这座山流出，向南流入汉水。

又西三百二十里，曰嶓冢之山[1]，汉水出焉，而东南流注于沔[2]；嚣水[3]出焉，北流注于汤水。其上多桃枝、钩端，兽多犀、兕、熊、罴[4]，鸟多白翰[5]、赤鷩[6]。有草焉，其叶如蕙，其本如桔梗，黑华而不实，名曰蓇蓉[7]。食之使人无子。

【注释】

[1] 嶓冢（bō zhǒng）之山，古山名，今甘肃天水与礼县之间。[2] 沔（miǎn）水，汉水的上流，今陕西省境内。[3] 嚣水，《五藏山经传》卷二："灞水即嚣水也，岭之正南曰红岭砦，为今甲河所出，东南会色河注汉水。"[4] 罴（pí），类似熊的一种动物，俗称人熊或马熊。[5] 白翰，古鸟名，又称白雉。[6] 赤鷩（bì），

40

野鸡一类的飞禽。郭璞注："赤鷩，山鸡属也。"[7]菁（gū）蓉，古草名，这种草只开花而不结果。

【译文】

从大时山再往西三百二十里的地方，有座山叫嶓冢山，汉水是从这座山流出，然后向东南流入沔水。嚣水也是从这座山流出，然后向北流入汤水。嶓冢山上生长的树种大多是桃枝竹和钩端竹，野兽大多是犀、兕、熊、罴之类，鸟大多是白翰和赤鷩。山中有一种草，草叶的形状像蕙草，根茎的形状像桔梗，只开黑色的花而不结果实，名字叫菁蓉。吃了这种草会使人丧失生育能力。

又西三百五十里，曰天帝之山[1]，上多棕楠，下多菅[2]蕙。有兽焉，其状如狗，名曰溪边，席其皮者不蛊。有鸟焉，其状如鹑，黑文而赤翁[3]，名曰栎，食之已痔。有草焉，其状如葵，其臭如蘪芜，名曰杜衡，可以走马，食之已瘿[4]。

【注释】

[1] 天帝之山，古山名。吕调阳校作"天带之山"，《五藏山经传》卷二："天带之山在固原州，西踞苦水河首，水两源，南流若倒带，故名。"[2] 菅（jiān），古草名，又叫菅茅、苞子草。菅草茎可以用来编绳织鞋、盖屋顶。[3] 翁，鸟颈脖子上的毛。[4] 瘿（yǐng），是一种由于局部细胞增生而形成的疾病。这里是指颈瘤病。

【译文】

从嶓冢山再往西三百五十里的地方，有座山叫天帝山。山上有许多棕树和楠树，山下有许多菅草和蕙草。山中有一种野

41

兽，形状像狗，名字叫溪边。用这种野兽皮做垫席就可以预防蛊毒。山中还有一种鸟，形状像鹑鸟，长着黑色花纹的羽毛，但颈脖上的毛是红色的，它的名字叫栎，吃了这种鸟肉可以治疗痔疮。山中还有一种草，形状像葵，散发出和蘼芜一样的气味，名字叫杜衡，马吃了这种草就会跑得飞快，人吃了这种草能治愈脖子上的颈瘤病。

西南三百八十里，曰皋涂之山[1]。蔷水[2]出焉，西流注于诸资之水；涂水出焉，南流注于集获之水[3]。其阳多丹粟，其阴多银、黄金，其上多桂木。有白石焉，其名曰礜[4]，可以毒鼠。有草焉，其状如藁茇[5]，其叶如葵而赤背，名曰无条，可以毒鼠。有兽焉，其状如鹿而白尾，马足人手而四角，名曰玃如。有鸟焉，其状如鸱而人足，名曰数斯，食之已瘿。

【注释】

[1]皋涂之山，古山名。《五藏山经传》卷二："皋涂之山在今秦州清水县北陇城关。其北马落川所出，西流注苦水河；南则长家川所出，西南注集翅河，并南入渭。"[2]蔷（sè）水，古水名。[3]集获之水，吕调阳校作"集蒦之水"。《五藏山经传》卷二："集蒦，鸷鸟下集也。集翅河合东南诸水西南流而入渭，厥状肖之。"[4]礜（yù），一种有毒性烈的矿石，别名毒砂，主要成分是硫砷化铁，现在名叫砷黄铁矿。[5]藁茇（gǎo bá），古草名，根茎可以入药。

【译文】

从天帝山往西南三百八十里的地方，有座山叫皋涂山。蔷水是从这座山流出，然后向西流入诸资水。涂水也是从这座山

流出，然后向南流入集获
水。山的南面有很多的细
丹砂，山的北面有丰富的
银矿石和金矿石，山上有
许多桂树。山上有一种白
色的石头，名字叫礜，把
这种石头做成药可以毒死

数　斯

老鼠。山上有一种草，形状像薰莸，它的叶子像葵但是叶子的
背面是红色的，它的名字叫无条，把这种草做成药可以毒死老
鼠。山中有一种野兽，形状像鹿，长着白色的尾巴，后脚像马蹄，
前脚像人手，有四只角，名字叫玃如。山中还有一种鸟，形状
像鸱鹰却长着人一样的脚，名字叫数斯，吃了这种鸟肉能治愈
脖子上的颈瘤病。

又西百八十里，曰黄山[1]，无草木，多竹箭。盼水出焉，
西流注于赤水，其中多玉。有兽焉，其状如牛，而苍黑大目，
其名曰㻌[2]。有鸟焉，其状如鸮[3]，青羽赤喙，人舌能言，名
曰鹦鹉。

【注释】

[1]黄山，古山名。《五藏山经传》卷二："黄山，兰州靖
远县东百七十里之沙石原也。"[2]㻌（mǐn），古传说中的一种
野牛。[3]鸮（xiāo），俗称猫头鹰，非常凶猛。

【译文】

从皋涂山再往西一百八十里的地方，有座山叫黄山。山上
没有任何花草树木，到处都是郁郁葱葱的箭竹。盼水是从这座

43

山流出，然后向西流入赤水。盼水中有很多玉石。山中有一种野兽，形状像牛，全身乌黑，大眼睛，名字叫挈。山上有一种飞鸟，形状像猫头鹰，青色的羽毛，红色的嘴巴，有人一样的舌头，会学人说话，名字叫鹦鹉。

又西二百里，曰翠山[1]，其上多棕楠，其下多竹箭，其阳多黄金、玉，其阴多旄牛、麢[2]、麝[3]；其鸟多鸓[4]，其状如鹊，赤黑而两首四足，可以御火。

【注释】

[1] 翠山，古山名。《五藏山经传》卷二："翠山在镇羌营西北古城土司地，庄浪河出其南，东流循长城而东南而南注黄河。古浪河出其北，东流而循长城而东北出塞，潴为白海。两源形似鸟翠，故山受其名。"[2] 麢（líng），古代的一种野兽，俗称羚羊。形状像羊，但比羊大，经常出没在山崖间。[3] 麝（shè），古代的一种野兽，亦称香獐。[4] 鸓（lěi），古鸟名。

【译文】

从黄山再往西二百里的地方，有座山叫翠山。山上有许多的棕树和楠树，山下有很多箭竹，山的南面盛产金属矿物和玉石，山的北面有旄牛、麢、麝等动物。山中的鸟大多是鸓，形状像喜鹊，长着红黑色的羽毛，

鸓 鸟

两个头、四只脚，养这种鸟可以预防火灾。

又西二百五十里，曰騩山^[1]，是錞于^[2]西海，无草木，多玉。凄水出焉，西流注于海，其中多采石^[3]、黄金，多丹粟。

【注释】

[1] 騩（guī）山，古山名。《五藏山经传》卷二："马人立谓之騩。騩山，自大通河以西、湟水以东皆是也。"[2] 錞（chún）于，原指一种青铜乐器，形状像圆筒，上圆下虚。本文指的是处于、座落的意思。[3] 采石，色彩斑斓的石头。郭璞注："石有采色者，今雌黄、空青、碧绿之属。"

【译文】

从翠山再往西二百五十里的地方，有座山叫騩山，这座山座落在西海边上，山上没有任何花草树木，盛产玉石。凄水是从这座山流出，然后向西流入大海。凄水中有很多彩色的石头，蕴藏着大量的金属矿物，还有很多细丹石。

凡西经之首，自钱来之山至于騩山，凡十九山，二千九百五十七里。华山冢也，其祠之礼：太牢^[1]。羭山神也，祠之用烛，斋百日以百牺，瘗用百瑜^[2]，汤^[3]其酒百樽，婴^[4]以百珪^[5]百璧。其余十七山之属，皆毛牷^[6]用一羊祠之。烛者，百草之未灰，白席采等^[7]纯之。

【注释】

[1] 太牢，古代祭祀活动中，牛、羊、猪三牲齐备才称为太牢。[2] 瑜，一种美玉。[3] 汤，通"烫"，本意是热水的意思，这里用作动词，用热水烫酒。[4] 婴，绕，围绕。[5] 珪，即圭，古代用玉制作而成的礼器，呈长方形，上尖下方。[6] 牷（quán），

祭祀时所用的牲畜，色纯，形体完整。[7] 等，等级，等差。古代祭祀活动中用不同的祭物、仪式来区分受祭者的等级尊卑。

【译文】

纵观《西山经》这一山系，从钱来山到騩山，共十九座山，沿途二千九百五十七里。华山是最大的山，是众神的宗主，祭祀华山山神的典礼是：用猪、牛、羊三种牲畜作祭品。祭祀羭山山神要用火烛将庙堂照得通亮，斋戒一百天，用一百头牲畜作祭品，埋下一百块美玉，烫上一百杯美酒，酒杯上系上一百块珪玉、一百块璧玉。其余十七座山祭祀的礼仪都是用一只完整的羊作祭品。照明用的火烛是未燃尽的百草，白色的席子周边按山神的等级镶上相应的色边。

西次二经

西次二经之首，曰钤山 [1]，其上多铜，其下多玉，其木多杻橿。

西二百里，曰泰冒之山，其阳多金，其阴多铁。浴水出焉，东流注于河，其中多藻玉 [2]，多白蛇 [3]。

【注释】

[1] 钤山，古山名。《五藏山经传》卷二："户屈戌谓之钤。钤山在今郿州西张村驿，有清水河出西北百里，合两大源东南流经驿北而南注洛水，状屈戌形，故名。"[2] 藻玉，一种玉石，带有彩色纹理。郭璞注："玉有符彩者。"[3] 白蛇，一种水蛇，

蛇身呈白色。

【译文】

《西次二经》所描述的西部山系的第二组山脉的第一座山叫钤山。山上有丰富的铜矿，山下盛产玉石，山中的树木以杻树和橿树为主。

从钤山往西二百里的地方，有座山叫泰冒山。山的南面有丰富的金矿，山的北面有丰富的铁矿。浴水是从这座山流出，然后向东流入黄河。浴水中有许多的藻玉，还有很多白蛇。

又西一百七十里，曰数历之山[1]，其上多黄金，其下多银，其木多杻橿[2]，其鸟多鹦鹉。楚水[3]出焉，而南流注于渭，其中多白珠。

【注释】

[1] 数历之山，古山名。《五藏山经传》卷二："数历，子午山南分水岭也。自岭而南，其西注泾诸川四源均列，象积禾，故曰数历。历者，数积禾也。其川即程水矣。"[2] 杻（niǔ）橿（jiāng），杻树，外形像棣树，叶子细。橿树，木质坚硬，古代常用它来制造车子。[3] 楚水，《五藏山经传》卷二："楚当作溇，即沮水。"

【译文】

从泰冒山再往西一百七十里的地方，有座山叫数历山。山上有丰富的金属矿物，山下有丰富的银矿，山上的树木以杻树和橿树为主，山中的飞鸟多是鹦鹉。楚水是从这座山流出，然后向南流入渭水。楚水中盛产一种白色的珍珠。

又西百五十里高山[1]，其上多银，其下多青碧[2]、雄黄[3]，其木多棕，其草多竹[4]。泾水[5]出焉，而东流注于渭，其中多磬石、青碧。

【注释】

[1] 高山，古山名。《五藏山经传》卷二："高山在邠州北四十余里，今曰抚琴山，暖泉所发。"[2] 青碧，一种青绿色的玉石。[3] 雄黄，也叫鸡冠石，一种矿物，能从矿石中提取。古人常用来消毒、杀虫。[4] 竹，这里是指一种低矮丛生的小竹。[5] 泾水，《五藏山经传》卷二："泾，迳也，过也。凡溯泾者自渭直西北得暖泉水，其正流乃在西；又循流直西北得杨晋水，正流乃在东，更北行而西北凡三百余里，入水沟门，更东北十数里入红德川，又改由耿家河直北百六十余里，尽于三山堡，又改东北十数里得天池。乃正源每进辄过，故是水旁源通，可名泾水。"

【译文】

从数历山再往西一百五十里的地方，有座山叫高山。高山上有丰富的银矿，山下多产青玉和雄黄，山中生长的树木多是棕树，草多是小矮竹。泾水是从这座山流出，然后向东流入渭水，泾水中多产磬石和青玉。

西南三百里，曰女床之山[1]，其阳多赤铜，其阴多石涅[2]，其兽多虎、豹、犀、兕。有鸟焉，其状如翟[3]而五采文，名曰鸾鸟[4]，见则天下安宁。

【注释】

[1] 女床之山，古山名。《五藏山经传》卷二："女床之山

在凤翔府西，雍水所枕也。"[2]石涅，又称石墨，是一种黑石脂，古代用来画眉，也可用作黑色染料。[3]翟（dí），一种长尾山鸡。[4]鸾鸟，古代传说中的一种吉祥鸟，属于凤凰一类，会自歌自舞。

【译文】

从高山往西南三百里的地方，有座山叫女床山。山的南面有丰富的赤铜矿，北面盛产石涅。山中的野兽以老虎、豹子、犀牛和兕居多。山中有一种飞鸟，它的形状与鸡相似，长着五彩斑斓的羽毛，它的名字叫鸾鸟。这种鸟一旦出现，天下便能安享太平。

又西二百里，曰龙首之山[1]，其阳多黄金，其阴多铁。苕水[2]出焉，东南流注于泾水，其中多美玉。

又西二百里，曰鹿台之山[3]，其上多白玉，其下多银，其兽多牝牛、羬羊、白豪。有鸟焉，其状如雄鸡而人面，名曰凫徯[4]。其鸣自叫也，见则有兵。

【注释】

[1]龙首之山，古山名。《五藏山经传》卷二："龙首之山在今陇州西北白岩铺之北，所谓陇头也。"[2]苕（tiáo）水，吕调阳校作召水。《五藏山经传》卷二："其北柳家河出焉，东流右合二源象手招之形，故曰召水。"[3]鹿台之山，古山名。《五藏山经传》卷二："鹿台山在静宁州东曹务镇，镇北有好水河，东自隆德县合四源西南流，象鹿首角。镇西一水西流入之，象鹿之阴，故曰鹿台。今沁水县南桑林河所出之山古名鹿台山，取象与此同也。"[4]凫徯（fú xī），古鸟名。

【译文】

从女床山往西二百里，有座山叫龙首山，山南有丰富的金属矿物，山北有丰富的铁矿。苕水从这座山流出，向东南流入泾水，苕水中有很多美玉。

从龙首山再往西二百里的地方，有座山叫鹿台

凫徯

山。山上盛产白色的玉石，山下有丰富的银矿，山中的野兽以牦牛、羬羊、白豪居多。山中有一种飞鸟，形状像普通的公鸡，却长着一副如人的面孔。它的名字叫凫徯，它的名字就是通过它的叫声来命名的，这种鸟一旦出现，天下就会发生战乱。

西南二百里，曰鸟危之山 [1]，其阳多磬石，其阴多檀 [2] 楮 [3]，其中多女床。鸟危之水出焉，西流注于赤水，其中多丹粟。

【注释】

[1] 鸟危之山，古山名。《五藏山经传》卷二："屈吴之山东南四十里许为道安古城，有三水合西流象鸟翼，西会玉河，又西北注消河，即首经芠水所注之赤水也。翼谓之危者，张若人升危也。"[2] 檀，檀树，檀树的香味能驱虫防虫，木材是制作衣柜等家具的上好材料。[3] 楮（chǔ），又叫构木。

【译文】

从鹿台山往西南二百里的地方，有座山叫鸟危山，山的南面有许多磬石，山的北面生长着许多檀树和楮树，山中还有很

多女床草。鸟危水是从这座山流出，然后向西流入赤水，鸟危水中有许多细丹砂。

又西四百里，曰小次之山，其上多白玉，其下多赤铜。有兽焉，其状如猿，而白首赤足，名曰朱厌，见则大兵。

又西三百里，曰大次之山，其阳多垩[1]，其阴多碧，其兽多柞牛、羚羊。

【注释】

[1] 垩（è），可用来涂饰的有色泥土，有红、白、青、黄等多种颜色。

【译文】

从鸟危山再往西四百里的地方，有座山叫小次山。山上有很多白玉，山下有很多赤铜矿。山中有一种野兽，形状像猿猴，白色的头，红色的脚，它的名字叫朱厌。这种野兽一旦出现，天下就会发生战乱。

朱厌

从小次山再往西三百里的地方，有座山叫大次山。山的南面有很多垩土，山的北面有很多青绿色玉石，山中的野兽以柞牛和羚羊居多。

又西四百里，曰薰吴之山[1]，无草木，多金玉。

又西四百里，曰厎阳之山[2]，其木多㯶[3]、楠、豫章，其

51

兽多犀、兕、虎、豹[4]、牝牛。

【注释】

[1] 薰吴之山，古山名。《五藏山经传》卷二："薰，炙手也，古作'熏'。吴，音'虞'，哗也。山在今且隆城以西，其南洮阳诸水象火炽，其北大夏诸源象炙手也。"[2] 厎（zhǐ）阳之山，古山名。《五藏山经传》卷二："厎同砥。砥阳，砥水之阳也。砥水在河曲北岸，今大哈柳图河也。导源小图尔根山，东流南折而西受北来二小水，又西南屈曲，西入河，其形似砥刃之状。"[3] 樱（jì），古木名，也称水松，形状像松树，有刺，有很细的纹理。[4] 豹（zhuó），古代的一种野兽，身上有类似豹的花纹。

【译文】

从大次山再往西四百里的地方，有座山叫薰吴山。山上没有任何花草树木，但蕴藏着丰富的金矿和玉石。

从薰吴山再往西四百里的地方，有座山叫厎阳山，山上的树木大多是水松树、楠树、樟树，山中的野兽大多是犀牛、兕、老虎、豹、牝牛。

又西二百五十里，曰众兽之山[1]，其上多璎琈之玉，其下多檀楮，多黄金，其兽多犀、兕。

又西五百里，曰皇人之山[2]，其上多金玉，其下多青雄黄。皇水出焉，西流注于赤水，其中多丹粟。

【注释】

[1] 众兽之山，古山名。《五藏山经传》卷二："今为阿穆尼达尔嘉山，在西宁府南二百里。"[2] 皇人之山，古山名。《五

藏山经传》卷二："皇，同煌，即今之石流黄，此经所谓青雄黄也。皇人之山，今名喀尔藏岭，明《志》谓之热水山，在青海东北。"

【译文】

从底阳山再往西二百五十里的地方，有座山叫众兽山。山上有丰富的璓珢玉，山下生长着很多的檀树和楮树，山中的野兽主要是犀牛和兕。

从众兽山再往西五百里的地方，有座山叫皇人山。皇人山上有丰富的金矿和玉石，山下有很多的石青和雄黄。皇水是从这座山流出，然后向西流入赤水，皇水中有很多细丹砂。

又西三百里，曰中皇之山[1]，其上多黄金，其下多蕙棠[2]。

又西三百五十里，曰西皇之山[3]，其阳多金，其阴多铁，其兽多麋[4]、鹿、牦牛。

【注释】

[1] 中皇之山，古山名。《五藏山经传》卷二："山在大通河北岸直肃州东南三百里阿木尼冈喀尔山之脊也，盖亦以生煌得名。"[2] 棠，指棠树。[3] 西皇之山，古山名。《五藏山经传》卷二："山在今嘉峪关东五十余里，俗呼硫磺山。"[4] 麋（mí），俗称"四不像"，一般认为它的角似鹿非鹿，它的头似马非马，它的身似驴非驴，它的蹄似牛非牛，所以称它为四不像。是我国的特产动物，野生种现在很难见到。

【译文】

从皇人山再往西三百里的地方，有座山叫中皇山。山上有丰富的金矿，山下生长着很多蕙草和棠树。

从中皇山再往西三百五十里的地方，有座山叫西皇山。山的南面有丰富的金矿，山的北面有很多的铁矿，山中的野兽主要是麋、鹿和柞牛。

又西三百五十里，曰莱山[1]，其木多檀楮，其鸟多罗罗[2]，是食人。

【注释】

[1] 莱山，古山名。《五藏山经传》卷二："即阴得尔图拉山也。莱，草名，叶似麦，实如青珠，其根医家名麦门冬，洮水众流象之。"[2] 罗罗，古鸟名。

【译文】

从西皇山再往西三百五十里的地方，有座山叫莱山。山上生长的树木主要是檀树和楮树。山中的鸟多为罗罗，这种鸟是会吃人的。

凡西次二经之首，自钤山至于莱山，凡十七山，四千一百四十里。其十神者，皆人面而马身。其七神，皆人面牛身，四足而一臂，操杖以行，是为飞兽之神。其祠之，毛用少牢[1]，白菅为席。其十辈[2]神者，其祠之，毛一雄鸡，钤而不糈[3]，毛采。

【注释】

[1] 少牢，古代祭祀时只用猪和羊就为少牢。[2] 辈，类，其十辈神，指上面提到的人面马身的十个神。[3] 钤（qián）而不糈，这里是指祈祷时不用精米。郭璞注："钤，所用祭器名，所未详也。

或作思训祈不糈，祠不以米。”

【译文】

纵观《西次二经》这一山系，从钤山到莱山，共十七座山，沿途四千一百四十里。其中有十座山的山神都是人的面孔马的身形。还有七座山的山神是人的面孔牛的身形，都有四只脚，一只臂膀，拿着拐杖行走，这些就是飞兽之神。祭祀这些山神时，用猪和羊作供品，摆设供品的席子是用白茅草做成的。祭祀那十个山神时，在供品中，只有一只雄鸡，也不用米，毛物的颜色是多种多样的。

人面马身神

西次三经

西次三经之首，曰崇吾之山 [1]，在河之南，北望冢遂，南望䍃之泽 [2]，西望帝之搏兽之丘，东望螞渊 [3]。有木焉，员叶而白柎 [4]，赤华而黑理，其实如枳 [5]，食之宜子孙。有兽焉，其状如禺而文臂，豹虎而善投，名曰举父 [6]。有鸟焉，其状如凫，而一翼一目，相得乃飞，名曰蛮蛮 [7]，见则天下大水。

55

举父

蛮蛮

【注释】

[1] 崇吾之山，古山名。《五藏山经传》卷二："崇吾，阜康至济木沙诸水导源南山，北伏沙中，象崇牙也。牙、吾古音同。山今名布克达山也。"[2] 䍃（yáo）之泽，湖泊名。《五藏山经传》卷二："达布逊池及西一池，象两舟相过也，汉世名为牾船也。[3] 螐（yān）渊，《五藏山经传》卷二："奇台东西小水二十余，皆北流，遇沙而伏，象群蛇也。"[4] 柎（fū），花萼。[5] 枳（zhǐ），树木的名字，它的形状同橘树相似。我国北自山东，南至广东均有分布。[6] 举父，古代传说中的动物名。这种动物，大小与狗相同，形体似猿猴，黄黑色的毛，有抚摸自己头的习惯，能举起石头来掷人，所以《山海经》中说它善投，因此称它为举父。[7] 蛮蛮，现在称之为比翼鸟。

【译文】

《西次三经》所描述的西部山系的第三组山脉的第一座山叫崇吾山，这座山位于黄河南岸，向北可以看到冢遂山，向南可以看见䍃泽，向西可以看见帝之博兽丘，向东可以看见螐渊。山上有一种树，圆圆的叶子，白色的花萼，红色的花朵上有黑色的纹理，结出的果实像枳，吃了这种果实，有利于繁衍子孙后代。山中有一种野兽，形状像猿猴，但是臂膀上有花纹，尾巴像豹尾，擅于投掷，它的名字叫举父。山中还有一种鸟，形状像兔，但是只有一只翅膀和一只眼睛，因此只有两只鸟结伴在一起才能飞起来，这种鸟名字叫蛮蛮。这种鸟一旦出现，天下就会发生大水灾。

西北三百里，曰长沙之山[1]。泚水[2]出焉，北流注于泑水，无草木，多青雄黄。

又西北三百七十里，曰不周之山。北望诸毗之山，临彼岳崇之山，东望泑[3]泽，河水所潜也，其原浑浑泡泡[4]。爰有嘉果，其实如桃，其叶如枣，黄华而赤柎，食之不劳。

【注释】

[1]长沙之山，古山名。《五藏山经传》卷二："长沙，恒山以东山也，其阴多沙。"[2]泚（zǐ）水，古水名。《五藏山经传》卷二："泚水即淫水，西北流折而北注淖尔，状足此戾。"[3]泑（yōu）水，古水名。泑，水呈青黑色。[4]浑浑（gǔn）泡泡（páo），大水涌流出来的样子。

【译文】

从崇吾山往西北三百里的地方，有座山叫长沙山。泚水是从这座山流出，然后向北流向泑水，山上没有任何花草树木，山中蕴藏着丰富的石青和雄黄。

从长沙山再往西北三百七十里的地方，有座山叫不周山。从这座山向北可以看见诸毗山，以及和诸毗山相临近的岳崇山，向东可以看见泑泽，它是黄河水潜入地下流注于此而形成的。它源头上的水喷涌而出并发出浑浑泡泡的响声。山上有一种珍贵的果树，能结出一种很好吃的果实，果实像桃子，叶子像枣树叶，开黄色的花，花萼是红色的。吃了这种果实，可以解除疲劳。

　　又西北四百二十里，曰峚山[1]，其上多丹木，员叶而赤茎，黄华而赤实，其味如饴，食之不饥。丹水出焉，西流注于稷泽[2]，其中多白玉。是有玉膏，其原沸沸汤汤[3]，黄帝是食是飨[4]。是生玄玉。玉膏所出，以灌丹木，丹木五岁，五色乃清，五味乃馨。黄帝乃取密山之玉荣，而投之钟山之阳。瑾瑜之玉为良，坚粟[5]精密，浊泽有而光。五色发作，以和柔刚。天地鬼神，是食是飨；君子服之，以御不祥。自峚山至于钟山，四百六十里，其间尽泽也。是多奇鸟、怪兽、奇鱼，皆异物焉。

【注释】

　　[1] 峚（mì）山，古山名。《五藏山经传》卷二："密山，哈什河源之喀拉古颜山也。"古代峚、密两字是相通的。[2] 稷泽，郭璞注："后稷神所凭，因名云。"[3] 沸沸汤汤（shāng），形容水汹涌奔流的样子。[4] 飨（xiǎng），通"享"，享用。[5] 坚粟，坚硬。

【译文】

　　从不周山再往西北四百二十里的地方，有座山叫峚山，这座山遍地是丹树，红红的茎干上长着圆圆的叶子，开黄色的花，结红色的果子，味道甜甜的，吃了这种果子就不会感到饥饿。丹水是从这座山流出，然后向西流入稷泽。丹水中有许多白色的玉石。这里有玉膏，它的源头处急流奔涌，相传黄帝就服食享用过这种玉膏。这里还有一种黑色的玉石。用这涌出的玉膏，去浇灌丹树，经过五年的生长，丹树便能开出光彩夺目的五色花朵，结出味道香甜的五色果实。黄帝还采取峚山中玉石的精华，投种在钟山南面向阳的地方，便能生出瑾和瑜这两种美玉。这两种玉坚硬而纹理精密，润厚而富有光泽，五彩缤纷，刚柔相济。这种玉还可以用作祭祀天地鬼神的供品，君子佩带它可以防灾避邪。从峚山到钟山，相距四百六十里，两山之间都是水泽。这里有许多奇怪的鸟、怪异的兽、奇特的鱼，都是世间极为罕见的物种。

又西北四百二十里，曰钟山 [1]。其子曰鼓，其状如人面而龙身，是与钦䲹 [2] 杀葆江于昆仑之阳，帝乃戮之钟山之东曰崦崖 [3]。钦䲹化为大鹗 [4]，其状如雕而墨文白首，赤喙而虎爪，其音如晨鹄 [5]，见则有大兵，鼓亦化为鵕鸟 [6]，其状如鸱，赤足而直喙，黄文而白首，其音如鹄，见即其邑大旱。

【注释】

[1] 钟山，古山名。《五藏山经传》卷二："伊犁河南岸自特克斯会口以西总名曰钟山。" [2] 钦䲹（pí），古代神话传说中一种神，长得人面兽形。[3] 崦（yǎo）崖，《五藏山经传》卷二："瑶崖即沙拉博霍齐岭，在会口之西北临河之上。" [4] 鹗（è），亦称鱼鹰，属于雕一类，脚爪非常灵活，会捕鱼。[5] 晨鹄（hú），古鸟名，属鹗鹰一类。[6] 鵕（jùn）鸟，古鸟名，形似猫头鹰。

【译文】

从峚山再往西北四百二十里的地方，有座山叫钟山。钟山山神的儿子叫鼓，鼓长着人的面孔，龙的身形。它曾与一个叫钦䲹的神联手把葆江杀死在昆仑山的南坡。黄帝因此发怒，便将鼓和钦䲹一同杀死在钟山东边的崦崖。钦䲹死后化成一只大鹗鸟。大鹗鸟体形像雕，全身是黑色的花纹，长着白色的脑袋，红色的嘴巴，老虎一样的爪子，它的叫声如同晨鹄啼叫。这种鸟一旦出现，天下就会战乱。鼓死后化成了鵕鸟，形状像鷂鹰，红色的爪子，直长的嘴巴，羽毛上有黄色的花纹，头是白色的。它的叫声同鹄的叫声相似，哪里出现这种鸟，哪里就会有大旱。

又西百八十里，曰泰器之山[1]。观水[2]出焉，西流注于流沙。是多文鳐鱼，状如鲤鱼，鱼身而鸟翼，苍文而白首，赤喙，常行西海，游于东海，以夜飞。其音如鸾鸡[3]，其味酸甘，食之已狂，见则天下大穰[4]。

【注释】

[1] 泰器之山，古山名。《五藏山经传》卷二："泰器之山，扣肯布拉克山也。" [2] 观水，吕调阳校作"灌水"。[3] 鸾鸡，古鸟名。[4] 大穰（ráng），庄稼大丰收。

【译文】

从钟山再往西一百八十里的地方，有座山叫泰器山。观水是从这座山流出，然后向西注入流沙。观水中有很多文鳐鱼，这种鱼的形状与鲤鱼相似，有着鲤鱼一样的身形，却长着鸟的翅膀，黑色的花纹，白色的脑袋，红色的嘴巴，常常从西海游向东海，夜里常常跃出水面腾空飞翔。这种鱼发出的声音如同鸾鸡在啼叫，这种鱼肉又酸

文鳐鱼

又甜，吃了这种鱼肉可以医治癫狂病。这种鱼一旦出现，庄稼将会有大丰收。

又西三百二十里，曰槐江之山[1]。丘时之水出焉，而北流注于泑水。其中多蠃母[2]，其上多青雄黄，多藏琅玕[3]、黄金、玉，其阳多丹粟，其阴有多采黄金、银。实惟帝之平圃[4]，神英招司之，其状马身而人面，虎文而鸟翼，徇于四海，其音如榴。南望昆仑，其光熊熊，其气魂魂。西望大泽[5]，后稷所潜也。其中多玉，其阴多榣木[6]之有若。北望诸毗，槐鬼离仑居之，鹰鹯之所宅也。东望恒山四成，有穷鬼居之，各在一搏[7]。爰有瑶水，其清洛洛[8]。有天神焉，其状如牛，而八足二首马尾，其音如勃皇，见则其邑有兵。

【注释】

[1]槐江之山，古山名。《五藏山经传》卷二："槐江即沙尔巴克图河，东北流注喀拉塔拉额西柯淖尔。"[2]蠃（luǒ）母，"蠃"同"螺"，也作螺母，一种贝壳类的小动物。[3]琅玕（láng gān），美玉。[4]平圃，玄圃，传说中的仙境。[5]大泽，相传为后稷葬身的地方。古代传说中，后稷非常聪明，他死后化形而遁于大泽成为神。《五藏山经传》卷二："大泽即巴勒喀什淖尔。巴勒喀什即布尔哈斯，如云黄玉池也。此泽东西袤八百余里，南北广处二百余里，狭处百余里，中有三山，以其为后稷之神所潜，因名曰稷泽焉。"[6]榣（yáo）木，古树名，树木高大。郭璞注："榣木，大木也。言其上复生若木。大木之奇灵者为若，见《尸子》。"[7]各在一搏，搏，臂膀。郭璞注："搏犹胁也。言群鬼各以类聚，处山四胁。有穷，其总号耳。"[8]洛洛，水流下的样子。

【译文】

从泰器山再往西三百二十里的地方，有座山叫槐江山。丘时水是从这座山流出，然后向北注入泑水。丘水中有很多螺母。槐江山上有很多石青和雄黄，还蕴藏着丰富的琅玕、金矿和玉石。山的南面有很多的细丹砂，山的北面有许多五颜六色的金矿和银矿，这里就是黄帝的玄圃，由名叫英招的天神负责守护。英招长着马的身子，人的面孔，身上有老虎的花纹和鸟的翅膀。英招神经常周游四海，它发出的声音如同用辘轳抽水发出的声音一样。站在槐江山上，向南可以远眺昆仑山，这个国家火光熊熊，光芒万丈，气势恢弘。向西可以看见大泽，后稷就埋葬在这个国家。大泽中有很多的玉石。山的北面有很多的榣树和若树，向北可以看见诸毗山，槐鬼离仑神就住在这座山上，鹰鹯也在这里栖息。向东可以看见恒山，并能清晰看见恒山有四重，穷鬼就住在这座山上，穷鬼各以类聚，居住在不同的山洼中。槐江山上还有一个瑶池，池水清澈透底，有天神住在这里专门守护。这个天神身形像牛，长着八条腿、两个头并拖着一条马尾巴，叫声如勃皇。天神出现在哪个地方，哪个地方就将发生兵荒马乱之灾。

西南四百里，曰昆仑之丘[1]，是实惟帝之下都，神陆吾司之。其神状虎身而九尾，人面而虎爪；是神也，司天之九部[2]及帝之圃时。有兽焉，其状如羊而四角，名曰土蝼，是食人。有鸟焉，其状如蜂，大如鸳鸯，名曰钦原，蠚[3]鸟兽则死，蠚木则枯。有鸟焉，其名曰鹑鸟，是司帝之百服。有木焉，其状如棠，黄华赤实，其味如李而无核，名曰沙棠，可以御水，食之使人不溺。有草焉，名曰薲[4]草，其状如葵，其味如葱，食之已劳。河水出焉，而南流东注于无达。赤水出焉，而东南流注于汜天之水。洋水出焉，而西南流注于丑涂之水 [5]。黑水出焉，而西流于大杅 [6]。是多怪鸟兽。

【注释】

[1] 昆仑之丘，即昆仑山，古山名。《五藏山经传》卷二："昆仑之丘在今绥来县南，其北为玛纳斯河所出。"[2] 九部，古代传说中九域之部界。[3] 蠚（hē），某些动物如蜂、蝎等用刺刺其他动物。[4] 蘋（pín）草，古草名，也称赖草。可以用来饲养牲畜。[5] 丑涂之水，《五藏山经传》卷二："又西北哈什河自东北来会，即丑涂之水，又名丹水。""丑涂犹列涂，哈什源处尽泽，淖滑难行，故得名焉。"[6] 大杅（yú），郭璞注："山名也。"吕调阳校为渤泽，《五藏山经传》卷二："哈什之东为三，喀喇乌苏即黑水，并西北流合注喀喇塔拉额西柯淖尔，即渤泽，名大杅者，池形象盘杅。"

【译文】

从槐江山往西南四百里的地方，有座山叫昆仑山。传说这里是天帝在下界的都邑，由天神陆吾专门掌管。天神身形像虎，长着九条尾巴，人的面孔，脚似虎爪。这个陆吾神，主管天界九域以及天帝苑圃的时节。昆仑山上有一种野兽，形状像羊却长着四只角，名叫土蝼，是会吃人的。昆仑山还有一种鸟，身形像蜂，有鸳鸯那么大，名叫钦原，它要是蠚了其他的鸟兽，被蠚的鸟兽便会死去；蠚了树木，树木就会枯死。山中还有一种鸟，它的名字叫鹑鸟，它主管天帝的服饰。山上有一种树，它的形状像棠树，开黄色的花，结红色的果实，果实的味道像李子，但没有果核，这种树木叫沙棠树，可以用来辟水，吃了这种果实，可以使人漂浮在水面上不至于淹死。山中有一种草，名叫蘋草，它的形状像葵，味道像山葱，吃了它可以使人消除疲劳。黄河水是从昆仑山流出，然后向南流，再向东注入无达。赤水是从昆仑山流出，然后向东南流入汜天水。洋水也是从昆仑山流出，然后向西南流入丑涂水。黑水也流出于这座山，然后向西流入大杅。昆仑山上还有许多奇鸟和怪兽。

又西三百七十里，曰乐游之山。桃水[1]出焉，西流注于稷泽，是多白玉，其中多鳛鱼[2]，其状如蛇而四足，是食鱼。

【注释】

[1]桃水，《五藏山经传》卷二："桃水今名洮赖图河。"[2]鳛（huá）鱼，古代传说中的一种鱼，会发光，能飞。

【译文】

从昆仑山再往西三百七十里的地方，有座山叫乐游山。桃水是从这座山流出，然后向西流入稷泽，桃水中盛产白色的玉石，水中有很多鳛鱼，鳛鱼形状像蛇，却长着四只脚，它会吃别的鱼类。

西水行四百里，曰流沙，二百里至于蠃母之山，神长乘司之，是天之九德也。其神状如人而犳尾。其上多玉，其下多青石而无水。

又西三百五十里，曰玉山[1]，是西王母所居也。西王母其状如人，豹尾虎齿而善啸，蓬发戴胜[2]，是司天之厉及五残[3]。有兽焉，其状如犬而豹文，其角如牛，其名曰狡，其音如吠犬，见则其国大穰。有鸟焉，其状如翟而赤，名曰胜遇[4]，是食鱼，其音如录，见则其国大水。

【注释】

[1] 玉山，古山名。《五藏山经传》卷二："玉山，哈什塔克山也，为哈什塔克河所出，东北入伊梨河，又北百里注巴勒喀什淖尔。"[2] 胜，一种用玉做成的首饰，类似妇女头上戴的发簪。[3] 厉及五残，郝懿行注："皆星名也。"二者都是古代天文书上记载的代表凶兆的星。[4] 胜（qìng）遇，古鸟名。

【译文】

从乐游山向西走四百里的水路，到达流沙，再走二百里，就到了嬴母山了，长乘神管理这座山。长乘神是由上天的九德之气所生。这神体形像人，但拖着犳一样的尾巴。山上有很多玉石，山下有很多青石头，但是没有水流。

狡

从嬴母山再往西三百五十里的地方，有座山叫玉山，这里是西王母居住的地方。西王母身形像人，豹尾、虎牙而且善于啸叫，蓬松的头发上戴着玉胜，它掌管着天下的灾祸及五刑残杀等事宜。山中有一种野兽，它的身形像狗，豹皮花纹，它的角像牛角。它的名字叫狡，狡的叫声如同狗叫，哪个国家出现这种野兽，哪个国家就将五谷丰收。山中还有一种鸟，形状像长尾鸡，红色的羽毛。这种鸟名叫胜遇，以吃鱼为生，它的叫声像鹿鸣。哪个国家出现这种鸟，将会发大水灾。

又西四百八十里，曰轩辕之丘[1]，无草木。洵水[2]出焉，南流注于黑水，其中多丹粟，多青雄黄。

又西三百里，曰积石之山，其下有石门，河水冒[3]以西流，是山也，万物无不有焉。

【注释】

[1] 轩辕之丘，《五藏山经传》卷二："河套之北自博托河以东皆曰轩辕之丘，河流象轩辕也。"轩辕是古代传说中的上古帝王，他住在轩辕山上，娶西陵氏的女儿为妻。[2] 洵（xún）水，古水名。《五藏山经传》卷五："洵水四水均列，象赴公旬者均地就役也，其水皆南入河，东南会黛山湖水，湖之上源即哈拉乌苏也。"[3] 冒，覆盖，笼罩。

【译文】

从玉山再往西四百八十里的地方，有座山叫轩辕丘，山丘上没有任何花草树木。洵水是从这座山丘流出，向南流入黑水。洵水中有很多细丹砂，很多石青和雄黄。

从轩辕丘再往西三百里的地方，有座山叫积石山，山下有个石门，黄河水是从这个石门冒出，然后向西流去。这积石山，天下万物无所不有。

又西二百里，曰长留之山[1]，其神白帝少昊[2]居之。其兽皆文尾，其鸟皆文首。是多文玉石。实惟员神磈氏[3]之宫。是神也，主司反景[4]。

【注释】

[1] 长留之山，古山名。《五藏山经传》卷二："伊犁塔勒

奇城北百里有谷曰果子沟，长七十里。为伊犁驿程所经，岭上出泉，南会众流出。山曰乌里雅苏图，水峡流迅急，跨桥四十有二，故长留所由纳称也。"[2]少昊，古代传说中的上古帝王。[3]魂（wěi）氏，传说中的神名。[4]反景，"景"通"影"。反景，就是太阳返照。

【译文】

从积石山再往西二百里的地方，有座山叫长留山。长留山山神白帝少昊就居住在这座山上。山中的野兽尾巴都带有花纹，鸟头也都带有花纹。山上盛产带有花纹的玉石。这里实际上是员神魂氏的宫殿。这个神，主管夕阳返照。

又西二百八十里，曰章莪之山，无草木，多瑶碧。所为甚怪。有兽焉，其状如赤豹，五尾一角，其音如击石，其名曰狰。有鸟焉，其状如鹤，一足，赤文青质而白喙，名曰毕方 [1]，其鸣自叫也，见则其邑有讹火 [2]。

【注释】

[1]毕方，古代传说中的一种树，很精灵；有的说是一种像鸟的神灵。[2]讹火，怪火，野火。或指磷火。

狰

毕方鸟

【译文】

从长留山再往西二百八十里的地方，有座山叫章莪山，山上没有任何花草树木，有很多瑶玉和碧玉。山上的东西都很奇怪。有怪兽，形状像红色的豹，长着五条尾巴和一只角，发出的声音如同敲击石头的声响，它的名字叫狰。山中还有一种奇鸟，形状像鹤，却只有一只脚，青色的羽毛中嵌有红色的花纹，一张白嘴巴，它的名字叫毕方，是根据它的叫声来命名的。这种鸟出现在哪里，哪里就会发生怪异的火灾。

又西三百里，曰阴山。浊浴之水出焉，而南流注于蕃泽，其中多文贝[1]。有兽焉，其状如狸[2]而白首，名曰天狗，其音如榴榴，可以御凶。

又西二百里，曰符惕之山[3]，其上多棕楠，下多金玉。神江疑[4]居之。是山也，多怪雨，风云之所出也。

【注释】

[1] 文贝，也就是紫贝。贝科动物的壳。[2] 狸，动物名，是一种善伏的野兽，俗称野猫。[3] 符惕（yáng）之山，《五藏山经传》卷二："伊犁河自察林河口西北流百余里，得巴克岭，连山三百里，至车里克河口，即符阳之山也。巴克，回语谓丛林也。车里克河即符水，山在其东，故曰符阳。符者，水形似剖竹也。"[4] 江疑，据古代的《祭法》中说，从山中、树林中、河谷中都能升出云，刮起风，落下雨，凡是能兴风作雨的怪兽，都是神。这座山上的神江疑，就能兴风作雨，它就是这一类的风雨神。

【译文】

从章莪山再往西三百里的地方，有座山叫阴山。浊浴水是从这座山流出，然后向南流入番泽，浊浴水中有很多五彩斑斓的贝壳。山中有一种野兽，它的身形像野猫，白色的头，名叫天狗。天狗的叫声像榴榴，饲养它可以避免凶灾。

天 狗

从阴山再往西二百里的地方，有座山叫符惕山，山上遍地都是棕树和楠树，山下蕴藏着丰富的金矿和玉石。神灵江疑就住在这座山上。这座山常降怪异的雨，刮奇怪的风，出现罕见的云。

又西二百二十里，曰三危之山，三青鸟[1]居之。是山也，广员百里。其上有兽焉，其状如牛，白身四角，其豪如披蓑[2]，其名曰傲狠[3]，是食人。有鸟焉，一首而三身，其状如鸨[4]，其名曰鸱。

【注释】

[1]三青鸟，古代传说中的一种鸟，力强、善飞，负责为西王母取食。[2]蓑，一种用草或棕做成的防雨雨披。[3]傲狠（ào yē），古代传说的一种野兽，会吃人。[4]鸨（luò），古鸟名，形似雕鹰。

【译文】

从符惕山再往西二百二十里的地方，有座山叫三危山，三青鸟就住在这座山上。这座山，方圆百里。山上有种野兽，形状像牛，全身呈白色，长有四只角，身上的毛又长又密像披着的蓑衣。它的名字叫傲狠，会吃人。山上有一种鸟，长着一个鸟头却有三个身子，它的身形像雕，名字叫鸱。

又西一百九十里，曰騩山[1]，其上多玉而无石。神耆童[2]居之，其音常如钟磬[3]。其下多积蛇。

又西三百五十里，曰天山，多金玉，有青雄黄。英水出焉，而西南流注于汤谷。有神焉，其状如黄囊，赤如丹水，六足四翼，浑敦[4]无面目，是识歌舞，实为帝江也。

【注释】

[1] 騩（guī）山，古山名，《五藏山经传》卷二："騩山，昌吉县南之孟克图岭及其西之呼图必山也，有罗克伦河、呼图必河并北流而会，又西北合南来诸水注额彬格逊池，象騩形，故名呼图必，言有鬼也。"[2] 耆（qī）童，老童。古代传说耆童是上古帝颛顼的儿子。[3] 磬（qìng），古代的一种打击乐器，用玉石或特殊的石头制作而成的。[4] 浑（hùn）敦，浑然模糊，不分明，不清楚。

【译文】

从三危山再往西一百九十里的地方，有座山叫騩山。这座山上有许多玉石，但是没有普通的石头。天神耆童就住在这座山上，它发出的声音常常像是敲钟击磬的响声，山下有许多盘叠的蛇。

从騩山再往西三百五十里的地方，有座山叫天山，天山上有很多的金矿和玉石，还有很多石青和雄黄。英水是从天山流出，然后向西南流入汤谷。山中有一种神，它的身形像黄色的口袋，发出红色的光，长有六只脚和四只翅膀，浑浑沌沌看不清楚它的面貌，它能歌善舞，原来它是帝江。

又西二百九十里，曰泑山^[1]，神蓐收^[2]居之。其上多婴短之玉，其阳多瑾瑜之玉，其阴多青雄黄。是山也，西望日之所入，其气员，神红光^[3]之所司也。

【注释】

[1] 泑山，古山名。《五藏山经传》卷二："长沙西北也，泑山因泽纳称。在晶河口不周支麓尽处。"[2] 蓐（rù）收，古代传说中的金神，掌管日出日落。[3] 红光，郝懿行注："盖即蓐收也。"

【译文】

从天山再往西二百九十里的地方，有座山叫泑山，神灵蓐收就居住在这里。山上盛产婴短玉，山的南面有很多瑾、瑜之类的上等好玉，山的北面有很多的石青和雄黄。这座山，向西可以看到太阳落山的景致，所以这个国家气象浑圆，由神红光掌管。

西水行百里，至于翼望之山，无草木，多金玉。有兽焉，其状如狸，一目而三尾，名曰讙^[1]，其音如夺百声，是可以御凶，服之已瘅^[2]。有鸟焉，其状如乌，三首六尾而善笑，名曰鸰鸺^[3]，服之使人不厌^[4]，又可以御凶。

【注释】

[1] 讙（huān），古代传说中的一种野兽。[2] 瘅（dàn），通"疸"，也就是黄疸病。中医认为这种病是因为体内虚热造成的。

一卷二　西山经一

71

[3] 鹠鹠（qí tú），古鸟名。[4] 厌（yǎn），通"魇"，也就是
魇梦，梦中遇到可怕的事情。

【译文】

从渤山往西走一百里水路便到
了翼望山，山上没有任何花草树
木，有很多的金矿和玉石。山中有
一种野兽，身形像野猫，长着一只
眼睛三条尾巴，名字叫讙，讙能发
出百种动物的叫声，饲养它可以避
凶防邪，人吃了它的肉可以治疗黄
疸病。山上有一种鸟，形状像乌鸦，
三个头，六条尾，常常发出笑声，
这种鸟名叫鹠鹠，吃了它的肉能使
人不做魇梦，还可以避凶防邪。

讙

凡西次三经之首，崇吾之山至于翼望之山，凡二十三山，
六千七百四十四里。其神状皆羊身人面。其祠之礼，用一吉玉
瘗，糈用稷[1]米。

【注释】

[1] 稷（jì），即粟，谷子，五谷之一，是古代主要的粮食作物。

【译文】

纵观《西次三经》这一山系，从崇吾山到翼望山，共
二十三座山，沿途六千七百四十四里。这些山神都是羊的身形，
人的面孔。祭祀这些山神的礼仪是，把一块吉玉埋在地下，祭
祀的米用粟米。

西次四经

《西次四经》之首，曰阴山 [1]。上多穀，无石，其草多
茆 [2]、蕃。阴水出焉，西流注于洛。

北五十里，曰劳山，多茈草 [3]。弱水 [4] 出焉，而西流
注于洛。

西五十里，曰罢父之山。洱水 [5] 出焉，而西流注于洛，
其中多茈、碧 [6]。

【注释】

[1] 阴山，古山名。《五藏山经传》卷二："以阴水名，今
澄城县西南搠铃泉也，其北亦有甘泉，与雕阴之甘泉同名，故旧
说或指雕山为阴山矣。"[2] 茆（mǎo），古草名，也就是凫葵草。
[3] 茈（zǐ）草，即紫草，可以用作染料。[4] 弱水，《五藏山经传》
卷二："弱同溺。溺水即甘泉，西南流会阴水注洛。"[5] 洱水，
《五藏山经传》卷二："山在澄城东北，其水曰大谷河，即洱水也，
南流西注洛，形如珥。"[6] 茈、碧，这里是指紫色的美玉和青
绿色的玉石。

【译文】

《西次四经》所描述的西部山系的第四组山脉的第一座山叫
阴山。阴山上生长着茂密的构树，山上没有石头。阴山上的草主
要是凫葵草和青蕃草。阴水是从这座山流出，然后向西流入洛水。

从阴山往北五十里的地方，有座山名字叫作劳山。劳山上
有非常茂盛的紫草。弱水从劳山流出来，然后向西流入洛水
之中。

从劳山往西五十里的地方，有座山叫罢父山。洱水是从这座

山流出，然后向西流入洛水。洱水中有很多茈石和碧绿色的玉石。

北百七十里，曰申山[1]。其上多榖柞，其下多杻橿，其阳多金玉。区水[2]出焉，而东流注于河。

北二百里，曰鸟山，其上多桑，其下多楮，其阴多铁，其阳多玉。辱水[3]出焉，而东流注于河。

【注释】

[1] 申山，古山名。《五藏山经传》卷二："申山在洛川县东五十里，有丹阳水东流，又东北右合朱砂岭水，两川若垂绅之厉，故名。"[2] 区水，古水名。《五藏山经传》卷二："又东北银川水合众流自西北来会，总名曰区水也。"[3] 辱水，古水名。《五藏山经传》卷二："浊筋河出其东北，北会延水，东流注河，即辱水也。"

【译文】

从罢父山往北一百七十里的地方，有座山叫申山。山上有很多构树和柞树，山下有很多杻树和橿树。山的南面蕴藏着丰富的金矿和玉石。区水是从这座山流出，然后向东流入黄河。

从申山往北二百里的地方，有座山叫鸟山。鸟山上有许多桑树，山下有许多楮树，山的北面有丰富的铁矿，山的南面盛产玉石。辱水是从鸟山流出，然后向东流入黄河。

又北百二十里，曰上申之山，上无草木，而多硌石[1]，下多榛楛[2]，兽多白鹿。其鸟多当扈，其状如雉，以其髯[3]飞，食之不眴目[4]。汤水出焉，东流注于河。

一卷二 西山经一

【注释】

[1]硌（luò）石，大石头。[2]榛（zhēn）楛（hù），榛，落叶灌木，果实名叫榛子。楛，茎坚韧，可以用作箭杆。[3]髯（rán），脸颊上的胡子，这里指两颊上的长须毛。[4]眴（shùn）目，眨眼的意思。

【译文】

从鸟山再往北一百二十里的地方，有座山叫上申山。山上没有任何花草树木却有很多硌石，山下到处都是榛树和楛树，山中的野兽以白鹿居多。鸟类主要是当扈鸟，这种鸟形状像野鸡，用自己两颊上的长须毛能飞起来，人们如果吃了它的肉，就不会患目眩症。汤水是从这座山流出，然后向东流入黄河。

当扈

又北百八十里，曰诸次之山[1]。诸次之水出焉，而东流注于河。是山也，多木无草，鸟兽莫居，是多众蛇。

【注释】

[1]诸次之山，古山名。《五藏山经传》卷二："延安府北神木山也，有雷公川东南合潘陵川南入延水而东注河，即诸次水。"

【译文】

从上申山再往北一百八十里的地方，有座山叫诸次山。诸次水是从这座山流出，然后向东流入黄河。这座山，长着茂盛的树木，却没有任何花草，鸟兽都不在这座山上栖居，这里还有各种各样的蛇。

又北百八十里，曰号山。其木多漆[1]、棕，其草多药[2]、藚[3]、芎䓖[4]。多汵石[5]。端水[6]出焉，而东流注于河。

【注释】

[1]漆，漆树，它的树干中有汁液，可以用来制作涂料。[2]药，白芷的别称，根称白芷，叶子称药，俗称白芷。[3]藚（xiāo），一种香草。[4]芎䓖（xiōng qióng），古草名，中医学上以干燥根状茎入药，性温和、味辛，有活血、调经、祛风、止痛等疗效，经常用于治疗月经不调、头痛、风湿痹等病症。[5]汵（gàn）石，一种石头，石质柔软。[6]端水，吕调阳校作"湍水"，《五藏山经传》卷二："湍水，今秀延河，出安定县西北之灌清谷，即号山。号，湍注声也。"

【译文】

从诸次山再往北一百八十里的地方，有座山叫号山。号山上生长的树木主要是漆树和棕树，这里的草主要有白芷草、藚草、川芎草。山上还有很多汵石。端水是从号山流出，然后向东流入黄河。

又北二百二十里，曰盂山。其阴多铁，其阳多铜。其兽多白狼白虎，其鸟多白雉白翟[1]。生水出焉，而东流注于河。

【注释】

[1]白翟，古鸟名。郭璞注："或作'白翠'。"

【译文】

从号山再往北二百二十里的地方，有座山叫盂山。山的北面蕴藏着丰富的铁矿，山的南面蕴藏着丰富的铜矿。山中的野兽主要是白狼和白虎，鸟类主要是白雉和白翟。生水是从这座山流出，然后向东流入黄河。

西二百五十里，曰白於之山[1]。上多松柏，下多栎檀。其兽多㸨牛、羬羊，其鸟多鸮[2]。洛水出于其阳，而东流注于渭；夹水出于其阴，而东流注于生水。

【注释】

[1]白於之山，古山名。《五藏山经传》卷二："号山西也，洛正源所出也。人寐目上反谓之白。白於，洛源诸水象死鸟仰卧也。洛本作雒，水又象鸟被啄仰地急鸣也。"[2]鸮（xiāo），古鸟名，属猫头鹰一类。

【译文】

从盂山往西二百五十里的地方，有座山叫白於山。山上遍地是松树和柏树，山下长满了栎树和檀树。山中的野兽主要是㸨牛和羬羊，鸟类主要是鸮鸟。洛水是从这座山的南面流出，然后向东流入渭水；夹水是从这座山的北面流出，然后向东流入生水。

西北三百里，曰申首之山。无草木，冬夏有雪，申水出于其上，潜于其下，是多白玉。

又西五十五里，曰泾谷之山[1]。泾水出焉，东南流注于渭，是多白金、白玉。

【注释】

[1] 泾谷之山，古山名。《五藏山经传》卷二："山在定边县南天池铺，泾水正源所发。"

【译文】

从白於山往西北三百里的地方，有座山叫申首山。山上没有任何花草树木，无论是冬季还是夏季都会大雪纷飞。申水是从山顶上喷涌而下，形成壮观的瀑布，然后流到山下，水中蕴藏着许多精美的白色玉石。

从申首山再往西五十五里的地方，有座山叫泾谷山。泾水是从这座山流出，然后向东南流入渭水。泾水中蕴藏着丰富的白金和白玉。

又西百二十里，曰刚山[1]。多柒木[2]，多㻬琈之玉。刚水出焉，北流注于渭。是多神魑[3]，其状人面兽身，一足一手，其音如钦[4]。

又西二百里，至刚山之尾，洛水出焉，而北流注于河。其中多蛮蛮[5]，其状鼠身而鳖首，其音如吠犬。

【注释】

[1] 刚山，古山名。《五藏山经传》卷二："山在庆阳府铁边城西北。"[2] 柒木，漆树。[3] 神魑（chì），古兽名，传说中

78

的厉鬼。[4] 钦，通"吟"，打呵欠。郭璞注："钦亦吟之假音。"
[5] 蛮蛮，属于水獭一类的野兽，与上文所说的"蛮蛮"指的比翼鸟是不同的动物。

神槐

蛮蛮

【译文】

　　从泾谷山再往西一百二十里的地方，有座山叫刚山。山上多产漆树，有很多瑂琈玉。刚水是从这座山流出，然后向北流入渭水。山中有很多神槐，长着人的面孔兽的身形，只有一只脚一只手，它发出的声音像人在呻吟。

　　从刚山再往西二百里就到了刚山的尾端。洛水是从这里流出，然后向北流入黄河。这里生活着很多蛮蛮，它的形体和老鼠很相似，却长着甲鱼的脑袋，发出的声音如同狗叫。

　　又西三百五十里，曰英鞮之山[1]。上多漆木，下多金玉，鸟兽尽白。涴[2]水出焉，而北注于陵羊之泽。是多冉遗之鱼，鱼身蛇首六足，其目如马耳，食之使人不眯[3]，可以御凶。

【注释】

[1] 英鞮（dī）之山，古山名。吕调阳校作"英提之山"，《五藏山经传》卷二："山在固原州南张义堡，首山之北峰也。清水河数源合北流，象提物屈中两指之状，故曰英提。"[2] 浼（yuān），古水名。[3] 眯（mì），梦魇，噩梦。

【译文】

从刚山尾再往西三百五十里的地方，有座山叫英鞮山。山上有很多漆树，山下有丰富的金矿和玉石，山中的鸟兽都是白色的。浼水是从这座山流出，然后向北流入陵羊泽。水中有很多叫冉遗的鱼，这种鱼长着鱼身、蛇头、六只脚，眼睛像马的耳朵。吃了这种鱼肉可以使人不做噩梦，还可以防凶避邪。

又西三百里，曰中曲之山 [1]。其阳多玉，其阴多雄黄、白玉及金。有兽焉，其状如马而白身黑尾，一角，虎牙爪，音如鼓音，其名曰駮 [2]，是食虎豹，可以御兵。有木焉，其状如棠，而员叶赤实，实大如木瓜，名曰櫰木 [3]，食之多力。

【注释】

[1] 中曲之山，古山名。《五藏山经传》卷二："中曲，今会宁县东鸦岔山也。响水河即虎尾山水环其三面如筐曲，故名。"[2] 駮（bó），古兽名，非常凶猛。[3] 櫰（huái）木，櫰树，木质坚硬，是建筑、制器具、雕刻的好材料。

【译文】

从英鞮山再往西三百里的地方，有座山叫中曲山。山的南面盛产玉石，山的北面有很多雄黄、白玉及金矿。山中有一种野兽，形状像马，全身是白色的，尾巴是黑色的。头上长着一只角，虎牙、虎爪，它的叫声如同击鼓声，它的名字叫驳，是以吃老虎豹子为生，人们如果饲养这种兽，就可以避免兵刃之灾。山上还有一种树，形状像棠树，圆圆的叶子，结红色的果实，果实有木瓜那么大，这种树叫櫰树，吃了这种树的果实，可以使人的力气过人。

又西二百六十里，曰邽山 [1]。其上有兽焉，其状如牛，猥毛，名曰穷奇 [2]，音如獋 [3] 狗，是食人。濛水 [4] 出焉，南流注于洋水，其中多黄贝 [5]、蠃鱼，鱼身而鸟翼，音如鸳鸯，见则其邑大水。

【注释】

[1] 邽(guī)山，古山名《五藏山经传》卷二："今宁远西南老君山，即古西倾山也。"[2] 穷奇，古兽名，异常凶猛。[3] 獋，

穷　奇

同嗥，指豺狼一类经常噪叫的犬科动物。[4] 濛水，《五藏山经传》卷二："濛水即西汉水，东南会乌油江、嘉陵江，南注白水，水西出岷山，与大江源近，番人名祥楚河，即洋水也。"[5] 黄贝，郭璞注："贝，甲虫，肉如科斗，但有头尾耳。"

【译文】

从中曲山再往西二百六十里的地方，有座山叫邽山。山上有一种野兽，形状像牛，全身长着刺猥毛。这种野兽名叫穷奇，发出的吼叫声如同狗叫，是种会吃人的猛兽。濛水是从这座山流出，然后向南流入洋水。濛水中生长着很多黄色的贝类；有蠃鱼，这种鱼，长着鱼的身子，鸟的翅膀，发出的叫声像鸳鸯。

它出现在哪里，哪里就会发生大水灾。

又西二百二十里，曰鸟鼠同穴之山。其上有白虎、白玉。渭水出焉，而东流注于河。其中多鳋鱼[1]，其状如鳣鱼[2]，动则其邑有大兵。滥水[3]出于其西，西流注于汉水。多𩽾𩾌[4]之鱼，其状如覆铫[5]，鸟首而鱼翼鱼尾，音如磬石之声。是生珠玉。

【注释】

[1] 鳋（sāo）鱼，古代传说中的一种鱼。[2] 鳣（zhān）鱼，亦称鲟鳇鱼，身上有甲胄。[3] 滥水，《五藏山经传》卷二："今水出

𩽾𩾌鱼

石井所，西北流至旧临洮府城北，西入洮，即此经云汉水也。"[4] 𩽾𩾌（rú pí），古代传说中的一种鱼，能产珍珠。[5] 铫（yáo），一种小锅，带柄有流嘴。

【译文】

从邽山再往西二百二十里的地方，有座山叫鸟鼠同穴山。山上生长着很多白虎，遍布着许多白色精美的玉石。渭水是从这座山流出，然后向东流入黄河。渭水中有很多鳋鱼，形状像鳣鱼。它在哪里出没，哪里就将大动兵戈。滥水是从这座山的西面流出，然后向西流入汉水。滥水中有很多𩽾𩾌鱼，这种鱼的形状像底朝天的铫子，脑袋像鸟头，但是翅膀和尾巴还是像鱼，它的叫声像敲击磬石所发出的声音。这种鱼还会产珠玉。

西南三百六十里，曰崦嵫之山[1]。其上多丹木，其叶如榖，其实大如瓜，赤符[2]而黑理，食之已瘅，可以御火。其阳多龟。其阴多玉。苕水出焉，而西流注于海，其中多砥砺[3]。有兽焉，其状马身而鸟翼，人面蛇尾，是好举人，名曰孰湖。有鸟焉，其状如鸮而人面，蜼[4]身犬尾，其名自号也，见则其邑大旱。

【注释】

　　[1] 崦嵫（yān zī）之山，古山名。《五藏山经传》卷二："崦嵫，今玉门县南昌马山也。"崦嵫，古代传说中日出日落的地方。[2] 符，通"柎"，即花萼。[3] 砥砺（dǐ lì），磨刀用的石头。石质精细的为砥，石质粗糙的为砺，统称为磨刀石。[4] 蜼（wèi），古兽名，形似猕猴。

【译文】

　　从鸟鼠同穴山往西南三百六十里的地方，有座山叫崦嵫山。山上有茂盛的丹树，丹树叶与谷叶一样，果实像瓜那般大小，花萼是红色，带有黑色的纹理。吃了这种树的果实，可以医治黄疸病，这种树还可以用来防御火灾。山的南面有很多龟，山的北面有很多玉。苕水是从这座山流出，然后向西流入大海，苕水中有很多可以用来磨刀的磨刀石。山中有一种野兽，形状像马，长着鸟的翅膀，人的面孔，蛇的尾巴，它喜欢把人抱着举起，它的名字叫孰湖。山中还有一种鸟，形状像鸮，长着人的面孔，蜼一样的身子，

孰　湖

狗一样的尾巴，它的名字就是它的嚎叫声，它出现在哪里，哪里就会发生旱灾。

凡《西次四经》，自阴山以下，至于崦嵫之山，凡十九山，三千六百八十里。其神祠礼，皆用一白鸡祈。糈以稻米，白菅为席。

右西经之山。凡七十七山，一万七千五百一十七里。

【译文】

纵观《西次四经》这一山系，从阴山到崦嵫山，共十九座山，沿途三千六百八十里。祭祀诸山山神的礼仪是：用一只白色的鸡做供品，祭祀的米用稻米，摆放供品的席子是用白茅草做成的。

上面所记述的西部山系，共七十七座山，途经一万七千五百一十七里。

卷三　北山经

《北山经》主要记述了三个山系，沿途二万三千多里，有草木的山脉并不多，可以说《北山经》是一片蛮荒之地。《北山经》的记述很平实，较少有神话传奇色彩。尽管也记录了不少奇珍异兽，但是神话资源总体有限。这是《北山经》的一个重要特点。

　　北山一经中记录了像"雁门"等这样的地名，对于研究《山海经》的成书年代提供了很有力的资料。《北山经》还有一些关于流砂的描述，这说明北方的气候环境曾经有过复杂的变迁。值得一提的是，多记载某些兽类是可以用来防凶避邪的，比如寓鸟会预报兵情，可以防止兵戈之灾；吃了耳鼠的肉就不会患大肚病，还可以防止百毒感染；吃了鵸鸟肉，就可以医治中风等等，这具有超现实的色彩，反映了先人们追求美好生活的愿望。

　　北次二经中提到的三桑无枝可以和后文《海外北经》《大荒北经》相印证，众多的桑树描述展现了当时丰富的桑树资源，这为我国成为世界丝绸发源地提供了有力的文字佐证。桑树在《山海经》中被赋予多种名称，或简洁，或含蓄，或神秘，呈现出桑树斑斓神异的身世风采，这也从另一侧面说明历史和神话是同步发展的。

北山经

北山经之首，曰单狐之山[1]。多机木[2]，其上多华草，逢水[3]出焉，而西流注于泑水，其中多芘石[4]、文石[5]。

【注释】

[1] 单狐之山，古山名。《五藏山经传》卷三："单狐之山即三经所云发丸之山，在教山北并中条枝阜，教水出其阳，西南流，沙渠水出其阴，西北会涑水，亦西南流，并注栎泽。合两水视之，象弹者摄丸之形，故曰发丸。北受栎水象狐首，此水象狐鸣，故曰单狐。单，鸣也。"[2] 机木，也就是桤（qī）树，类似榆树的一种树木。[3] 逢（féng）水，古水名，《五藏山经传》卷三："涑水诸源自东北来象蜂形，著于狐首之上，故曰逢水。逢者人与蜂遇也。"[4] 芘石，紫色的石头。[5] 文石，有纹理又丰常漂亮的石头。

【译文】

《北山经》所描述的北部山系的第一组山脉的第一座山叫单狐山。山上生长着茂密的机木，还有茂盛的花草丛。逢水是从这座山流出，然后向西流入泑水，逢水中有很多紫石和文石。

又北二百五十里，曰求如之山[1]。其上多铜，其下多玉，无草木。滑水出焉，而西流注于诸毗之水。其中多滑鱼，其状如鱓[2]，赤背，其音如梧[3]，食之已疣[4]。其中多水马，其状如马，文臂[5]牛尾，其音如呼[6]。

【注释】

[1] 求如之山，古山名。《五藏山经传》卷三："浍水自翼城南六源合北流屈而西，东二源西流经翼城南北来会，象枕取者曲其掌，故山曰求如。"[2] 鲟（shàn），即鳝鱼，俗称黄鳝，形状像蛇。[3] 梧，郭璞云："如人相枝梧。"枝梧，也作支吾。[4] 疣（yóu），一种皮肤病。症状是皮肤上异常，有的会呈黄褐色，突起一个或多个，表面干燥且粗糙，经常出现在面部和手背。[5] 臂，这里是指前肢。郭璞注："前脚也。"[6] 呼，郝懿行注："谓马叱吒也。"

水 马

【译文】

从单狐山再往北二百五十里的地方，有座山叫求如山。山上蕴藏着丰富的铜矿，山下有丰富的玉石，山上没有任何花草树木。滑水是从这座山流出，然后向西流入诸毗水。滑水中有很多滑鱼，这种鱼的形状像一般的鳝鱼，但是它的脊背是红色的，它的叫声如人的支吾声，吃了这种鱼肉，就能治好人的赘疣病。滑水中还有一种水马，体形像马，但是前肢长有花纹，有一条牛一样的尾巴，它的发音像人的呼唤声。

滑 鱼

又北三百里，曰带山[1]。其上多玉，其下多青碧。有兽焉，其状如马，一角有错[2]，其名曰䑏疏[3]，可以辟火。有鸟焉，其状如乌，五采而赤文，名曰鹌鹕，是自为牝牡，食之不疽[4]。彭水出焉，而西流注于芘湖[5]之水。其中多儵鱼[6]，其状如鸡而赤毛，三尾、六足、四首，其音如鹊，食之可以已忧。

【注释】

[1]带山，古山名。《五藏山经传》卷三："带山，王屋北山也。黑水河西南流，环曲西北，南受二水，象彭腹缓带之形，故曰带山。"[2]错，通"厝"，指磨刀石。[3]䑏（huān）疏，古兽名。[4]疽（jū），一种毒疮，症状是局部皮肤肿胀而且坚硬。[5]芘（bì）湖，《五藏山经传》卷三："重匕曰比，叶相比曰芘。芘湖之水盖即百金泊，在平阳府东十里，与府西之平湖两两相比也。"[6]儵（tiáo）鱼，古代传说中的一种鱼。

【译文】

从求如山再往北三百里的地方，有座山叫带山。山上盛产精美的白玉，山下盛产青碧玉。山中有一种野兽，形状像马，头上长着一只角，角上有叉，

儵 鱼

这种野兽名叫䑏疏，饲养这种野兽，可以避免火灾。山上有一种鸟，形状像乌鸦，身披五彩羽毛，还有红色的花纹，名字叫鹌鹕，这种鸟雌雄同体。吃了这种鸟肉就不会生疽病。彭水是从带山流出，然后向西流入芘湖。彭水中有很多儵鱼，它的形状像鸡，红色的羽毛，三条尾巴，六只脚，四个脑袋，它的叫声同喜鹊的叫声一样，吃了这种鱼肉，人们就可以乐而忘忧。

又北四百里，曰谯明之山。谯水[1]出焉，西流注于河。其中多何罗之鱼，一首而十身。其音如吠犬，食之已痈[2]。有兽焉，其状如貆[3]而赤豪，其音如榴榴，名曰孟槐，可以御凶。是山也，无草木，多青雄黄。

山海经

【注释】

[1] 谯（qiáo）水，古水名。《五藏山经传》卷三："南川河导源西北，流至永宁州西南，北川东川两水合而南流来会，名三川河。又西至上平关，北注于河，即焦水也。"[2]痈，肿疡。一种皮肤和皮下组织的化脓性炎症，常出现于颈、背等部位，常伴有寒热，严重者可并发败血病。[3]貆（huán），豪猪。

【译文】

从带山再往北四百里的地方，有座山叫谯明山。谯水是从这座山流出，然后向西流入黄河。谯水中有很多何罗鱼，长着一个头，却有十个身子。它发出的声音像狗叫，吃了这种鱼肉，就可以医治痈疽病。山中还有一种野兽，它的形状像貆，但毛刺是红色的，发出的声音像猫叫，这种野兽叫孟槐，带着这种兽，可以防止出现凶事。这座山，没有任何花草树木，有很多石青和雄黄。

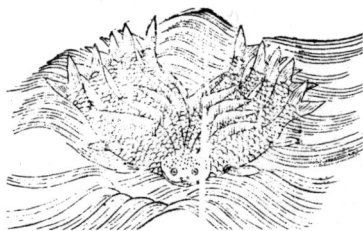

何罗鱼

孟槐

又北三百五十里，曰涿光之山[1]。嚣水[2] 出焉，而西流注于河。其中多鳛鳛[3] 之鱼，其状如鹊而十翼，鳞皆在羽端，其音如鹊，可以御火，食之不瘅[4]。其上多松柏，其下多棕橿。其兽多麢羊，其鸟多蕃。

【注释】

[1] 涿光之山，古山名。吕调阳校作"逐犬之山"。[2] 嚣水，古水名。《五藏山经传》卷三："其水又西南受象谷水，西会汾水注河。汾水自此以下名嚣水也。"[3] 鳛（zhě）鳛鱼，古代传说中的一种鱼。[4] 瘅（dàn），黄疸病。

【译文】

从谯明山再往北三百五十里的地方，有座山叫涿光山。嚣水是从这座山流出，然后向西流入黄河。嚣水中有许许多多的鳛鳛鱼，它的形状很

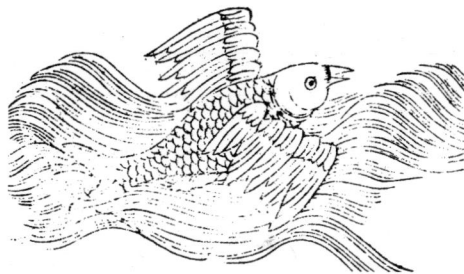

鳛鳛鱼

像喜鹊，长着十只翅膀，鱼鳞都长在羽毛的尾端，它的叫声像喜鹊叫，可以用来防火，吃了这种鱼肉还可以医治黄疸病。山上有许多松树和柏树，山下生长着很多棕树和檀树。生长在山中的野兽，以羚羊为最多，生长在山中的鸟，以蕃鸟为最多。

又北三百八十里，曰虢山[1]。其上多漆，其下多桐椐[2]。其阳多玉，其阴多铁。伊水出焉，西流注于河。其兽多橐驼[3]，其鸟多寓[4]，状如鼠而鸟翼，其音如羊，可以御兵。

又北四百里，至于虢山之尾，其上多玉而无石。鱼水出焉，西流注于河，其中多文贝。

【注释】

[1] 虢（guó）山，古山名。《五藏山经传》卷三："虢，虎食兽遗其皮也。山在方山镇西临县东，曰连枝山，有水三源合西北流折而西而西南，北合数水，西南入河，象委皮爪足狼籍之形，又象道殪之状，故曰虢山、曰伊水。伊，死人也。"[2] 椐（jū），古树名，木质坚韧，可以用来制作拐杖。[3] 橐（tuó）驼，即骆驼。郭璞曰："有肉鞍，善行流沙中，日行三百里，其负千斤，知水泉所在也。"[4] 寓，一种小飞禽，属蝙蝠类。

【译文】

从涿光山再往北三百八十里的地方，有座山叫虢山。山上生长着许多漆树，山下生长着繁茂的桐树和椐树。山的南面盛产玉石，山的北面蕴藏着丰富的铁矿。伊水是从这座山流出，向西流入黄河。山中生长的野兽，大多是骆驼，山林里的鸟主要是寓鸟，形状像老鼠，但长着鸟的翅膀，发出的声音像羊叫。

寓 鸟

这种鸟会预报兵情，可以防止兵戈之灾。

从虢山再往北四百里就到了虢山的尾端。这山上有很多精美的玉石，但没有普通的石头。鱼水是从这座山流出，然后向西流入黄河，鱼水中有五彩斑斓的贝壳。

又北二百里，曰丹熏之山[1]。其上多樗柏，其草多韭
䪥[2]，多丹雘。熏水出焉，而西流注于棠水[3]。有兽焉，其
状如鼠，而菟[4]首麋身，其音如獆犬，以其尾飞，名曰耳鼠，
食之不眯[5]，又可以御百毒。

【注释】

[1] 丹熏之山，古山名。《五藏山经传》卷三："丹熏盖即
赤红山，在兴县南，其水今亦名南川河，西北流注蔚。"[2] 䪥(xiè)，
通"薤"，一种可以食用的野菜，现在也可以人工种植。[3] 棠水，
古水名。[4] 菟，通"兔"。[5] 眯(cǎi)，大腹。

【译文】

从虢山尾再往北二百里的地方，有座山叫丹熏山。山上生
长着茂密的樗树和柏树，生长的草以韭䪥最多，还有许多可制
作涂料的丹雘。熏水是从这座山流出，然后向西流入棠水。山
中有种野兽，形状像老鼠，但长着兔子的头，麋的身子，它的
声音像狗叫，用它的尾巴当翅膀可以起飞，它的名字叫耳鼠。
吃了它的肉就不会患大肚病，还可以防止百毒感染。

又北二百八十里，曰石者之山[1]。其上无草木，多瑶碧。
泚水[2]出焉，而西流注于河。有兽焉，其状如豹，而文题[3]
白身，名曰孟极。是善伏，其鸣自呼。

【注释】

[1] 石者之山，古山名。《五藏山经传》卷三："山在岢岚
州东南，漪水源也。"[2] 泚水，《五藏山经传》卷三："又西
经岢岚州南，西注于河，亦象足此戾，故曰泚水。"[3] 文题，

有花纹的额头。题，即额头。

【译文】

从丹熏山再往北二百八十里的地方，有座山叫石者山。山上没有任何花草树木，遍地都是瑶、碧之类的美玉。泚水是从这座山流出，然后向西流入黄河。山中有一种野兽，形状像豹，额头上有花纹，身上的毛是白色的，它的名字叫孟极。这种兽善于卧伏隐藏，它的叫声就像是呼喊自己的名字。

又北百一十里，曰边春之山 [1]，多葱 [2]、葵、韭、桃 [3]、李。杠水出焉，而西流注于泑泽。有兽焉，其状如禺而文身，善笑，见人则卧，名曰幽鴳 [4]，其鸣自呼。

【注释】

[1] 边春之山，古山名。《五藏山经传》卷三："涷水源也。" [2] 葱，一种野菜，俗称山葱。[3] 桃，俗称毛桃，一种野山桃。[4] 幽鴳（è），古鸟名。

【译文】

从石者山再往北一百一十里的地方，有座山叫边春山，山上生长着茂盛的葱、葵草、韭菜、桃树、李树。杠水是从这座山流出，然后向西流入泑泽。边春山上有一种野兽，形状像猿猴，全身皮毛长满花纹，喜欢发出笑声，一见到有人就假装睡卧，它的名字叫幽鴳，它的叫声就像是呼喊自己的名字。

幽　鴳

又北二百里，曰蔓联之山[1]。其上无草木。有兽焉，其状如禺而有鬣，牛尾、文臂、马蹄，见人则呼，名曰足訾[2]，其鸣自呼。有鸟焉，群居而朋飞[3]，其毛如雌雉，名曰䴔[4]，其鸣自呼，食之已风。

【注释】

[1] 蔓（wàn）联之山，古山名。《五藏山经传》卷三："蔓联，漱水，形如联蔓也，在浮山县南。"[2] 足訾（zǐ），古代传说中的一种野生动物。[3] 朋飞，群飞，结伴而飞。朋，同，一起的意思。[4] 䴔（jiāo），古鸟名。有的说是属鸼鹢一类。

足訾

【译文】

从边春山再往北二百里的地方，有座山叫蔓联山。山上没有任何花草树木。山中有一种野兽，形状像猿猴却长着马一样的鬣毛，长着牛尾巴，臂上有花纹，足像马蹄。一见到人就大声呼喊，这种野兽名叫足訾，它的叫声像是呼喊自己的

䴔鸟

名字。山中有一种鸟，这种鸟喜欢群居在一起，结伴飞行，羽毛与雌野鸡毛相似，这种鸟名叫䴔，它的叫声就像是在呼喊自己的名字一样，吃了这种鸟肉，就可以医治中风。

又北百八十里，曰单张之山[1]。其上无草木。有兽焉，其状如豹而长尾，人首而牛耳，一目，名曰诸犍，善吒[2]，行则衔其尾，居则蟠[3]其尾。有鸟焉，其状如雉，而文首、白翼、黄足，名曰白鵺[4]，食之已嗌[5]痛，可以已痸[6]。栎水出焉，而南流注于杠水。

【注释】

[1] 单张之山，古山名。《五藏山经传》卷三："张义同长。张者，弦弓也。长，木工垂墨举左掌也。野狐泉三水合南流象之，故山得名。"[2] 吒（zhà），吆喝。这里指大声吼叫。[3] 蟠，盘起来，盘曲。[4] 鵺（yè），古鸟名。[5] 嗌（ài），咽喉窒塞。[6] 痸（chì），痴呆，癫狂病。

诸　犍

【译文】

从蔓联山再往北一百八十里的地方，有座山叫单张山。山上没有任何花草树木。山中有一种野兽，形状像豹，拖着一条长长的尾巴，长着人一样的脑袋，牛一样的耳朵，只有一只眼睛，它的名字叫诸犍，

白　鵺

喜欢大声嚎叫，走路的时候，用嘴巴衔着尾巴。卧睡的时候，就把尾巴盘蜷起来。山上还有一种鸟，形状像野鸡，头上的羽毛呈现各种花纹，翅膀上的羽毛是白色的，脚是黄色的，它的

名字叫白鵺。人们吃了这种鸟肉，就可以医治好咽喉疼痛，还可以医治癫呆症。栎水是从这座山流出，然后向南流入杠水。

又北三百二十里，曰灌题之山[1]。其上多樗柘，其下多流沙，多砥。有兽焉，其状如牛而白尾，其音如訆[2]，名曰那父。有鸟焉，其状如雌雉而人面。见人则跃，名曰竦斯，其鸣自呼也。匠韩之水[4]出焉，而西流注于泑泽，其中多磁石[3]。

【注释】

[1] 灌题之山，古山名。《五藏山经传》卷三："浍水北流西屈象题，东源出翼城东三十余里中卫镇北高山，西流注之当其屈处，故曰题灌，因以名山也。"[2] 訆（jiào），大声呼喊。[3] 磁石，一种天然矿石。俗称吸铁石，现在通称磁铁。[4] 匠韩之水，《五藏山经传》卷三："浍交象斫木之柿，故曰匠。东源象桔槔之摇，故曰韩。"

【译文】

从单张山再往北三百二十里的地方，有座山叫灌题山。山上生长着茂密的樗树和柘树，山下沉积着很多流沙，还有很多砥石。山中有一种野兽，形状像牛，长着一条白色

竦斯

的尾巴，它的叫声好像人在呼唤，这种野兽名叫那父。山上还有一种鸟，形状像雌野鸡，却长着一幅人的面孔。一看见人就会活蹦乱跳，这种鸟名字叫竦斯，它的叫声就像是呼喊自己的

名字。匠韩水是从这座山流出，然后向西流入泑泽，匠韩水中有很多磁石。

又北二百里，曰潘侯之山。其上多松柏，其下多榛楛，其阳多玉，其阴多铁。有兽焉，其状如牛，而四节生毛，名曰旄牛[1]。边水出焉，而南流注于栎泽。

【注释】

[1] 旄（máo）牛，即牦牛。

【译文】

从灌题山再往北二百里的地方，有座山叫潘侯山。山上生长着繁茂的松树和柏树，山下生长着茂密的榛树和楛树，山的南面盛产玉石，山的北面蕴藏着丰富的铁矿。山中有一种野兽，形状像牛，但是四肢骨节上都有长长的毛，这种野兽名字叫牦牛。边水是从这座山流出，然后向南流入栎泽。

又北二百三十里，曰小咸之山[1]。无草木，冬夏有雪。

北二百八十里，曰大咸之山[2]。无草木，其下多玉。是山也，四方，不可以上。有蛇名曰长蛇[3]，其毛如彘豪，其音如鼓柝[4]。

【注释】

[1] 小咸之山，古山名。《五藏山经传》卷三："山盖葫芦泉所出，在岚县西北。"[2] 大咸之山，古山名。《五藏山经传》卷三："今岚县南七十余里有石楼山，山之西曰方山镇，盖即大

98

咸之山。"[3] 长蛇，古代传说中一种巨大的蛇，据说长达几十丈。
[4] 柝（tuò），古代巡夜人用来击打以报时的木梆子。

【译文】

从潘侯山再往北二百三十里的
地方，有座山叫小咸山。山上没有
任何花草树木，无论是冬天还是夏
天都会大雪纷飞。

从小咸山往北二百八十里的地
方，有座山叫大咸山。山上光秃，
没有花草树木，山下遍布各色美玉。
这座山，呈四方形，人不能随便上
去。山中长有一种蛇叫长蛇，它身
上的毛像猪毛，它的声音像更夫敲击木梆发出的声音一样。

长 蛇

又北三百二十里，曰敦薨[1]之山。其上多棕楠，其下多
茈草。敦薨之水出焉，而西流注于泑泽。出于昆仑之东北隅，
实惟河源。其中多赤鲑[2]，其兽多兕、㹰牛，其鸟多鸤鸠[3]。

【注释】

[1] 敦薨（hōng），古山名，
也是古水名。[2] 赤鲑（guī），
古代传说中的一种鱼，亦称鲑鳟
鱼。是一群冷水性的大中型经济
鱼类，体呈流线型，口大而斜。
有的生活在淡水中，有的栖于海
洋中。[3] 鸤鸠，即布谷鸟。

兕

卷三 北山经一

【译文】

　　从大咸山再往北三百二十里的地方，有座山叫敦薨山。山上有茂密的棕树和楠树，遍地是紫草。敦薨水是从这座山流出，然后向西流入泑泽。这个泑泽位于昆仑山的东北角，也就是黄河的源头。山中有很多红色的鲑。山中的野兽主要是兕、牦牛，山中的鸟主要是鸤鸠鸟。

鸤　鸠

　　又北二百里，曰少咸之山 [1]。无草木，多青碧，有兽焉，其状如牛，而赤身、人面、马足，名曰窫窳 [2]，其音如婴儿，是食人。敦水出焉，东流注于雁门之水 [3]，其中多𩶉𩶉 [4] 之鱼，食之杀人。

【注释】

　　[1]少咸之山，古山名。《五藏山经传》卷三："少咸，兴安之首，潦水所源，在克什克屯部蒙古之西。潦水即潢水，今名西拉木伦，皆取污潦为义，汉人作辽，非也。"[2]窫窳（yà yǔ），古兽名，异常凶猛。[3]雁门之水，《五藏山经传》卷三："雁门指谓今山海关。雁门之水即《汉》志之龙鲜水，出关北二百五十里，在喀剌沁中旗南，名老哈河。"[4]𩶉（bèi）𩶉鱼，古代传说中的一种鱼。

【译文】

　　从敦薨山再往北二百里的地方，有座山叫少咸山。山上光秃，没有花草树木，山中遍布着青绿色的玉石。山中有一种野兽，形状如牛，红色的身体，人的面孔，马的蹄子，它的名字叫窦渝，它的声音像婴儿啼哭，这种野兽是会吃人的。敦水是从这座山流出，向东流入雁门水。敦水中有一种叫䱩䱩的鱼，这种鱼有毒，吃了这种鱼就会被毒死。

又北二百里，曰狱法之山 [1]。滦泽之水 [2] 出焉，而东北流注于泰泽，其中多鰠鱼 [3]，其状如鲤而鸡足，食之已疣。有兽焉，其状如犬而人面，善投，见人则笑，其名山猈 [4]，其行如风，见则天下大风。

【注释】

[1] 狱法之山，古山名。《五藏山经传》卷三："狱法，今平山也。在平阳府治临汾县西南八里，平水出而东北流至城西五里，潴为平湖。" [2] 滦（huái）泽之水，《五藏山经传》卷三："汾水枝津入焉，溢而西南入襄陵县

山 猈

界，分为数渠下流，经城北及城西，东入于汾，即此经滦泽之水，东北注泰泽者也。滦泽以泽名水，即泰泽也。" [3] 鰠（zǎo）鱼，古代传说中的一种鱼。[4] 山猈（huī），古兽名，属猿类。

【译文】

从少咸山再往北二百里的地方，有座山叫狱法山。滦泽水是从这座山流出，然后向东北流入泰泽。滦泽中有很多鰠鱼，

形状像鲤鱼，却长着一双鸡脚，吃了这种鱼肉，就可以治愈赘瘤病。山中还有一种野兽，形状像狗却长着一副人的面孔，善于投掷，见到人就会哈哈大笑，这种野兽名叫山㺊，它行走神速，能把风带起，只要它一出现，天下就会狂风大作。

又北二百里，曰北岳之山[1]。多枳、棘[2]、刚木[3]。有兽焉，其状如牛而四角、人目、彘耳，其名曰诸怀，其音如鸣雁，是食人。诸怀之水出焉，而西流注于嚣水。其中多鮨鱼[4]，鱼身而犬首，其音如婴儿，食之已狂。

【注释】

[1] 北岳之山，古山名。《五藏山经传》卷三："太岳山也。在赵城县东北五十里，亦曰霍太山，盖古之北岳。"[2] 棘，指酸枣树，树木较矮。[3] 刚木，指木质硬的树木。[4] 鮨（yì）鱼，古代传说中的一种鱼。

【译文】

从狱法山再往北二百里的地方，有座山叫北岳山。山上有很多枳棘和刚树。山中有一种野兽，形状如牛，头上有四只角、人眼、猪耳，名叫诸怀，它发出的声音如雁鸣叫，这种野兽是会吃人的。

鮨 鱼

诸 怀

诸怀水是从这座山流出，然后向西流入嚣水。诸怀水中有很多鮨鱼，这种鱼，长着鱼的身子，狗的头，发出的声音像婴儿啼哭。吃了这种鱼肉可以治疗癫狂病。

又北百八十里，曰浑夕之山[1]。无草木，多铜玉。嚣水[2]出焉，而西北流注于海[3]。有蛇，一首两身，名曰肥遗，见则其国大旱。

【注释】

[1] 浑夕之山，古山名。吕调阳校作"浑多之山"。《五藏山经传》卷三："浑多，以水名山，言浮沤流转也。"[2] 嚣水，《五藏山经传》卷三："水即图尔根河，其上源曰喀喇乌苏，蒙古谓水流迅急为图尔根，故曰嚣水。"[3] 海，《五藏山经传》卷三："海即黛山湖。"

【译文】

从北岳山再往北一百八十里的地方，有座山叫浑夕山。山上没有任何花草树木，山上蕴藏着丰富的铜矿和玉石，嚣水是从这座山流出，然后向西北流入大海。山中有一种蛇，一个脑袋两个身子，它的名字叫肥遗，这种蛇一旦出现，天下就会发生旱灾。

又北五十里，曰北单之山[1]。无草木，多葱韭。
又北百里，曰罴差之山[2]。无草木，多马。
又北百八十里，曰北鲜之山[3]。是多马。鲜水出焉，而西北流注于涂吾之水。

【注释】

[1] 北单之山，古山名。《五藏山经传》卷三："豉堆泉水出其上。清浊二源，一南流，一北流，并东折而合，南注于汾，象张口形。"[2] 罴差之山，古山名。《五藏山经传》卷三："牧马堡在大同府西北，西临长城，曰马市楼口，即罴差之山。"[3] 北鲜之山，古山名。《五藏山经传》卷三："鲜，生鱼也。山在平鲁县西南，对鱼水及鲜于之水而言，故曰北鲜。其水今名兔毛河，二源合北流，屈而东北而北，受西一小水，又北少东，至朔平府城西南受东西二水，又迳城西少屈西北，受东一水，西北至杀虎口，西出边注于乌蓝木伦河，即余吾之水。"

【译文】

从浑夕山再往北五十里的地方，有座山叫北单山。山上没有任何花草树木，却生长着很多葱韭。

从北单山再往北一百里的地方，有座山叫罴差山。山上没有任何花草树木，有很多马。

从罴差山再往北一百八十里的地方，有座山叫北鲜山。这座山上有很多马。鲜水是从这座山流出，然后向西北流入涂吾水。

又北百七十里，曰隄山[1]，多马。有兽焉，其状如豹而文首，名曰狕[2]。隄水出焉，而东流注于泰泽，其中多龙龟。

【注释】

[1] 隄（dī）山，古山名。[2] 狕（yǒo），古兽名。

【译文】

从北鲜山再往北一百七十里的地方，有座山叫隄山，山中有很多野马。山里有种野兽，形如豹子，头部有纹理，名叫狓。
隄水从此山流出，然后东流入泰泽，隄水中有很多龙和龟。

凡北山经之首，自单狐之山至于隄山，凡二十五山，
五千四百九十里。其神皆人面蛇身。其祠之，毛用一雄鸡彘瘞，
吉玉用一珪，瘞而不糈。其山北人，皆生食不火之物。

【译文】

纵观《北山经》这一山系，从单狐山到隄山，共二十五
座山，沿途五千四百九十里。这些山的山神，都长着人的面孔
和蛇的身子。祭祀这些山神的礼仪是：将带毛的完整的雄鸡和
猪埋在地下。祭祀用的玉器是一块珪，不用精米。居住在诸山
北面的人，都吃生食而不吃用火烤熟的食物。

北次二经

北次二经之首，在河之东，其首枕汾，其名曰管涔之山。
其上无木而多草，其下多玉。汾水[1]出焉，而西流注于河。

【注释】

[1] 汾水，《五藏山经传》卷三："汾有南、北二水，南汾
即今汾河，北汾即灰水，东北合漯水始名桑乾水，今名永定河也。
汾，分也；涔，潜也。管涔源与朔州泉潜通如管也。山即天池南脊。"

【译文】

《北次二经》所描述的北部山系的第二组山脉的第一座山在黄河的东边，山的首端枕着汾水，这座山名叫管涔山。山上没有生长树木，只有茂密的草丛，山下蕴藏着丰富的玉石。汾水是从这座山流出，然后向西流入黄河。

又北二百五十里，曰少阳之山。其上多玉，其下多赤银[1]。酸水出焉，而东流注于汾水，其中多美赭[2]。

【注释】

[1]赤银，指天然含银量很高的银矿石。[2]赭（zhě），红土，一般指含铁的氧化物。

【译文】

从管涔山再往北二百五十里的地方，有座山叫少阳山。山上蕴藏着丰富的玉石，山下有很多赤银矿。酸水是从这座山流出，然后向东流入汾水，酸水水底中有许多漂亮的赭。

又北五十里，曰县雍之山。其上多玉，其下多铜。其兽多闾[1]麋，其鸟多白翟、白鹬[2]。晋水出焉，而东南流注于汾水。其中多鮆鱼，其状如儵[3]而赤鳞，其音如叱，食之不骄[4]。

【注释】

[1]闾，又称山驴，形体似驴，角似羚羊。[2]白鹬（yǒu），白翰鸟。[3]儵，郭璞注："小鱼曰鮆。"[4]骄，郭璞注："或作骚。骚，臭也。"骚，指体臭，现在俗称狐臭。

【译文】

从少阳山再往北五十里的地方，有座山叫县雍山。山上蕴藏着丰富的玉石，山下有很多铜矿。山中的野兽主要是山驴和麋鹿，鸟类主要是白色野鸡和白翰鸟。晋水是从这座山流出，然后向东南流入汾水。晋水中有很多鲐鱼，这种鱼形状像儵鱼，但是全身长着红色的鳞甲，发出的声音像人们在相互喝斥，要是吃了这种鱼肉就不会患狐骚病。

又北二百里，曰狐岐之山[1]。无草木，多青碧。胜水[2]出焉，而东北流注于汾水，其中多苍玉。

【注释】

[1] 狐岐之山，古山名。《五藏山经传》卷三："山在今大同府左云县西南，即古武州县。武州川水两源翼导，俱发一山，东北流又东合漯水，南注于汾，其形肖狐而源有两岐，故曰狐岐。"[2] 胜水，《五藏山经传》卷三："胜读如朕，水形象覆舟视其朕也。"朕，是指船上的裂缝。

【译文】

从县雍山再往北二百里的地方，有座山叫狐岐山。山上光秃，没有任何花草树木，有很多青碧石。胜水是从这座山流出，然后向东北流入汾水，胜水中有很多黑色的玉石。

又北三百五十里，曰白沙山。广员三百里，尽沙也，无草木鸟兽。鲔水[1]出于其上，潜于其下。是多白玉。

又北四百里，曰尔是之山。无草木，无水。

【注释】

[1] 鲔（wěi）水，古水名。郭璞曰："出山之顶，停其底也。"

【译文】

从狐岐山再往北三百五十里的地方，有座山叫白沙山。白沙山方圆三百里，遍地沙石，山上没有任何花草树木，也没有飞鸟野兽。鲔水是从这座山顶喷涌而下，汇成水湾。鲔水中有很多白色的玉石。

从白沙山再往北四百里的地方，有座山叫尔是山。山上光秃，没有任何花草树木，山中干涸没有水流。

又北三百八十里，曰狂山，无草木。是山也，冬夏有雪。狂水出焉，而西流注于浮水[1]，其中多美玉。

又北三百八十里，曰诸余之山[2]。其上多铜玉，其下多松柏。诸余之水出焉，而东流注于旄水。

【注释】

[1] 浮水，《五藏山经传》卷三："浮，孚也。言多雁卵也。"孚，即孵。

[2] 诸余之山，古山名。《五藏山经传》卷三："诸余，色野尔济山之东麓，乌蓝古衣河所出也。"

【译文】

从尔是山再往北三百八十里的地方，有座山叫狂山，山上没有任何花草树木。这座山，无论冬季还是夏季，都会有大雪纷飞。狂水是从这座山流出，然后向西流入浮水，狂水中有很多漂亮的玉石。

从狂山再往北三百八十里的地方，有座山叫诸余山。山上有丰富的铜矿和玉石，山下生长着很多松树和柏树。诸余水是从这座山流出，然后向东流入㴔水。

又北三百五十里，曰敦头之山 [1]。其上多金玉，无草木。㴔水 [2] 出焉，而东流注于印泽 [3]。其中多䮝 [4] 马，牛尾而白身，一角，其音如呼。

【注释】

[1] 敦头之山，古山名。《五藏山经传》卷三："敦头，西兴安山也。"[2] 㴔水，古水名。《五藏山经传》卷三："洮赖河出其东麓曰木什夏河，两源合东南流数十里，折东北百里，会北二源而东而东南，左右受大小水十，象㴔形。"[3] 印泽，古水名，下文中北嚣山作"邛泽"。[4] 䮝（bó）马，古兽名。

䮝

【译文】

从诸余山再往北三百五十里的地方，有座山叫敦头山。山上蕴藏着丰富的金属矿物和玉石，山上没有任何花草树木。㴔水是从这座山流出，然后向东流入印泽。㴔水中有很多䮝，长着牛一样的尾巴，全身白毛，一只角，它发出的声音像人们在呼喊。

卷三 北山经一

又北三百五十里，曰钩吾之山[1]。其上多玉，其下多铜。有兽焉，其状如羊身人面，其目在腋下，虎齿人爪，其音如婴儿，名曰狍鸮[2]，是食人。

【注释】

[1] 钩吾之山，古山名。《五藏山经传》卷三："吾通余。山在今巴林部南潦河南岸，有小水出山南，西流十余里，屈而东北注潦象钩，潦水象钩竿。余，曲也。"[2] 狍鸮（páo xiāo），古兽名，古代传说这种兽非常贪婪，会吃人，吃不完也要把人的各个部分咬碎。

【译文】

狍　鸮

从敦头山再往北三百五十里的地方，有座山叫钩吾山。山上盛产玉石，山上蕴藏着丰富的铜矿。山中有一种野兽，形状像羊却长着一副人的面孔，它的眼睛长在腋下，牙似虎牙，爪似人手，发出的声音像婴儿啼哭，这种野兽名字叫狍鸮，是一种会吃人的野兽。

又北三百里，曰北嚻之山。无石，其阳多碧，其阴多玉。有兽焉，其状如虎，而白身犬首，马尾彘鬣，名曰独狢[1]。有鸟焉，其状如乌，人面，名曰鸒鸄[2]，宵飞而昼伏，食之已嗌[3]。涔水出焉，而东流注于邛泽。

【注释】

[1] 独狢（yù），古代传说中的一种怪兽。[2] 鸄鶹（pán mào），郭璞曰："鹠鸥之属。"鹠鸥，也叫"横纹小鸮"。头和颈侧及翼上的覆羽呈暗褐色，密布棕白色红狭横斑，眉纹白色。以啮齿兽、小鸟、昆虫为食。[3] 暍（yē），暑热，中暑。

【译文】

从钩吾山再往北三百里的地方，有座山叫北嚻山。山上没有石头，山的南面有许多碧玉，山的北面有很多精美的玉石。山中有一种野兽，形状像虎，全身白色，长着狗一样的脑袋，拖着一条马一样的尾巴，猪一样的鬃毛，它的名字叫独狢。山上还有一种鸟，形状像乌鸦，长着一副人的面孔，名字叫鸄鶹，这种鸟夜里飞行而白天隐伏。吃了这种鸟肉可以消暑。涔水是从这座山流出，然后向东流入邛泽。

又北三百五十里，曰梁渠之山[1]。无草木，多金玉。修水出焉，而东流注于雁门。其兽多居暨，其状如发彙[2]而赤毛。其音如豚。有鸟焉，其状如夸父[3]，四翼、一目、犬尾，名曰嚣，其音如鹊，食之已腹痛，可以止衕[4]。

【注释】

[1] 梁渠之山，古山名。《五藏山经传》卷三："梁渠当作良举，即兴安岭东之海喇喀山，为英金河所出。"[2] 彙（huì），通"猬"，即刺猬。[3] 夸父，一种野兽，身形像猕猴。[4] 衕（dòng），腹泻。

居暨

111

【译文】

从北嚻山再往北三百五十里的地方，有座山叫梁渠山。山上没有生长花草树木，蕴藏着很多金矿和玉石。修水是从这座山流出，然后向东流入雁门。山中的野兽主要是居暨兽，它的身形像刺猬，全身长着红色的毛，发出的声音像小猪在叫。山中还有一种鸟，形状像夸父，四只翅膀、一只眼睛、狗一样的尾巴，名字叫嚻，它的叫声与喜鹊的叫声相似。吃了这种鸟肉，不但可以防止腹痛，而且可以治疗腹泻。

嚻

又北四百里，曰姑灌之山，无草木。是山也，冬夏有雪。

又北三百八十里，曰湖灌之山。其阳多玉，其阴多碧，多马。湖灌之水出焉，而东流注于海，其中多鱓[1]。有木焉，其叶如柳而赤理。

【注释】

[1]鱓（shàn），即黄鳝。

【译文】

从梁渠山再往北四百里的地方，有座山叫姑灌山，山上没有生长花草树木。这座山，无论冬季还是夏季都会下雪。

从姑灌山再往北三百八十里的地方，有座山叫湖灌山。山的南面有很多优质玉石，山的北面有很多青碧玉，山中长有很多马。湖灌水是从这座山流出，然后向东流入大海。湖灌水中有许多鱓鱼。山上有一种树，形状像柳树，但有红色纹理。

又北水行五百里，流沙三百里，至于洹山[1]。其上多金玉。三桑生之，其树皆无枝，其高百仞，百果树生之。其下多怪蛇。

又北三百里，曰敦题之山[2]，无草木，多金玉。是錞于北海。

【注释】

[1] 洹（huán）山，古山名。[2] 敦题之山，古山名。《五藏山经传》卷三："黑龙江所源之小肯特山也，象水为名。"

【译文】

从湖灌山再往北行五百里的水路、三百里流沙就到了洹山。山上盛产金属矿物和玉石。山上有一种三桑树，这种树只有树干，没有树枝，树干高达一百仞，山中有各种各样的果树。山下有很多怪异的蛇。

从洹山再往北三百里的地方，有座山叫敦题山。山上没有花草树木。山中有很多金矿和玉石。这座山虎踞在北海岸边。

凡北次二经之首，自管涔之山至于敦题之山，凡十七山，五千六百九十里。其神皆蛇身人面。其祠：毛用一雄鸡彘瘞；用一璧一珪，投而不糈。

【译文】

纵观《北次二经》这一山系，从管涔山到敦题山，共十七座山，沿途五千六百九十里。这些山的山神都是蛇的身形，人的面孔。祭祀这些山神的礼仪是，将带毛的完整的雄鸡和一头猪埋入地下；把一块璧、一块珪投入山间，祭祀不用精米。

北次三经

北次三经之首，曰太行之山，其首曰归山[1]，其上有金玉，其下有碧。有兽焉，其状如麢羊而四角，马尾而有距，其名曰䢺[2]，善还[3]，其名自训。有鸟焉，其状如鹊，白身、赤尾、六足，其名曰鹓[4]，是善惊，其鸣自诮[5]。

【注释】

[1] 归山，古山名。《五藏山经传》卷三："归山在蒲州西南中条所起处，本作'峃'，山小而众也。"[2] 䢺（hún），古兽名。[3] 还（xuán），同旋，盘旋起舞。[4] 鹓（fén），古鸟名。[5] 诮（xiào），意同"叫"，郭璞曰："今吴人谓呼为诮。"

【译文】

《北次三经》所描述的北部山系的第三组山脉的第一组山叫太行山。这组山的第一座山叫归山，山上蕴藏着丰富的金属矿物和美玉，山下有很多青色的碧玉。山中有一种野兽，形状像普通的羚羊却长有四只角、马一样的尾巴和鸡一样的

䢺 马

爪子，它的名字叫䢺，喜欢旋转起舞，它的叫声与它的名字同音。山中有一种鸟，形状像喜鹊，长着白色的羽毛、红色的尾巴、六只脚，它的名字叫鹓，这种鸟反应灵敏，十分惊觉，它发出的声音与它的名字同音。

又东北二百里，曰龙侯之山[1]，无草木，多金玉。决决之水出焉，而东流注于河。其中多人鱼，其状如鲭鱼[2]，四足，其音如婴儿，食之无痴疾。

【注释】

[1] 龙侯之山，古山名。《五藏山经传》卷三："侯通胡。山在磁州西彭城镇。滏水出焉，南源曰黑龙河，东流会北源象龙胡。"[2] 鲭（tí）鱼，古代一种怪鱼，会发声，长着四只脚。

【译文】

从归山再往东北二百里的地方，有座山叫龙侯山。山上没有花草树木。决水是从这座山流出，然后向东流入黄河。决水中有很多人鱼，形状像鲭鱼，长有四只脚，发出的声音如同婴儿啼哭，吃了这种鱼，可以使人变得聪明，不会患痴呆。

又东北二百里，曰马成之山[1]。其上多文石，其阴多金玉。有兽焉，其状如白犬而黑头，见人则飞，其名曰天马，其鸣自讪。有鸟焉，其状如乌，首白而身青、足黄，是名曰鹍鹍[2]，其鸣自詨，食之不饥，可以已寓。

【注释】

[1] 马成之山，古山名。《五藏山经传》卷三："既作室，杵地令平曰成。马成，今十八盘山也。马足般旋上下如筑也。"[2] 鹍鹍（qūjū），古鸟名。

【译文】

从龙侯山再往东北二百里的地方，有座山叫马成山。山上有许多彩色纹理的玉石，山的北面蕴藏着丰富的金矿和玉石。

天马

山中有一种野兽，形状像白狗，却长着黑色的头，长着翅膀，看见人便会飞走，它的名字叫天马，它的叫声与它的名字同音。山上有一种鸟，形状像乌鸦，头部是白色的，身上是青色的羽毛，黄色的爪子，它的名字叫鹍鹍，它的叫声与它的名字同音，吃了这种鸟肉，人就不会感到饥饿，还可以医治失眠健忘症。

又东北七十里，曰咸山[1]，其上有玉，其下多铜，是多松柏，草多茈草。条菅之水出焉，而西南流注于长泽。其中多器酸[2]，三岁一成，食之已疠。

【注释】

[1] 咸山，古山名。《五藏山经传》卷三："咸山，崞县东南凤皇山也。"[2] 器酸，《五藏山经传》卷三："草名。每干辄分三枝，枝又各分为三，多汁，粘人。"

【译文】

从马成山再往东北七十里的地方，有座山叫咸山，山上有很多玉石，山下盛产铜矿，这座山上，生长着很多松树和柏树，山上的草主要是茈草。条菅水是从这座山流出，然后向西南流入长泽。山中多产器酸，三年才能收成一次，人们如果吃了这种器酸，可以治好疠病。

又东北二百里，曰天池之山[1]。其上无草木，多文石。有兽焉，其状如兔而鼠首，以其背飞[2]，其名曰飞鼠，渑水[3]出焉，潜于其下，其中多黄垩[4]。

【注释】

[1] 天池之山，古山名。《五藏山经传》卷三："即管涔山也。在宁武府南，有分水岭，天池亦名祁连泊，在管涔北原上方里余，潭而不流，潜通朔州二泉，今名桑乾泉。"[2] 以其背飞，郭璞曰："用其背上毛飞，飞则仰也。"[3] 渑（shéng）水，古水名，《五藏山经传》卷三："渑水即北汾水，今名灰河，北流经府东出山口，至朔州西南之洪崖村，伏流十五六里涌出，会西二源，又东北会朔州泉。"[4] 黄垩，黄色的土。

【译文】

飞 鼠

从咸山再往东北二百里的地方，有座山叫天池山。山上光秃，没有生长任何花草树木，山上有很多色彩斑斓的玉石。山中有一种野兽，形状像兔子，却长着老鼠一样的脑袋，能用背上的毛飞起来，渑水是从这座山流出，潜流到山下，渑水中有很多黄色垩土。

又东三百里，曰阳山。其上多玉，其下多金铜。有兽焉，其状如牛而赤尾，其颈𩒩[1]，其状如句瞿[2]，其名曰领胡，其鸣自詨，食之已狂。有鸟焉，其状如雌雉，而五采以文，是自为牝牡，名曰象蛇，其鸣自詨。留水出焉，而南流注于河。其中有鲭父之鱼[3]，其状如鲋鱼，鱼首而彘身，食之已呕。

117

【注释】

[1] 膌（shèn），肉瘤。这里所说的是颈上长着肉瘤。[2] 句瞿（gōu qú），斗的别名。[3] 鮯（xiàn）父之鱼，古代传说中一种怪异的鱼。

【译文】

从天池山再往东北三百里的地方，有座山叫阳山。山中盛产玉石，山下蕴藏着丰富的金矿和铜矿。山中有一种野兽，形状像牛，红色的尾巴，颈上长有豆瘤，形状像句瞿，它的名字叫领胡，它的叫声与它的名字同音，吃了它的肉可以治愈癫狂病。山上还有一种鸟，形状像雌鸡，全身羽毛五彩斑斓，这种鸟自身雌雄同体，它的名字叫象蛇，发出的声音与它的名字同音。留水是从这座山流出，然后向南流入黄河。留水中有很多鮯父鱼，形状像鲋鱼，长着鱼头，身形像小猪，吃了这种鱼，可以止呕吐。

领 胡

象 蛇

又东三百五十里，曰贲闻之山。其上多苍玉，其下多黄垩，多涅石[1]。

又北百里，曰王屋之山[2]，是多石。㳂水[3]出焉，而西北流注于泰泽。

118

【注释】

[1] 涅石，是一种矿物，古代用来作黑色染料。[2] 王屋之山，古山名。《五藏山经传》卷三："王屋，浮山县东南龙角山也。有水西北流，合南北二水，象蔓联之形，从北视之，又象帻屋之形。王，大也。"[3] 㵢（lián）水，古水名。

【译文】

从阳山再往东北三百五十里的地方，有座山叫贲闻山。山上盛产黑色的玉石，山下有很多黄色的垩土和涅石。

从贲闻山再往北一百里的地方，有座山叫王屋山，山上有很多石头，㵢水是从这座山流出，然后向西北流入泰泽。

王屋山

又东北三百里，曰教山[1]，其上多玉而无石。教水[2]出焉，西流注于河。是水冬干而夏流，实惟干河。其中有两山。是山也，广员三百步，其名曰发丸之山，其上有金玉。

【注释】

[1] 教山，古山名。《五藏山经传》卷三："教山即单狐之山。"

119

[2] 教水，《五藏山经传》卷三："教水即夏县水，西南会盐水，经安邑、盐池、解州，北注张杨池入河，亳水在其东，象父指斥教其子形。潀水连其北，象子被责俯首之形，故曰教。"

【译文】

从王屋山再往东北三百里的地方，有座山叫教山，山上有很多精美的玉石，但是没有普通的石头。教水是从这座山流出，向西流入黄河。这条河水到了冬季干涸，夏季流水不断，实际上这条河是条干涸的河道。河道中有两座小山丘，这座山丘方圆只有三百步，名字叫发丸山，山上盛产金属矿物和玉石。

又南三百里，曰景山 [1]。南望盐贩之泽 [2]，北望少泽，其上多草、藷藇 [3]，其草多秦椒 [4]，其阴多赭，其阳多玉。有鸟焉，其状如蛇，而四翼、六目、三足，名曰酸与，其鸣自诙，见则其邑有恐。

【注释】

[1] 景山，古山名。《五藏山经传》卷三："甘枣西南也。山在夏县南，为中条之脊，《传》所谓'景霍以为城'也。"
[2] 盐贩之泽，《五藏山经传》卷三："盐池在夏县西南。少泽在东北，即洮泽。"[3] 藷藇（shǔ yù），又称山药。多年生缠绕藤本，地下具圆柱形肉质块茎，可作药，也可以食用。[4] 秦椒，即花椒，以产于秦地，故称为秦椒。

【译文】

从教山往南三百里的地方，有座山叫景山。从景山的山巅，向南可以看到盐池，向北可以看见少泽，山上有茂密的花草，还生长很多山药，草主要是秦椒草；山的北面有很多赭石，山的南面蕴藏着丰富的玉石。山中有一种鸟，形状像蛇，长着四只翅膀、六只眼睛、三只脚，名字叫酸与，它的叫声与它的名字同音，这种鸟出现在哪里，就会对哪里造成恐慌。

又东南三百二十里，曰孟门之山[1]。其上多苍玉，多金；其下多黄垩，多涅石。

又东南三百二十里，曰平山。平水出于其上，潜于其下，是多美玉。

【注释】

[1] 孟门之山，古山名。《五藏山经传》卷三："今天井关也，在泽州之南，丹水之西。"

【译文】

从景山再往东南三百二十里的地方，有座山叫孟门山。山上有很多黑色的玉石，蕴藏着丰富的金矿，山下有很多黄色的垩土和涅石。

从孟门山再往东南三百二十里的地方，有座山叫平山。平水是从这座山流出，潜流到山下，平水盛产优质玉石。

又东二百里，曰京山。有美玉，多漆木，多竹。其阳有赤铜，其阴有玄䃤[1]。高水出焉，南流注于河。

又东二百里，曰虫尾之山[2]。其上多金玉，其下多竹，多青碧。丹水[3]出焉，南流注于河。薄水[4]出焉，而东南流注于黄泽。

121

【注释】

[1] 玄𥖆（sù），黑色的磨刀石。郭璞注："黑砥石也。"
[2] 虫尾之山，古山名。《五藏山经传》卷三："山在高平县北，即丹林。其山东历洹、淇诸源，皆其脊脉。"[3] 丹水，《五藏山经传》卷三："丹水即丹林之水。"[4] 薄水，《五藏山经传》卷三："薄同亳。薄水即五岭河，出马武山。"

【译文】

从平山再往东三百里的地方，有座山叫京山。山上盛产精美玉石，生长着茂密的漆树和竹子。山的南面蕴藏有赤铜矿，山的北面有很多磨刀石。高水是从这座山流出，向南流入黄河。

从京山再往东二百里的地方，有座山叫虫尾山。山上蕴藏着丰富的金矿和玉石，山下有很多竹子，还有很多青绿色的玉石。丹水是从这座山流出，向南流入黄河。薄水也是从这座山流出，然后向东南流入黄泽。

又东三百里，曰彭𣬉之山[1]。其上无草木，多金玉，其下多水。蚤林之水出焉，东南流注于河。肥水出焉，而南流注于床水，其中多肥遗之蛇。

【注释】

[1] 彭𣬉之山，古山名。《五藏山经传》卷五："滹沱水象腹彭，西南受诸小水象辅员于辐。"

【译文】

从虫尾山往东三百里的地方，有座山叫彭𣬉山。山上没有任何花草树木，盛产金属矿物和玉石，山下有很多水流。蚤木水是从这座山流出，向东南流入黄河。肥水也是从这座山流出，然后向南流入床水，肥水中有许多叫肥遗的蛇。

又东百八十里，曰小侯之山。明漳之水[1]出焉，南流注于黄泽。有鸟焉，其状如乌而白文，名曰鸪鹊[2]，食之不瀷[3]。

【注释】

[1] 明漳水，《五藏山经传》卷三："今名桃花水。"
[2] 鸪鹊（xí），古鸟名。[3] 瀷（jiào），眼睛昏蒙。

【译文】

从彭毗山再往东一百八十里的地方，有座山叫小侯山。明漳水是从这座山流出，向南流入黄泽。山上有一种鸟，形状像乌鸦，但全身是白色的羽毛，名字叫鸪鹊，吃了这种鸟肉可以明目，还可以医治眼睛昏蒙。

又东三百七十里，曰泰头之山[1]。共水出焉，南注于虖池[2]。其上多金玉，其下多竹箭。

又东北二百里，曰轩辕之山[3]。其上多铜，其下多竹。有鸟焉，其状如枭而白首，其名曰黄鸟，其鸣自诐，食之不妒。

【注释】

[1] 泰头之山，古山名。吕调阳校作"秦头之山"。《五藏山经传》卷三："辛椒谓之秦，析麻折其首亦谓之秦。清水河象折麻首，亦象仰掌向上，故曰秦头，曰共。"[2] 虖池，古水名，即今滹沱河。[3] 轩辕之山，《五藏山经传》卷三："山在唐县西北二十余里，当唐河折西南会般水处。辕前高谓之轩，古轩辕

氏居此，因以为有天下之号也。"

【译文】

从小侯山再往东三百七十里的地方，有座山叫泰头山。共水是从这座山流出，向南流入滹池。山上蕴藏着丰富的金属矿物和玉石，山下遍地是小竹丛。

从泰头山再往东北二百里的地方，有座山叫轩辕山。山上有丰富的铜矿，还有很多小竹丛。山上有一种鸟，形状像一般的猫头鹰，但长着白色的脑袋，名字叫黄鸟，它的叫声与它的名字同音，吃了这种鸟肉就不会产生妒嫉心理。

又北二百里，曰谒戾之山[1]。其上多松柏，有金玉。沁水出焉，南流注于河。其东有林焉，名曰丹林。丹林之水出焉，南流注于河。婴侯之水出焉，北流注于汜水[2]。

东三百里，曰沮洳之山。无草木，有金玉。濝水[3]出焉，南流注于河。

【注释】

[1] 谒戾之山，古山名。《五藏山经传》卷三："沁水出王屋山南乌岭关，东南至武陟入河，大形象谒者跪戾其足。"[2] 汜（sì）水，古水名。《五藏山经传》卷三："汜水有二，一出长子县西南，二源合东北流经县南，又左合一水而东。一出壶关县南，二源合东北流经县东而西北。婴侯水近出潞安府治西南，北流至府北二十余里，与二水会参交也。"[3] 濝（qí）水，古水名。《五藏山经传》卷三："濝同淇，今水出淇县西三十余里兴工山，东北流会洹水环曲东南注卫河，象箕形，故名。"

【译文】

从轩辕山再往北二百里的地方，有座山叫谒戾山。山上有繁茂的松树和柏树，山上蕴藏着丰富的金属矿物和玉石。沁水是从这座山流出，向南流入黄河。这座山的东面有一片树林，叫丹林。丹林水是从这座山流出，向南流入黄河。婴侯水也是从这座山流出，向北流入汜水。

从谒戾山往东三百里的地方，有座山叫沮洳山。山上没有生长花草树木，有丰富的金属矿物和玉石。濝水是从这座山流出，向南流入黄河。

又北三百里，曰神囷之山 [1]。其上有文石，其下有白蛇，有飞虫。黄水出焉，而东流注于洹。滏水 [2] 出焉，而东流注于欧水 [3]。

【注释】

[1] 神囷（qūn）之山，古山名。《五藏山经传》卷三："神囷之山，丹水以西与沁分水诸岭皆是。今云亳山东三百里，则在泽州凤台县也。"[2] 滏（fǔ）水，古水名。《五藏山经传》卷三："滏水即天井溪水，东会黄入丹水，折东南流而东而东北又东，象釜形。"[3] 欧水，古水名。《五藏山经传》卷三："欧水即五峪河，北出马武川合二小水东南流来入，象欧者俯躬之形也。"

【译文】

从沮洳山再往北三百里的地方，有座山叫神囷山。山上遍地是色彩斑斓的玉石，山下有很多白色的蛇，还有很多会飞的小虫。黄水是从这座山流出，然后向东流入洹水。滏水也是从这座山流出，然后向东流入欧水。

又北二百里，曰发鸠之山^[1]。其上多柘木。有鸟焉，其状如乌，文首、白喙、赤足，名曰精卫^[2]，其鸣自詨。是炎帝^[3]之少女，名曰女娃。女娃游于东海，溺而不返，故为精卫。常衔西山之木石，以堙^[4]于东海。漳水^[5]出焉，东流注于河。

【注释】

[1] 发鸠之山，古山名。《五藏山经传》卷三："臂鹰纵之曰发鸠。鸠，爽鸠也。山在今武乡县西北。"郭璞注："今在上党郡长子县也。"[2] 精卫，关于炎帝之女化成精卫鸟的神话传说，是一个非常动人的神话故事。[3] 炎帝，古代传说中的上古帝王，也就是神农氏。[4] 堙（yīn），填塞，堵。[5] 漳水，《五藏山经传》卷三："今名甲水河，东南流合数水东南入沁，象飞鹰之形，沁则象纵鹰屈其挽之形，故曰漳，曰发鸠。"

【译文】

从神囷山再往北二百里的地方，有座山叫发鸠山。山上生长着很多柘树。山上有一种鸟，形状像乌鸦，头上有花纹，长着白色的嘴巴，红色的爪子，它的名字叫精卫，它的叫声与它的名字同音。传说精卫鸟是炎帝的小女儿，名叫女娃。有一天她到东海游泳，被淹死没有回家，便化成了精卫鸟。它经常从西山口含树枝和石头去填东海。漳水是从这座山流出，向东流入黄河。

又东北百二十里，曰少山^[1]。其上有金玉，其下有铜。清漳之水^[2]出焉，东流注于浊漳之水。

【注释】

[1]少山，古山名。《五藏山经传》卷三："山在今辽州西北横岭镇。"[2]清漳之水，《五藏山经传》卷三："清漳水导源东南流合东数水，屈曲至交漳入漳。"

【译文】

从发鸠山再往东北一百二十里的地方，有座山叫少山。山上蕴藏着丰富的金属矿物和玉石，山下有丰富的铜矿。清漳水是从这座山流出，向东流入浊漳水。

又东北二百里，曰锡山[1]。其上多玉，其下有砥。牛首之水[2]出焉，而东流注于滏水。

又北二百里，曰景山[3]，有美玉。景水出焉，东南流注于海泽。

【注释】

[1]锡山，古山名。《五藏山经传》卷三："燕哺子谓之锡。邢台南北二水东注大陆似之。"[2]牛首之水，吕调阳校作"牛页之水"。《五藏山经传》卷三："北水即牛页之水，今俗呼牛尾河也。"[3]景山，《五藏山经传》卷三："满城县西北眺山也。"

【译文】

从少山再往东北二百里的地方，有座山叫锡山。山上有很多玉石，山下有许多可以用来磨刀的砥石。牛首水是从这座山流出，然后向东流入滏水。

从锡山再往北二百里的地方，有座山叫景山，景山上遍地是精美优质的玉石。景水是从这座山流出，向东南流入海泽。

又北百里，曰题首之山 [1]。有玉焉，多石，无水。

又北百里，曰绣山 [2]。其上有玉、青碧。其木多栒 [3]，其草多芍药 [4]、芎䓖 [5]。洧水出焉，而东流注于河。其中有鳠、黾 [6]。

【注释】

[1] 题首之山，古山名。《五藏山经传》卷三："白石山在今广昌县东南浮图峪，多确石，可为墓题。"[2] 绣山，古山名。《五藏山经传》卷三："即恒山，在平定州西北芹泉驿。"[3] 栒（xún），栒树，木质坚硬，树干可用来制作拐杖。[4] 芍药，一种香草，初夏开花，有红、白等颜色，花朵像牡丹，是著名的观赏植物。[5] 芎䓖（xiōng qióng），古草名，中医学上以干燥根状茎入药，性温和、味辛，有活血、调经、祛风、止痛等疗效，经常用于治疗月经不调、头痛、风湿痹等病症。[6] 黾（měng），蛙的一种。据郭璞注，黾的形体同蛤蟆相似，较蛤蟆形体小，肤色是青的。

【译文】

从景山再往北一百里的地方，有座山叫题首山。山上盛产玉石，有很多普通的石头，没有水流。

从题首山再往北一百里的地方，有座山叫绣山。山上有许多玉石和青绿色的玉石。山上生长的树木主要是栒树，山上的草主要是芍药、芎䓖。洧水是从这座山流出，然后向东流入黄河。洧水中有很多鳠鱼和黾蛙。

又北百二十里，曰松山。阳水出焉，东北流注于河。

又北百二十里，曰敦与之山。其上无草木，有金玉。溹水 [1] 出于其阳，而东流注于泰陆之水，泜水 [2] 出于其阴，而东流注于彭水 [3]。槐水 [4] 出焉，而东流注于泜泽。

【注释】

[1]溹（suò）水，古水名，通常称它为索水，流出于河南荥阳县南。古代是济水支流，现注入于贾鲁河。[2]泜（chí）水，古水名。现在的槐河，流出于河北赞皇西南，向东流，经元氏南至宁晋南，折南入滏阳河。[3]彭水，古水名。《五藏山经传》卷三："宁晋泊，象腹彭也。"[4]槐水，古水名。《五藏山经传》卷三："槐水出赞皇县南，东流经柏乡县北，东北注宁晋泊。彭水、泜泽，变名耳。"

【译文】

从绣山再往北一百二十里的地方，有座山叫松山。阳水是从这座山流出，向东北流入黄河。

从松山再往北一百二十里的地方，有座山叫敦与山。山上光秃没有任何花草树木，但蕴藏着丰富的金矿和玉石。溹水是从敦与山的南面流出，然后向东流入泰陆水。泜水是从这座山的北面流出，然后向东流入彭水。槐水也是从这座山流出，然后向东流入泜泽。

又北百七十里，曰柘山 [1]。其阳有金玉，其阴有铁。历聚之水出焉，而北流注于洧水。

又北三百里，曰维龙之山。其上有碧玉，其阳有金，其阴有铁。肥水出焉，而东流注于皋泽，其中多礨石 [2]，敞铁之水出焉，而北流注于大泽。

【注释】

[1]柘（zhè）山，古山名。《五藏山经传》卷三："柘山，今石马山，在旧乐平县西。"[2]礨（lěi）石，大石头。郭璞注："或作垒，磈垒，大石貌。或曰石名。"

【译文】

　　从敦与山再往北一百七十里的地方，有座山叫柘山。山的南面遍布着金属矿物和美玉，山的北面有丰富的铁矿。历聚水是从这座山流出，然后向北流入洧水。

　　从柘山再往北三百里的地方，有座山叫维龙山。山上有许多碧绿色的玉石，山的南面有丰富的金矿，山的北面蕴藏着丰富的铁矿。肥水是从这座山流出，然后向东流入皋泽水，肥水中有很多高高耸起的大石头，敞铁水是从这座山流出，然后向北流入大泽。

　　又北百八十里，曰白马之山[1]。其阳多石玉，其阴多铁，多赤铜。木马之水[2]出焉，而东北流注于虖沱。

【注释】

　　[1] 白马之山，古山名。《五藏山经传》卷三："虖沱合渚水象白马矫顾之形。"[2]木马之水，古水名。《五藏山经传》卷三："盂县之秀水河为其后足而状似木枝，故曰木马水。"

【译文】

　　从维龙山再往北一百八十里的地方，有座山叫白马山。山的南面有很多普通的石头和玉石，山的北面有丰富的铁矿，还有很多赤铜矿。木马水是从这座山流出，然后向东北流入虖沱河。

　　又北二百里，曰空桑之山[1]，无草木，冬夏有雪。空桑之水出焉，东流注于虖沱。

　　又北三百里，曰泰戏之山[2]，无草木，多金玉。有兽焉，

130

其状如羊，一角一目，目在耳后，其名曰𧲢𧲢[3]，其鸣自讥。虖沱之水出焉，而东流注于娄水[4]。液女之水出于其阳，南流注于沁水。

【注释】

[1] 空桑之山，古山名。《五藏山经传》卷三："山在五台县西，清水河合诸水象枯桑，九女泉合南一小水东流入之，象空穴也。"[2] 泰戏之山，古山名。《五藏山经传》卷三："山在繁畤县东百里，虖沱正源青龙泉所发也。"[3] 𧲢（dōng）

𧲢　𧲢

𧲢，古兽名。[4] 娄（lóu）水，《五藏山经传》卷三："娄水即液女之水，上文总名娄液水，出南台山麓，西流合清水河，南注虖沱，沱娄交相注也。"

【译文】

从白马山再往北二百里的地方，有座山叫空桑山。这座山荒芜，没有花草树木，无论是冬季还是夏季都会有大雪飘落。空桑水是从这座山流出，向东流入虖沱河。

从空桑山再往北三百里的地方，有座山叫泰戏山。山上荒芜没有花草树木，有丰富的金矿和玉石。山中有一种野兽，形状像羊，一只角一只眼睛，眼睛长在耳朵后面，名字叫𧲢𧲢，它的叫声与它的名字的发音相同。滹沱水是从这座山流出，然后向东流入娄水。液水是从这座山的南面流出，向南流入沁水。

又北三百里，曰石山[1]，多藏金玉。濩濩之水[2]出焉，而东流注于虖沱；鲜于之水 [3] 出焉，而南流注于虖沱。

【注释】

[1] 石山，古山名。《五藏山经传》卷三："山在忻州西南石岭关。"[2] 濩濩（huò）之水，《五藏山经传》卷三："有水三源，东北流合出石梯口，至定襄县东注于虖沱，即濩濩之水。濩，水泻落也。"[3] 鲜于之水，《五藏山经传》卷三："山之南有石桥河南流，洛阴、直谷二水自东合而来会，又西南右受烈石泉水而南与西北来之埽谷水会，又东南而南经太原府治入汾，即鲜于之水。鲜于诸水象生鱼旋动纡曲之形也。"直谷，真谷之误。

【译文】

从泰戏山再往北三百里的地方，有座山叫石山，山上蕴藏着丰富的金矿和玉石。濩濩水是从这座山流出，然后向东流入滹沱河；鲜于水也是从这座山流出，然后向南流入虖沱河。

又北二百里，曰童戎之山 [1]。皋涂之水 [2] 出焉，而东流注于溇液水。

又北三百里，曰高是之山 [3]。滋水 [4] 出焉，而南流注于虖沱。其木多棕，其草多条。滱水 [5] 出焉，东流注于河。

【注释】

[1] 童戎之山，古山名。《五藏山经传》卷三："山即管涔东麓。"[2] 皋涂之水，古水名。《五藏山经传》卷三："阳武河出而东流迳淖泥驿北，即皋涂之水。"[3] 高是之山，古水名。《五藏山经传》卷三："五台县东射虎山也。是，用足上指也。射虎川水西南合清水河象之，故山得名。"[4] 滋水，古水名。《五

藏山经传》卷三："清水又象墨筵卓挹，射虎承之，象墨中茸，故曰滋。其水南入虖沱也。"[5] 滱（kòu）水，古水名。《五藏山经传》卷三："滱水今名沙河，出射虎山北，东南流至曲阳西北屈而南而东南，会郪水，象穿窬形，故名寇。"

【译文】

从石山再往北二百里的地方，有座山叫童戎山。皋涂水是从这座山流出，然后向东流入娄液水。

从童戎山再往北三百里的地方，有座山叫高是山。滋水是从这座山流出，然后向南流入虖沱河。山上生长的树木主要是棕树，山上的草主要是多条草。滱水是从这座山流出，向东流入黄河。

又北三百里，曰陆山，多美玉。郪水出焉，而东流注于河。

又北二百里，曰沂山。般水出焉，而东流注于河。

【译文】

从高是山再往北三百里的地方，有座山叫陆山，山上盛产精美的玉石，郪水是从这座山流出，然后向东流入黄河。

从陆山再往北二百里的地方，有座山叫沂山。般水是从这座山流出，然后向东流入黄河。

北百二十里，曰燕山[1]，多婴石[2]。燕水出焉，东流注于河。

又北山行五百里，水行五百里，至于饶山[3]。是无草木，多瑶碧，其兽多橐驼[4]，其鸟多鹠[5]。历虢之水出焉，而东流注于河。其中有师鱼[6]，食之杀人。

【注释】

[1] 燕山，古山名。《五藏山经传》卷三："良乡县北，圣水所出也。圣水即北易水，水形像飞燕上颔。"[2] 婴石，一种像玉一样，又有花纹的美石。郭璞注："言石似玉有符彩婴带，所谓燕石者。"[3] 饶山，古山名。《五藏山经传》卷三："饶山即西拉札拜岭，在多伦泊东北，当少咸之南，有安巴科坤河、西拉札拜岭河、库尔奇勒河诸水，象积禾。"[4] 橐（tuó）驼，即骆驼。郭璞曰："有肉鞍，善行流沙中，日行三百里，其负千斤，知水泉所在也。"[5] 鹠（liú），就是鸺鹠，或横纹小鸮，头和颈侧及翼上覆羽，暗褐色，密布棕白色细狭横斑。[6] 师鱼，人鱼。郭璞注："或作鲵。"

【译文】

从沂山再往北一百二十里的地方，有座山叫燕山，山上有很多像玉一样带有花纹的漂亮石头。燕水是从这座山流出，向东流入黄河。

从燕山再往北走五百里的山路，再走五百里的水路就到了饶山。饶山光秃秃的，没有花草树木，山上有很多瑶玉和碧玉，山中的野兽主要是骆驼，山上的鸟主要是鹠鸟。历虢水是从这座山流出，然后向东流入黄河。历虢水中有很多师鱼，这种鱼有毒，吃了这种鱼会被毒死。

又北四百里，曰乾山，无草木，其阳有金玉，其阴有铁而无水。有兽焉，其状如牛而三足，其名曰獂[1]，其鸣自诐。

【注释】

[1] 獂（yuán），古兽，类似野猪。

134

【译文】

从饶山再往北四百里的地方，有座山叫乾山。山上没有花草树木，山的南面有丰富的金矿和玉石，山的北面有丰富的铁矿，但是山上没有流水。山中有一种野兽，形状像牛但有三只脚，名字叫獂，它的叫声与它的名字的读音相同。

獂

又北五百里，曰伦山[1]。伦水出焉，而东流注于河，有兽焉，其状如麢，其川在尾上，其名曰羆[2]。

【注释】

[1] 伦山，古山名。《五藏山经传》卷三："伦、仑通。山为白河源五郎海山东脊，三水南流注白河，象编册，故曰仑。"[2] 羆（pí），熊的一种。

羆

【译文】

从乾山再往北五百里的地方，有座山叫伦山。伦水是从这座山流出，然后向东流入黄河。山中有一种野兽，形状像麋鹿，但是它的肛门长在尾巴上，这种野兽名字叫羆。

又北五百里，曰碣石之山[1]。绳水出焉，而东流注于河，其中多蒲夷之鱼[2]。其上有玉，其下多青碧。

【注释】

[1] 碣石之山，古山名。《五藏山经传》卷三："碣石在滦河入海之西数十里，有海渚长直茶上如碑碣，今名长闸口，其北山脉循滦河之西五百余里，与密云诸山相连。此言碣石之山，即密云南山也。"[2] 蒲夷之鱼，有一说蒲夷鱼就是冉遗鱼，它的形体似蛇，有六只脚，眼睛像马眼睛，人们如果吃了这种鱼肉，就不会做噩梦。

【译文】

从伦山再往北五百里的地方，有座山叫碣石山。绳水是从这座山流出，然后向东流入黄河，绳水中有很多蒲夷鱼。山上有很多玉石，山下有很多青碧玉。

又北水行五百里，至于雁门之山[1]，无草木。

又北水行四百里，至于泰泽[2]。其中有山焉，曰帝都之山[3]，广员百里。无草木，有金玉。

又北五百里，曰錞于毋逢之山[4]。北望鸡号之山[5]，其风如飂[6]。西望幽都之山，浴水出焉，是有大蛇，赤首白身，其音如牛，见则其邑大旱。

【注释】

[1] 雁门之山，古山名。《五藏山经传》卷三："雁门谓今山海关，山脉自白狼河、大凌河源南来，讫于海。《海内西经》'雁门山，雁出其间。在高柳北'，指谓白狼所出在柳条边外也。"[2] 泰泽，《五

藏山经传》卷三："潦海。"[3]帝都之山，《五藏山经传》卷三："长兴岛也。"[4]镎于毋逢之山，吕调阳校作"母逢"之山。《五藏山经传》卷三："母逢，旅顺岛也。岛形似乳，其北岸悬入海中，有小水小渚在其端，似开口，故曰母逢。"[5]鸡号之山，《五藏山经传》卷三："鸡号亦象鸡俯鸣开其口也。"[6]飚（lì），形容风大速度快，猛烈。郭璞注："飚，急风貌也。"

【译文】

从碣石山再往北行五百里的水路就到了雁门山，雁门山上没有花草树木。

从雁门山再往北行四百里的水路就到了泰泽。泰泽水中有一座山，叫帝都山，方圆百里。没有花草树木，但有丰富的金矿和玉石。

从帝都山再往北五百里的地方，有座山叫镎于毋逢山。从镎于毋逢山山巅向北可以远眺鸡号山，从鸡号山中吹出来的风如强劲的飚风。向西可以远眺幽都山，浴水是从这座山流出。镎于毋逢山中有一种大蛇，红色的头，白色的身子，它的声音像牛叫，这种蛇出现在哪里，哪里就会遭遇大旱灾。

凡北次三经之首，自太行之山以至于毋逢之山，凡四十六山，万二千三百五十里。其神状皆马身人面者廿神。其祠之，皆用一藻茝 [1] 瘗之。其十四神状皆彘身而载 [2] 玉。其祠之，皆玉，不瘗。其十神状皆彘身而八足、蛇尾。其祠之，皆用一璧瘗之。大凡四十四神，皆用稌糈米祠之，此皆不火食。

右北经之山志，凡八十七山，二万三千二百三十里。

【注释】

[1] 藻茝（chǎi），一种香草。生长在水底。郭璞注："藻，聚藻。茝，香草，兰之类。"[2] 载，通"戴"。

【译文】

纵观《北次三经》这一山系，从太行山到毋逢山，共四十六座山，沿途一万二千三百五十里。其中有二十座山山神都是马的身形，人的面孔。祭祀这二十座山神的礼仪是，把藻和茝之类的香草当作祭品埋入地下。另外十四座山山神是猪的身形，佩带玉制饰品，祭祀这十四座山神的礼仪都是把玉作为祭祀的供品，但不埋入地下。还有十个神灵，样子是猪身，但是长着八只脚，蛇一样的尾巴，在祭祀这十个山神时，都是把一块玉璧作为祭品埋入地下。这四十四个山神，在祭祀时，都用精米来供奉，而且都不用烤成熟食。

以上是《北山经》的内容，一共八十七座山，二万三千二百三十里。

山海经

卷四　东山经

《东山经》主要介绍了东方四大山系，共四十六座山的方位和物产等情况。

东次一经这一山系从樕𧰼山起到竹山，一共十二座。这一山系靠近北海，北海也就是现在的渤海，从这些山里流出的水源大多注入了北海。由此我们可以推断该经的记述顺序是从北到南的。

东次二经这一山系从空桑山开始，古代传说中曾有"蚩尤伐空桑"，这一山系之中多有流沙，但是如今的东方版图上并没有流沙，这有可能是因为气候曾发生过剧烈变化所形成的。

东次三经这一山系从尸胡山开始。这一山系的南边向东就可以看见扶桑树，这一区域的物产大多为亚热带作物，而且也有流沙在其间，这意味着我国东部偏南的地区曾经具有独特的气候和物产。在东次三经中，出现一个几乎是航海或者水运的经典案例，"南水行八百里，曰岐山""南水行五百里，曰诸钩之山""南水行七百里，曰中父之山""东水行千里，曰胡射之山""又南水行七百里，曰孟子之山"……凡九山，六千九百里，完全是水行，古人毫不掩饰地在展示他们在水运方面的高超技巧。

东次四经这一山系比较短些，只有一千七百多里，也从北海开始，南部的水系分别注入皋泽和余如泽，这可以和当今华东地区多湖泊沼泽的地貌相印证。在东次四经记述一种恐怖的野兽，"太山，有兽焉，其状如牛而白首，一目而蛇尾，其名曰蜚。行水则竭，行草则死，见则天下大疫。"这可谓是自然界的公敌了。但是万事万物都有它存在的道理。

东山经

东山经之首，曰樕螽之山[1]，北临乾昧。食水出焉，而东北流注于海。其中多鳙鳙[2]之鱼，其状如犁牛[3]，其音如彘鸣。

【注释】

[1]樕螽（sù zhū）之山，古山名。《五藏山经传》卷四："乌苏西源曰呼野河，北流合诸小水如樕枝。又北当兴格湖之东有小水亦名呼野河，东南流屈而东北注之。又北少西伊鲁山北麓水东北流注之，两水之间有小水长十数里东注，象木中株，故名樕株，又象舌在口中，故曰食水，即伊鲁之谓也。"[2]鳙（yōng）鳙鱼，传说中的一种怪鱼。与现在的鳙鱼不同。现在的鳙鱼俗称花鲢、胖头鱼，体侧偏高，背面呈暗黑色，有不规则的小黑斑，头大，眼下侧位，性较和缓，是我国主要淡水养殖鱼类之一。[3]犁牛，毛色黄黑相杂，又长有虎纹的一种牛。

【译文】

《东山经》所描述的东部山系的第一组山脉的第一座山叫樕螽山，这座山的北面与乾昧山相邻，食水是从这座山流出，然后向东北流入大海。食水中有很多鳙鳙鱼，形状像犁牛，发出的声音像猪叫。

又南三百里，曰藟山[1]。其上有玉，其下有金。湖水出焉，东流注于食水，其中多活师[2]。

【注释】

[1]蠡（lěi）山，古山名。《五藏山经传》卷四："山在兴格湖西岸，近南五札虎河口，河源出宁古塔之东二百六十里，东流百六十余里，潴于湖。湖自西南而东北长百里，东西径七十余里，自北溢出，流百五十里注乌苏里江。湖西北复有小湖，亦自西南而东北长五十里，广二十余里，两两相附如蠡，故山得名。蠡，白蔹也，蔓生，根大如鸡鸭卵而长，一本三五枚累累然。"[2]活师，亦称"活东"，蝌蚪。郭璞曰："科斗也，《尔雅》谓之活东。"

【译文】

从橮蓅山再往南三百里的地方，有座山叫蠡山，山上有很多玉石，山下蕴藏着丰富的金矿。湖水是从这座山流出，向东流入食水，湖水中有很多蝌蚪。

又南三百里，曰枸状之山。其上多金、玉，其下多青碧、石。有兽焉，其状如犬，六足，其名曰从从，其鸣自詨。有鸟焉，其状如鸡而鼠毛，其名曰蚩鼠[1]，见则其邑大旱。汃水[2]出焉，而北流注于湖水。其中多箴鱼，其状如儵。其喙如箴[3]，食之无疫疾。

【注释】

[1]蚩（zī）鼠，古鸟名。[2]汃（zhǐ）水，古水名。[3]箴鱼，箴，同针。鱼名。取其细长之意。

【译文】

从蠡山再往南三百里的地方，有座山叫枸状山，山上遍布着灿灿的金属矿物和晶莹的美玉，山下蕴藏着绚丽多彩的青碧和石头。山中有一种野兽，形状像狗，长着六只脚，它的名字叫从从，这种野兽的叫声与自己的名字音相同。山上还有一种鸟，形状像鸡，全身长着老鼠一样的羽毛，它的名字叫蚩鼠，这种鸟出现在哪里，哪里就会有大旱灾。泜水是从这座山流出，然后向北流入湖水。泜水中有很多箴鱼，形状像鲦鱼，嘴尖似针。吃了这种鱼能增强体质，增加免疫力，不会患瘟疫。

从 从

又南三百里，曰勃垒之山[1]，无草木，无水。

又南三百里，曰番条之山，无草木，多沙。减水出焉，北流注于海，其中多鳡[2]鱼。

【注释】

[1]勃垒（qí）之山，垒是齐的古字。[2]鳡（gǎn）鱼，鱼名，也称黄钻、竿鱼。体延长，长达一米多，重达一百斤，亚圆筒形，青黄色，口大，眼小，性凶猛，捕食各种鱼类，是淡水养殖业的害鱼。但是肉质鲜嫩，产量高，是一种大型上等食用鱼类，分布在我国各大江河中。

【译文】

从枸状山再往南三百里的地方，有座山叫勃垒山。山上荒芜，没有花草树木，也没有水流。

从勃垒山再往南三百里的地方，有座山叫番条山。番条山上光秃秃的，没有生长花草树木，到处都是沙石。减水是从这座山流出，向北流入大海，减水中有许多鳡鱼。

　　又南四百里，曰姑儿之山 [1]。其上多漆，其下多桑柘。姑儿之水出焉，北流注于海，其中多鳡鱼。

　　又南四百里，曰高氏之山 [2]。其上多玉，其下多箴石。诸绳之水出焉，东流注于泽，其中多金玉。

【注释】

　　[1] 姑儿之山，古山名。《五藏山经传》卷四："山南曰勒特河，四源合南流山北曰富达锡浑河，南四源，北一源，合东流折而西南而西，与勒特河会，象抱子拊掌来之之形，故名姑儿。"
　　[2] 高氏之山，古山名。《五藏山经传》卷四："长白山自松花、图门诸源北走，经平顶山而北，竦为是山，甚桀峻。以北呼拉哈河众源并导，象木柢旁薄，又象结绳纷垂其末，故号山曰高氏，而字水曰诸绳。"

【译文】

　　从番条山再往南四百里的地方，有座山叫姑儿山。山上有茂密的漆树，山下有繁茂的桑树和柘树。姑儿水是从这座山流出，向北流入大海，姑水中有很多鳡鱼。

　　从姑儿山再往南四百里的地方，有座山叫高氏山。山上盛产玉石，山下遍地是箴石。诸绳水是从这座山流出，向东流入湖泽，诸绳水底有很多金矿石和玉石。

　　又南三百里，曰岳山，其上多桑，其下多樗。泺水出焉，东流注于泽，其中多金玉。

又南三百里，曰犲山^[1]，其上无草木，其下多水，其中多堪孖之鱼^[2]。其兽焉，其状如夸父而彘毛，其音如呼，见则天下大水。

【注释】

[1] 犲（chái）山，古山名，犲是豺的别字。《五藏山经传》卷四："山在举尔和河三源之间，其水南流入富达锡浑河，象豺伏兽尾爪取其肠形。" [2] 堪孖（xù）鱼，古代传说中的一种鱼。

【译文】

从高氏山再往南三百里的地方，有座山叫岳山。山上生长着郁郁葱葱的桑树，山下生长着茂密的樗树。泺水是从这座山流出，向东流入湖泽，泺水底蕴藏着丰富的金属矿物和美玉。

从岳山再往南三百里的地方，有座山叫犲山。山上荒芜光秃，没有任何花草树木，山下多水流，水中有很多堪孖鱼。山中还有一种野兽，形状像猿猴，长着一身猪毛，它的叫声像人们在呼喊，这种鱼一旦出现，天下就会发生大水灾。

又南三百里，曰独山^[1]。其上多金玉，其下多美石。末涂之水^[2]出焉，而东南流注于沔；其中多鯈蠵^[3]，其状如黄蛇，鱼翼，出入有光，见则其邑大旱。

【注释】

[1] 独山，《五藏山经传》卷四："山在宁古塔东南百里余，曰聂埒倭集。" [2] 末涂之水，吕调阳校作"末余之水"，《五藏山经传》卷四："木上曰末。余，曲也。舒尔哈河西南流合哈达河折南少东注英额河象之。英额，满洲语下坡之谓，经云沔，

瀑布也。”[3] 儵蟰（tiáo yóng），古代传说中的一种鱼。

【译文】

从犲山再往南三百里的地方，有座山叫独山。山上遍布着灿灿的金属矿物和晶莹的美玉，山下还有五颜六色的石头。末涂水是从这座山流出，然后向东南流入沔水。末涂水中有很多儵蟰，形状同黄蛇相似，长着一对鱼鳍，出入水时闪闪发光，这种动物出现在哪里，哪里就会发生大旱灾。

又南三百里，曰泰山[1]。其上多玉，其下多金。有兽焉，其状如豚而有珠，名曰狪狪[2]，其鸣自叫。环水[3]出焉，东流注于江，其中多水玉。

【注释】

狪　狪

[1] 泰山，郭璞曰：“即东岳岱宗也。今在泰山奉高县西北，从山下至顶四十八里三百步也。”泰山，横亘山东中部，从东平湖东岸向东北延伸，至淄博市南和鲁山相接，长约 200 公里。主峰玉皇顶，在泰安县北面，古称东岳，也称岱山、岱宗，山峰突兀峻拔，雄伟壮丽，有南天门、日观峰、经石峪、黑龙潭等名胜古迹。[2] 狪（tóng）狪，古兽名。[3] 环水，《五藏山经传》卷五：“环水即汶水，出泰山东天门谷，亦曰弗其山也。江则后世目为牟汶者是也。凡水东西正平曰江。”

【译文】

从独山再往南三百里的地方，有座山叫泰山。山上遍布着晶莹的玉石，山下蕴藏着丰富的金矿。山中有一种野兽，形状像普通的猪但肚子里有珠，它的名字叫狪狪，它的叫声与它的名字的发音相同。环水是从这座山流出，向东流入江水，环水中有很多漂亮的水晶石。

又南三百里，曰竹山[1]，錞于江，无草木，多瑶碧。激水出焉，而东南流注于娶檀之水[2]，其中多茈蠃[3]。

【注释】

[1] 竹山，古山名。《五藏山经传》卷四："独山南也。山自英额岭东北环布尔哈图河源南属于江，布哈河三源象竹，其东西小水横列象笋也。"[2] 娶檀之水，《五藏山经传》卷四："即末余水所合之哈达河。"[3] 茈蠃，紫色的螺丝。

【译文】

从泰山再往南三百里的地方，有座山叫竹山。它雄踞在大江岸边，山上没有花草树木，光秃秃的，却遍布着瑶玉和碧玉。激水是从这座山流出，然后向东南流入娶檀水，激水中有很多紫色的螺丝。

凡东山经之首，自樕𧤏之山以至于竹山，凡十二山，三千六百里。其神状皆人身龙首。祠：毛用一犬祈，聊[1]用鱼。

【注释】

[1] 聃（èr），古代杀牲畜取血涂祭品，向神祷告。

【译文】

纵观《东山经》这一山系，从橄盏山到竹山，共十二座山，沿途三千六百里。这些山神都是人身龙首。祭祀这些山神的礼仪是，用一头完整带毛的狗作祭品，祷告时要用鱼。

人身龙首神

东次二经

东次二经之首，曰空桑之山[1]。北临食水，东望沮吴，南望沙陵，西望潯泽[2]。有兽焉，其状如牛而虎文，其音如钦，其名曰轮轮[3]，其鸣自叫。见则天下大水。

又南六百里，曰曹夕之山[4]。其下多穀而无水，多鸟兽。

【注释】

[1] 空桑之山，古山名。《五藏山经传》卷四："空桑即橄株南山，取象与北次四经同。"郭璞注说，这座山中生长一种名贵的木材，可以用来作琴瑟等乐器。[2] 潯（mǐn）泽，古水名。[3] 轮轮（líng），古兽名。[4] 曹夕之山，《五藏山经传》卷四："山在姑儿之西。姑儿水又象蜂形，西乡，故名曹夕。（曹，蜂房也。）"

【译文】

《东次二经》所描述的东部山系的第二组山脉的第一座山叫空桑山。这座山，北面与食水相邻，向东面可以远眺沮吴山，向南可以远眺沙陵，向西可以远眺湣泽。空桑山中有一种野兽，形状像牛，但是身上有老虎一样的花纹，它发出的声音像人在呻吟，这种野兽名叫轳轳，它的叫声是自呼其名。这种野兽只要出现，就预示着天将降大雨，将会出现水涝灾害。

从空桑山再往南六百里的地方，有座山叫曹夕山。山下有茂密的构树，但是没有水流，山中有很多飞鸟和野兽。

又西南四百里，曰崚皋之山[1]。其上多金玉，其下多白垩。崚皋之水出焉，东流注于激女之水，其中多蜃[2]珧[3]。

又南水行五百里，流沙三百里，至于葛山之尾，无草木，多砥砺。

【注释】

[1] 崚（yì）皋之山，古山名。《五藏山经传》卷四："山属者曰崚，沮涂曰皋。即长白山，北与费德里相属，图门源出其东麓，东北流会布乐哈图河入海。"[2] 蜃（shèn），大蛤蜊。蛤是一种软体动物，贝壳呈三角形而略圆，壳面有色彩斑斓的纹理。[3] 珧（yáo），小蚌。蚌也是一种软体小动物，贝壳呈长卵形，壳面有的是黑褐色，有的是黄褐色，有环形的纹理。它的甲壳，古代作刀柄、弓箭上的饰品。

【译文】

从曹夕山再往西南四百里的地方，有座山叫崚皋山。山上有很多金属矿物和玉石，山下遍地是白色的垩土。崚皋水是从这座山流出，然后向东流入激女水，水中生长着很多蜃和珧。

从峰皋山再往南行五百里水路、三百里流沙，就到了葛山的尾端。这里没有花草树木，有很多磨刀石。

又南三百八十里，曰葛山之首[1]，无草木。澧水[2]出焉，东流注于余泽。其中多珠鳖鱼[3]，其状如胏[4]而有目，六足有珠，其味酸甘，食之无疠。

【注释】

[1] 葛山之首，《五藏山经传》卷四："长白山自小图门源分枝东北走，纡回二百余里，亘海兰河南岸，是为葛山。其首则海兰东南源之巴颜河所出是也。"[2] 澧水，在湖南省西北部，流出于桑植县北，向东流去，经大庸、慈利、石门、临澧等县，在澧县新洲入洞庭湖。长三百七十二公里。大部流经山区，多乱石、暗礁。[3] 鳖（biē）鱼，形体像动物肺的形状。[4] 胏，同肺，带骨的肉脯。

【译文】

从葛山的尾端再往南三百八十里就到了葛山的首端。这里没有花草树木。澧水是从这座山流出，向东流入余泽。澧水中有很多珠鳖鱼，这种鱼形状像带骨的肉脯，长有四只眼睛，六只脚，肚子里有珠子，这种鱼肉又酸又甜，吃了这种鱼肉能增强体质，不会患瘟疫。

珠鳖

150

又南三百八十里，曰余峨之山。其上多梓楠，其下多荆芑[1]。杂余之水出焉，东流注于黄水[2]。有兽焉，其状如菟而鸟喙，鸱目蛇尾，见人则眠[3]，名曰犰狳[4]，其鸣自訆，见则螽[5]蝗为败。

【注释】

[1] 荆芑，芑通"杞"，就是枸杞树。[2] 黄水，《五藏山经传》卷四："图门初出处若隐若见，凡数十里，盖水挟沙泥，故经以黄水目之。"[3] 眠，装死，假死。[4] 犰狳（qiú yú），古代传说中一种像兔的野兽。栖息疏林、草原和沙漠地区，夜行性，杂食。行动迅速，遇敌害时团成一团。[5] 螽（zhōng），蝗虫科和螽斯科部分昆虫的统称，是一种害虫，对农作物有害。

【译文】

从葛山首端再往南三百八十里的地方，有座山叫余峨山。这座山上生长着茂密的梓树和楠树，山下有繁茂的荆棘和枸杞。杂余水是从这座山流出，向东流入黄水。山中有一种野兽，形状像兔子，却长着鸟的嘴巴、鸱鹰的眼睛和蛇的尾巴，一看见人就躺下装死，这种野兽名叫犰狳，发出的叫声与它名字的读音相同，这种野兽一旦出现，天下庄稼就将遭蝗虫之灾。

又南三百里，曰杜父之山，无草木，多水。

又南三百里，曰耿山。无草木，多水碧[1]，多大蛇。有兽焉，其状如狐而鱼翼，其名曰朱獳[2]，其鸣自訆，见则其国有恐。

【注释】

[1] 水碧，水晶石。郭璞注："亦水玉类。"[2] 朱獳（rú），

古代传说中的一种怪兽。

【译文】

从余峨山往南三百里，有座杜父山，山上光秃，没有生长任何花草树木，有丰富的水源。

从杜父山再往南三百里的地方，有座山叫耿山，山上荒芜，没有生长花草树木，有很多水晶石，还有很多大蛇。山中有一种野兽，形状像狐狸却长着鱼一样的鳍翅，它的名字叫朱獳，它的叫声就好像是在喊自己的名字。这种野兽一旦出现，该国就会有恐慌。

朱獳

又南三百里，曰卢其之山[1]，无草木，多沙石。沙水出焉，南流注于涔水。其中多鹭鹕[2]，其状如鸳鸯而人足，其鸣自讪，见则其国多土功。

【注释】

[1]卢其之山，古山名。《五藏山经传》卷四："临津江即涔水，出铁原府西北八十余里，东南流环曲西南似箕，其北一水即沙水南流入之，似宪。宪，县也。"[2]鹭（lí）鹕，即鹈鹕鸟。体形很大，足形类似人脚。

【译文】

从耿山再往南三百里

鹭鹕

的地方，有座山叫卢其山。山上没有任何花草树木。沙水是从这座山流出，向南流入滁水。沙水中有很多鹭鹕，形状像鸳鸯，却长着人一样的脚，它的叫声就好像是在喊自己的名字，这种动物一出现，便会大兴土木，兴修水利。

又南三百八十里，曰姑射之山[1]，无草木，多水。

又南水行三百里，流沙百里，曰北姑射之山[2]，无草木，多石。

又南三百里，曰南姑射之山[3]，无草木，多水。

又南三百里，曰碧山[4]，无草木，多大蛇，多碧、水玉。

【注释】

[1] 姑射（yè）之山，古山名。《五藏山经传》卷四："襄阳府西有头蛇山，一水东流少南，经府南入海，其西北曰金刚山，一水西北流入秋池岭水，即北姑射水。西南曰张山，一水两源，西流少南，又西北入北姑射水，三水三面相直如投射，而张山水两源象剥麻剖其首之形，故总名曰姑射。"[2] 北姑射之山，古山名。《五藏山经传》卷四："山即淮阳府北秋池岭。"[3] 南姑射之山，古山名。《五藏山经传》卷四："山在安东府北奉化城之东，一水二源，东流六十余里至平海郡南入海。"[4] 碧山，古山名。《五藏山经传》卷四："当即永清湾西面之道安山。"

【译文】

从卢其山再往南三百八十里的地方，有座山叫姑射山。山上光秃秃的，没有花草树木，有很多水源。

从姑射山再往南行三百里水路、一百里流沙就到了北姑射山，山上荒芜，没有花草树木，到处都是石头。

从北姑射山再往南三百里的地方，有座山叫南姑射山，山上光秃秃的，有很多溪水。

从南姑射山再往南三百里的地方，有座山叫碧山，山上没有花草树木，有很多大蛇。还盛产碧玉和水晶石。

又南五百里，曰缑氏之山[1]，无草木，多金玉，原水出焉，东流注于沙泽。

又南三百里，曰姑逢之山[2]，无草木，多金玉。有兽焉，其状如狐而有翼，其音如鸿雁，其名曰獙獙[3]，见则天下大旱。

【注释】

[1] 缑（gōu）氏之山，古山名。传说王子乔在此修道成仙。《五藏山经传》卷四："山在陕川郡东，有水东北流入瓠卢河东南注海。"[2] 姑逢之山，《五藏山经传》卷四："乐安县北之无木山也。有水东南流，会北自南原府来之水，其水西一源，东二源，左右交流而南会无木山水，大形肖妇人后顾前指之状，故曰姑逢。"
[3] 獙（bì）獙，传说中的一种怪兽。

【译文】

从碧山再往南五百里的地方，有座山叫缑氏山。山上没有生长任何花草树木，但蕴藏有丰富的金矿和玉石，原水是从这座山流出，向东流入沙泽。

从缑氏山再往南三百里的地方，有座山叫姑逢山。山上没有

獙獙

154

花草树木，光秃秃的，但蕴藏着丰富的金矿和玉石。山中有一种野兽，形状像狐狸又长着翅膀，发出的声音如同鸿雁在啼叫，这种野兽名叫獙獙。这种兽一旦出现，天下就会发生大旱灾。

又南五百里，曰凫丽之山[1]。其上多金、玉，其下多箴石。有兽焉，其状如狐而九尾、九首、虎爪，名曰蛮蛭[2]，其音如婴儿，是食人。

蛮蛭

【注释】

[1] 凫丽之山，古山名。《五藏山经传》卷四："晋江出咸阳郡西，西南流环曲而东，受西北一小水，象凫尾接上屈，故名凫丽。丽，俪也。"[2] 蛮（lóng）蛭，神话传说中的兽名。

【译文】

从姑逢山再往南五百里的地方，有座山叫凫丽山，山上蕴藏有丰富的金属矿物和玉石，山下盛产箴石。山中有一种野兽，形状像狐狸，长着九条尾巴、九个脑袋、爪似虎爪，这种兽名叫蛮蛭，它的叫声就像婴儿啼哭，这种野兽会吃人。

又南五百里，曰硬山[1]。南临硬水，东望湖泽。有兽焉，其状如马，而羊目，四角，牛尾，其音如獋狗，其名曰峳峳[2]，见则其国多狡[3]客。有鸟焉，其状如凫[4]而鼠尾，善登木，其名曰絜钩[5]，见则其国多疫。

155

【注释】

[1] 碹（zhēn）山，古山名。《五藏山经传》卷四："朝鲜西南海中之珍岛也。有珍岛郡城。"[2] 峳峳（yóu），传说中的一种野兽。[3] 狡，狡猾。[4] 凫，一种野鸭。[5] 絜（xié）钩，古鸟名。

【译文】

从凫丽山再往南五百里的地方，有座山叫碹山，这座山南边濒临碹水，向东可以远眺湖泽。山中有一种野兽，形状像马，而眼睛像羊的眼睛，头上有四只角，拖着一条牛一样的尾巴，发出的声音如同狗叫，这种野兽名叫峳峳，它出现在哪个国家，哪个国家便会出现很多狡猾的政客。

峳峳

山上还有一种鸟，形状像凫，长着老鼠一样的尾巴，善于攀登树木，它的名字叫絜钩，它出现在哪个国家，哪个国家就将流行瘟疫。

凡东次二经之首，自空桑之山至于碹山，凡十七山，六千六百四十里，其神状皆兽身人面载觡[1]。其祠：毛用一鸡祈，婴用一璧瘗。

【注释】

[1] 觡（gé），骨角，多指麋鹿等动物头上的角。郭璞注："麋、鹿属角为觡。"

【译文】

纵观《东次二经》这一山系，从空桑山到碹山，共十七座山，沿途六千六百四十里。这些山神都是兽身人面，头部长着麋鹿那样的角。祭祀这些山神的礼仪是：用一只完整的鸡作供品，把一块精美的玉石埋入地下。

东次三经

　　又东次三经之首，曰尸胡之山 [1]。北望羭山 [2]，其上多金玉，其下多棘。有兽焉，其状如麋而鱼目，名曰妳胡 [3]，其鸣自训。

【注释】

　　[1] 尸胡之山，古山名。《五藏山经传》卷四："海口东北，其水西流，数折南入于海，象卧尸胀大之形，故名尸胡。"[2] 羭（xiáng）山，古山名。[3] 妳（wǎn）胡，古代传说中的一种动物。

妳　胡

【译文】

　　《东次三经》所描述的东部山系的第三组山脉的第一座山叫尸胡山。从山顶向北可以看见羭山，山上遍布着金属矿物和美玉，山下荆棘丛生。山中有一种野兽，形状像麋，眼睛像鱼眼，它的名字叫妳胡，它的叫声就像在呼喊自己的名字。

157

又南水行八百里，曰岐山^[1]，其木多桃李，其兽多虎。

又南水行五百里，曰诸钩之山^[2]，无草木，多沙石。是山也，广员百里，多寐鱼^[3]。

【注释】

[1] 岐山，古山名。《五藏山经传》卷四："白翎三岛也。北距床山四十里，西距山东之成山三百六十里。"[2] 诸钩之山，古山名。《五藏山经传》卷四："泰山城南要儿梁也。"[3] 寐鱼，即卷口鱼，又称嘉鱼。一般长达二十厘米，前部呈亚圆形，后部呈扁形，全身是暗褐色，有两对粗长的须，这种鱼有丰富的脂肪，可以食用。

【译文】

从尸胡山再往南走八百里水路，就到了岐山。这座山上生长着许多桃树和李树，山中的野兽主要是老虎。

从岐山再行五百里水路，就到了诸钩山。山上没有生长花草树木，遍地都是沙石。这座山，方圆百里，山溪里有很多寐鱼。

又南水行七百里，曰中父之山^[1]，无草木，多沙。

又东水行千里，曰胡射之山^[2]，无草木，多沙石。

【注释】

[1] 中父之山，古山名。《五藏山经传》卷四："朝鲜西南小岛也，去海约二百里。"[2] 胡射之山，古山名。吕调阳校作"湖射之山"，《五藏山经传》卷四："朝鲜东南隅加德岛也。其东北晋江水东南注海，前阻绝影岛澳渚洄流，常西南注，故曰湖射。"

158

【译文】

从诸钩山再往南行七百里水路，就到了中父山，山上荒芜，没有花草树木，遍地都是沙子。

从中父山再往东行一千里水路，就到了胡射山，山上光秃秃的，没有花草树木，遍地都是沙石。

又南水行七百里，曰孟子之山[1]。其木多梓桐，多桃李，其草多菌蒲，其兽多麋鹿。是山也，广员百里。其上有水出焉，名曰碧阳，其中多鳣[2]鲔[3]。

【注释】

[1]孟子之山，古山名。《五藏山经传》卷四："尸胡南、岐山北也。今为床山。大岛北际海岸向西突出，象孟。孟者，阴壮大也。"[2]鳣（zhān），即鳇鱼。这种鱼没有鳞，肉呈黄色。大的长达二三丈。[3]鲔（wěi），形体与鳣相似，但鼻子较长，也没有鳞。

【译文】

从胡射山再往南行七百里水路，就到了孟子山。这座山上生长的树木多为梓树、桐树，果树多为桃树、李树，这里生长的野草多为菌类植物和蒲草，生长的野兽主要是麋鹿。这座山方圆百里。山上有水流，名字叫碧阳水，水中盛产鳣鱼和鲔鱼。

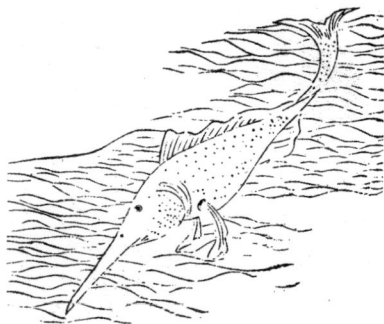

鲔

又南水行五百里，曰流沙。行五百里，有山焉，曰跂踵之山，广员二百里，无草木，有大蛇，其上多玉。有水焉，广员四十里皆涌，其名曰深泽[1]，其中多蠵龟[2]。有鱼焉，其状如鲤，而六足鸟尾 。名曰鲐鲐[3]之鱼，其鸣自叫。

【注释】

[1] 深泽，《五藏山经传》卷四："山之南为连山县，山西有泥山城，有小水西入向江，即深泽。"[2] 蠵（xī）龟，一种大龟，古代称"灵龟"，龟甲上有纹彩。长约一米，背面褐色，腹面淡黄。头顶有两对前额鳞，嘴钩状。分布在我国广东、台湾、浙江、江苏、山东沿海及太平洋热带和亚热带海中。卵可食，脂肪和甲也可以食用。[3] 鲐（gé）鲐鱼，古代传说中的一种鱼。

【译文】

从孟子山再往南行五百里水路，是一片流沙，再向前五百里，有座山叫跂踵山。这座山方圆二百里，没有花草树木，山中有很多大蛇，山上有很多精美的玉石。这里有一水泽，方圆四十里，都有水从地下喷涌而出，这个大泽名叫深泽。泽水中有很多蠵龟。水中还有一种鱼，形状像鲤鱼，但长有六只脚，还有类似鸟一样的尾巴。这种鱼名叫鲐鲐鱼，这种鱼的叫声，就像是在呼喊自己的名字。

鲐　鲐

又南水行九百里，曰踇隅之山[1]，其上多草木，多金玉，多赭。有兽焉，其状如牛而马尾，名曰精精，其鸣自叫。

【注释】

[1] 蚘（mǔ）隅之山，古山名。吕调阳校作"蚘禺之山"，《五藏山经传》卷四："尸胡南也。荣城以东海岸参差象狒狒迅走踵反，故曰蚘禺。"

【译文】

从跂踵山再往南行九百里水路，就到了蚘隅山。山上草木茂盛，盛产金属矿物和玉石，还有很多赭石。山中有一种野兽，形状像牛，但尾巴似马尾，这种野兽名叫精精，它的叫声就像是在呼喊自己的名字。

精精

又南水行五百里，流沙三百里，至于无皋之山^[1]。南望幼海^[2]，东望榑木^[3]。无草木，多风。是山也，广员百里。

【注释】

[1] 无皋之山，《五藏山经传》卷四："今自鸭绿江口循海西南百八十余里得沙河口，又五十里大庄河合沙河来入，又百四十里经水口四至大沙河口，又三十里至澄沙河口，此二百余里中海中小岛十有九傍岸，皆沙浅，又百三十里讫旅顺城曰无皋之山，即《北次三经》云'鸡号之山'也。无皋，小儿号乳也，象形。"[2] 幼海，郭璞曰："即少海也。"[3] 榑（fú）木，即扶桑，古代传说中的神木，据说太阳是从这里升起。

【译文】

从踇隅山再往南行五百里水路，再行三百里流沙，就到了无皋山了。从山上向南可以远眺幼海，向东可以看见扶桑。无皋山上没有花草树木，山顶狂风怒吼。这座山，占地广阔，方圆百里。

凡东次三经之首，自尸胡之山至于无皋之山，凡九山，六千九百里。其神状皆人身而羊角。其祠：用一牡羊[1]，米用黍[2]。是神也，见则风雨水为败。

【注释】

[1] 牡（mǔ）羊，公羊。[2] 黍（shǔ），一种谷物，种子呈白色、黄色或褐色，性粘或不粘，可以食用或酿酒。现北方人俗称黄米子。

【译文】

纵观《东次三经》这一山系，从尸胡山起到无皋山，共九座山，沿途六千九百里。这些山神都是人身但头上长着羊角。祭祀这些山神的礼仪是，用一只公羊，精米作供品。这些山神一旦出现，就会发生风灾、雨灾、水灾，破坏田里的庄稼。

人身羊角神

东次四经

又东次四经之首，曰北号之山 [1]，临于北海。有木焉，其状如杨，赤华，其实如枣而无核，其味酸甘，食之不疟。食水出焉，而东北流注于海。有兽焉，其状如狼，赤首鼠目，其音如豚，名曰猲狙 [2]，是食人。有鸟焉，其状如鸡而白首。鼠足而虎爪，其名曰鬿雀 [3]，亦食人。

【注释】

[1] 北号之山，古山名。《五藏山经传》卷四："北号在开原县东北二百里，为小潦河东源之大小雅哈河所出山，西自兴安岭循辽河北岸来折而南为此山，自北而南正支尽于鸭绿江口，其分支自松花西源东走，为东源所出之长白顶，又北为呼拉哈源，又东为乌苏里源，水皆北流下山，总曰北号。"[2] 猲狙（gé jū），古代传说中的野兽。[3] 鬿（qí）雀，古代传说中的怪鸟，会吃人。

【译文】

在《东次四经》记述的东部山系的第四组山脉中，第一座山叫北号山。这座山巍然屹立在北海岸上。山上生长着一种树，树的形状像杨树，开红色的花，结的果实像红枣，却无核，味道酸中带甜，吃了这种果实，人就不会患疟疾。食水是从这座山流出，然后向东北流入大海。

鬿雀

山中有一种野兽，形状像狼，却长着红色的头，老鼠一样的眼睛，发出的声音像猪叫，名叫猳狙，这种野兽异常凶猛，会吃人。山中有一种鸟，形状像山鸡，长着白色的脑袋，老鼠一样的足，老虎一样的爪子，名字叫鴲雀，也是会吃人的。

又南三百里，曰旄山[1]，无草木。苍体之水出焉，而西流注于展水。其中多鱃鱼[2]，其状如鲤而大首，食者不疣[3]。

【注释】

[1]旄山，古山名。《五藏山经传》卷四："鸭绿江上游北岸自三道沟以东小水十，南岸小水五，象旄形，亦象苍木不去其枝之形，体犹支也。山即三道沟所出之斐德里山，其水南入鸭绿而西南与佟家江会，即展水。"[2]鱃（qiū）鱼，即泥鳅。[3]疣（yóu），一种皮肤病，指的是一种小肉瘤。

【译文】

从北号山再往南三百里的地方，有座山叫旄山，山上没有任何花草树木。苍体水是从这座山流出，然后向西流入展水。苍水中有很多鱃鱼，形状像鲤鱼，头部很大，人们如果吃了这种鱼肉，就可以预防赘疣。

又南三百二十里，曰东始之山[1]，上多苍玉。有木焉，其状如杨而赤理，其汁如血，不实，其名曰芑，可以服马[2]。泚水出焉，而东北流注于海。其中多美贝，多茈鱼，其状如鲋，一首而十身，其臭如麋芜[3]，食之不糠[4]。

164

【注释】

[1] 东始之山，古山名。《五藏山经传》卷四："山即松花西源柳沟河所出，兴安支干东行之始也。"[2] 可以服马，郭璞曰："以汁涂之，则马调良。"[3] 蘪芜，即蔄芜。一种叶子像当归、香味像白芷的香草。[4] 糒（pì），即"屁"字，中医指元气下泄的疾病。

【译文】

从旄山再往南三百里的地方，有座山叫东始山。山上遍布着许多青色玉石。山上生长一种树，形状像杨树，带有红色纹理，树干和树枝中流出的液汁，殷红如血，这种树不开花，也不结果，名叫芑。将这种树汁涂在马身上，可以使马驯服。泚水是从这座山流出，然后再东北流入大海。泚水中有很多绚丽多彩的贝壳，水中还有很多茈鱼，形状像鲋鱼，一个脑袋，十个身子，身上发出的蘪芜的气味，吃了这种鱼肉就不会放屁。

又东南三百里，曰女烝之山[1]，其上无草木。石膏水出焉，而西注于鬲水[2]，其中多薄鱼，其状如鳣鱼而一目，其音如欧[3]，见则天下大旱。

【注释】

[1] 女烝（zhēng）之山，古山名。《五藏山经传》卷四："山盖在鸭绿江东岸朝鲜张杰城之东，有水西流合东南水而西注江，亦象女子夭侧形而前临鬲水，故曰女烝。"[2] 鬲（gé）水，古水名。《五藏山经传》卷四："鸭绿自栗子沟以南、佟家自玛察河口以南，两江左右环合，象鬲形也。"[3] 欧，同"呕"。郭璞曰："如人呕吐声也。"

【译文】

从东始山再往东南三百里的地方，有座山叫女烝山。山上没有花草树木，到处光秃秃的。石膏水是从这座山流出，然后向西流入鬲水，石膏水中有很多薄鱼，形状像鳝鱼却只有一只眼睛，发出的声音像人的呕吐声，这种鱼一旦出现，天下就会发生大旱灾。

又东南二百里，曰钦山，多金玉而无石。师水出焉，而北流注于皋泽[1]，其中多鳝鱼，多文贝。有兽焉，其状如豚而有牙[2]，其名曰当康，其鸣自叫，见则天下大穰。

【注释】

[1] 皋泽，《五藏山经传》卷四："皋泽即泰泽，河水浑流，所潴多涂也。"[2] 牙，这里是指露出唇外的獠牙锯齿。

【译文】

从女烝山再往东南二百里的地方，有座山叫钦山。山上遍布着五光十色、色彩斑斓的金属矿物和美玉，但没有普通的石头。师水是从这座山流出，然后向北流入皋泽湖，师水中生长着很多鳝鱼，还有很多色彩绚丽的贝壳。山中有一种野兽，形状像小猪，却长着锋利

当 康

的牙齿，它的名字叫当康，它的叫声就像在呼喊自己的名字，这种野兽一旦出现，天下就将五谷丰登。

又东南二百里，曰子桐之山[1]。子桐之水出焉，而西流注于余如之泽。其中多鲭鱼[2]，其状如鱼而鸟翼，也入有光，其音如鸳鸯，见则天下大旱。

【注释】

[1]子桐之山，吕调阳校作"辛桐之山。"《五藏山经传》卷四："辛梓通。梓桐，琴材也，因钦山为义。山为嗳河东源所导，西南会分水岭水而西南而东南入鸭绿江注海，海自口南东曲为大渚谓之余如之泽也。"[2]鲭（huá）鱼，古代传说中的一种鱼，这种鱼长着翅膀，能飞出水面，还能发光，是一种奇特的发光的飞鱼。

【译文】

从钦山再往东南二百里的地方，有座山叫子桐山。子桐水是从这座山流出，然后向西流入余如泽。子桐水中有很多鲭鱼，形状长得像鱼，但又

鲭鱼

有鸟的翅膀，在水面忽出忽入，闪闪发光，它的叫声，好似鸳鸯在啼叫。这种鱼一旦出现，预示着雨水稀少，天将大旱。

又东北二百里，曰剡山[1]，多金玉。有兽焉，其状如彘而人面，黄身而赤尾，其名曰合㺊[2]，其音如婴儿。是兽也，食人，亦食虫蛇，见则天下大水。

【注释】

[1] 剡（shàn）山，古山名。《五藏山经传》卷四："今在哈达河，南岸尽峰也，北岸即哈达城，并因山为名。"[2]合㺉（yǔ），古代传说中的一种怪兽。

【译文】

从子桐山再往东北二百里的地方，有座山叫剡山，山上蕴藏着丰富的金矿和玉石。山中有一种野兽，形状像猪却长着一幅人的面孔，全身金黄又长着一条红色的尾巴，名叫合㺉，这种野兽会吃人，也会吃虫子和蛇。它的出现，预示着雨水增多，天下将发生洪涝灾害。

又东二百里，曰太山[1]，上多金玉、桢木[2]。有兽焉，其状如牛而白首，一目而蛇尾，其名曰蜚。行水则竭，行草则死，见则天下大疫。钩水出焉，而北流注于劳水，其中多鳝鱼。

【注释】

[1] 太山，《五藏山经传》卷四："山为小潦西源，库鲁河所出，北会赫尔苏河、雅哈河，屈西南注潦水，象钩形。"[2] 桢木，即女桢，一种灌木，四季常青，其籽可以入药。

【译文】

从剡山再往东二百里的地方，有座山叫太山。山上遍布灿灿的金属矿物和精美的玉石，生长着茂密的桢树。山

蜚

中有一种野兽，形状像牛，白色的脑袋，一只眼睛和蛇一样的

尾巴，名字叫蜚。这是一种不祥之物，它在水中行走，水便会干涸；它在草中行走，草便会枯死；它一旦出现，天下就会发生大瘟疫。钩水从这座山流出，然后向北流入劳水，钩水中有很多鳝鱼。

凡东次四经之首，自北号之山至于太山，凡八山，一千七百二十里。

右东经之山志，凡四十六山，万八千八百六十里。

【译文】

纵观《东次四经》这一山系，从北号山到太山，共八座山，沿途一千七百二十里。

以上是东部山系的记录，共四十六座山，沿途一万八千八百六十里。

卷五　中山经

《中山经》在《山海经》诸经中篇幅最长，内容最多，也是最为复杂的一部分。主要记录了中土本部的十二列山系，记载的顺序是每座山系从西到东，下一山系由东向西接续。十二列山系从北到南。共一百九十七座山，途径两万一千三百七十一里。

《中山经》记载的名山也很多，如少室山和太室山，就是今天的嵩山。还有荆山，就是卞和发现和氏璧的地方。值得重视的是各列山系的山神特征以及祭祀诸山的礼仪。山神有鸟首、龙首、猪首，等等，不一而足。这可能是远古氏族部落活动区域的一种遗留，从中可以对远古各文明的活动区域做一番推测。

《中山经》中所记之地可称为鱼米之乡。花草葱郁，树木繁茂，天上飞的，地上跑的，水里游的，层出不穷。这一经矿藏也很丰富。如关于铁矿的记载，"凌山，其上多赤铜，其阴多铁""泰威之山，其中多铁""夸父之山，其阴多铁""少室之山，其下多铁"。类似金、铜、玉的描述也是随处可见。正因为此处物产肥沃，从而成为文明国家和部族的必争之地。有趣的是，在《中山经》的篇尾恰恰有这样的总结性的记述："此天地之所分壤树谷也，戈矛之所发也，刀铩之所起也，能者有余，拙者不足。封于太山，禅于梁父，七十二家，得失之数，皆在此内，是谓国用。"意思是说，这是自然界天然分给智慧生命种族们的宝贵资源，武器从这里发源，刀兵争夺以这里为起因，强大先进的，自然富富有余，弱小落后的，自然只能分得残羹剩饭。

值得一提的是，《中山经》还记录了很多动物和植物的药用价值，如䲃豪鱼、植楮、雕棠等，从中可以看出中医作为历史悠久的医学体系发源甚早，也表明古人的药学水平因为活动地域的扩大而得到提高，对后世医学、药物学影响深远。

中山经

中山经薄山[1]之首,曰甘枣之山。共水出焉,而西流注于河。其上多杻木,其下有草焉,葵本而杏叶,黄华而荚实,名曰箨[2],可以已瞢[3]。有兽焉,其状如獃[4]鼠而文题,其名曰㺶[5],食之已瘿[6]。

【注释】

[1]薄山,古山名。《五藏山经传》卷五:"薄同亳,一作'蒲'。中条山自河曲而东北属于太行,总曰薄山。其首则亳清河东源所出是也。"[2]箨(tuò),古草名。[3]瞢(méng),目不明,看不清楚东西。[4]獃(dú)鼠,古代传说中的一种野生动物。[5]㺶(nuó),古兽名。[6]瘿(yǐng),颈瘤,又称大脖子病,是甲状腺肿大的一种病。

【译文】

《中山经》所描述的中部山系的第一组山脉是薄山山系,薄山山系的第一座山叫甘枣山。共水是从这座山流出,然后向西流入黄河。甘枣山上生长着茂密的杻树,山下有郁郁葱葱的草,这种草茎似葵菜,叶似杏叶,开着黄色的花朵,果实长在荚中,这种草名叫箨,可以入药,医治眼病,能使人视力复明。山中有一种野兽,形状像獃鼠,身上有花纹,名叫㺶,人如果吃了这种兽肉就可以治好脖子的赘瘤。

又东二十里,曰历儿之山。其上多櫄,多枥木,是木也,方茎而员叶,黄华而毛,其实如楝[1],服之不忘。

173

又东十五里，曰渠猪之山。其上多竹。渠猪之水出焉，而南流注于河。其中多豪鱼，其状如鲔，赤喙尾，赤羽，可以已白癣。

豪　鱼

【注释】

[1]楝，汪绂曰："楝木似槐子，如指头，色白而粘，可捣以浣衣，服之益肾。此服之不忘，谓令人健记，盖亦楝类也。或作'简'，非。"

【译文】

从甘枣山再往东二十里的地方，有座山叫历儿山。山上生长着茂盛的橿树和枥树。枥树，枝干成方，绿叶成圆，开着黄色的花朵，有毛绒绒的细毛，结的果实如楝，人们吃了这种果实，就可以增强记忆力，过目不忘。

从历儿山再往东十五里的地方，有座山叫渠猪山。山上生长着繁茂的竹林。渠猪水是从这座山流出，然后向南流入黄河。渠猪水中有很多豪鱼，这种鱼形状像鲔鱼，红色的嘴巴，尾巴上也长着红色的羽毛。吃了这种鱼肉可以治愈白癣病。

又东三十五里，曰葱聋之山。其中多大谷，是多白垩，黑、青、黄垩。

又东十五里，曰㟲山 [1]。其上多赤铜，其阴多铁。

【注释】

[1]㟲（wō）山，古山名。《五藏山经传》卷五："㟲，水

174

所委流也。山在上峡东南，有古冶官。"

【译文】

从渠猪山再往东三十五里的地方，有座山叫葱聋山。这座山上有很多大峡谷，谷中遍布着白垩。

从葱聋山再往东十五里的地方，有座山叫涹山。这座山遍布着赤铜矿，山的北面蕴藏着丰富的铁矿。

又东七十里，曰脱扈之山，有草焉，其状如葵叶而赤华，荚实，实如棕荚，名曰植楮，可以已癙[1]，食之不眯[2]。

又东二十里，曰金星之山，多天婴，其状如龙骨[3]，可以已痤。

【注释】

[1]癙（shǔ），瘘管，人或动物由于外伤、脓肿而引起的疾病。[2]眯，梦魇，噩梦。人在噩梦中呻吟、惊叫等反常的言行，都称为梦魇。[3]龙骨，郝懿行曰："《本草别录》云：'龙骨生晋地川谷、及太山岩水岸土穴中死龙处。'"其所引述实际是古代某些动物的化石，中医上用做强壮剂。

【译文】

从涹山再往东七十里的地方，有座山叫脱扈山。山上有茂密的草丛，其中有一种草，形状像葵菜，开着红色的花朵，荚内结果实，果实像棕树荚，名字叫植楮，吃了这种果实，可以治愈忧郁症，还不会做噩梦。

从脱扈山再往东二十里的地方，有座山叫金星山。山中有很多天婴，形状与龙骨相似，可以用来医治痤疮。

又东七十里，曰泰威之山，其中有谷，曰枭谷，其中多铁。

又东十五里，曰橿谷之山，其中多赤铜。

又东百二十里，曰吴林之山 [1]，其中多葌草 [2]。

【注释】

[1]吴林之山，古山名。《五藏山经传》卷五："吴同虞。虞林，今济源县西虎岭也。"[2]葌（jiān）草，即兰草，一种香草。郭璞注："亦'菅'字。"

【译文】

从金星山再往东七十里的地方，有座山叫泰威山。山中有一道峡谷叫枭谷，枭谷中蕴藏有丰富的铁矿。

从泰威山再往东十五里的地方，有座山叫橿谷山，山中有丰富的赤铜矿。

从橿谷山再往东一百二十里的地方，有座山叫吴林山，山中草丛郁郁葱葱，其中多为兰草。

又北三十里，曰牛首之山 [1]。有草焉，名曰鬼草，其叶如葵而赤茎，其秀如禾，服之不忧。劳水出焉，而西流注于潏水 [2]。是多飞鱼，其状如鲋鱼，食之已痔衕 [3]。

又北四十里，曰霍山 [4]，其木多榖。有兽焉，其状如狸，而白尾有鬣，名曰朏朏 [5]，养之可以已忧。

【注释】

[1]牛首之山，古山名。《五藏山经传》卷五："山在浮山县南，王屋之西。牛首犹云龙角也。"[2]潏（jué）水，古水名。今有潏水，源自终南山，北流注入渭水。[3]痔衕（dòng），即痔漏，俗称

176

痔疮。[4] 霍山，古山名。《五藏山经传》卷五："霍，暴雨声也，豆谓之霍，旋磨如暴雨声也。此山及平阳永安之霍山，皆有潭水泛转如旋磨也。"[5] 朏（fěi）朏，古兽名。

【译文】

从吴林山再往东三十里的地方，有座山叫牛首山。山中生长一种草，名字叫鬼草，叶子像葵菜叶，红色的茎干，它开的花像禾稼的花絮，服用这种草能使人乐而忘忧。劳水是从这座山流出，然后向西流入滴水。劳水中有很多飞鱼，形状像鲋鱼，吃了这种鱼肉，可以治愈痔疮和痢疾。

飞 鱼

从牛首山再往北四十里的地方，有座山叫霍山。山上生长的树木主要是构树。山中有一种野兽，形状像野猫，长着白色的尾巴，脖子上有鬃毛，名字叫朏朏，饲养这种动物，可以带来快乐，忘记忧愁。

又北五十二里，曰合谷之山 [1]，是多薝棘 [2]。

又北三十五里，曰阴山 [3]，多砺石、文石。少水出焉，其中多雕棠，其叶如榆叶而方，其实如赤菽 [4]，食之已聋。

【注释】

[1] 合谷之山，古山名。《五藏山经传》卷五："在杀虎口。"[2] 薝（zhān）棘，古代植物名。郭璞曰："未详；音瞻。"[3] 阴山，古山名。《五藏山经传》卷五："今晋祠泉所发，在太原县南。"[4] 赤菽，即红色的小豆。

【译文】

从霍山再往北五十二里的地方，有座山叫合谷山。这座山生长着茂密的蓇棘。

从合谷山再往北三十五里的地方，有座山叫阴山。山中遍布着砺石，还有五彩斑斓的漂亮石头。少水是从这座山流出。山中树木繁茂，尤其是雕棠树最为茂盛，这种树叶与榆树叶相似，但形状是方的，结的果实如同红豆。人们吃了这种果实能够治愈耳聋。

又东北四百里，曰鼓镫之山[1]，多赤铜。有草焉，名曰荣草。其叶如柳，其本如鸡卵，食之已风。

【注释】

[1] 鼓镫之山，古山名。《五藏山经传》卷五："今灵丘县西之团山及鼓子山也。"

【译文】

从阴山再往东北四百里的地方，有座山叫鼓镫山，山上盛产赤铜矿。山上有一种草，名字叫荣草，叶子像柳叶，根茎似鸡卵。吃了它可以治愈风寒。

凡薄山之首，自甘枣之山至于鼓镫之山，凡十五山，六千六百七十里。历儿，冢[1]也，其祠礼：毛，太牢之具[2]；县[3]以吉玉。其余十三山者，毛用一羊，县婴用桑封[4]，瘗而不糈[5]。桑封者，桑主也，方其下而锐其上，而中穿之加金[6]。

【注释】

[1] 冢（zhǒng），坟墓。这里意同"宗"，宗主。即众山的宗主。[2] 具，酒食，这里指祭献的食物。[3] 县（xuán），同"悬"；县以吉玉，即要用美玉环绕陈列祭祀。[4] 县婴用桑封，意即环绕陈列的玉用藻圭。桑封，即桑主之误，藻圭。[5] 瘗（yì）而不糈（xǔ），埋入地下以后就不用精米祀神。

【译文】

纵观中部山系薄山这一山系，从甘枣山到鼓镫山，共十五座山，沿途六千六百七十里。历儿山实际上是诸山的宗主。祭祀历儿山山神的礼仪是：用完整的牛羊猪作祭品，还用晶莹的玉石做成的器皿。祭祀其他十三座山的山神，祭祀时用一只完整的羊作祭品，玉器用藻珪，将它们埋在地下，祭祀时不用精米。藻珪就是藻玉，这种玉器，上面是尖的，下面是方的，中间有个孔，加上金片作装饰。

中次二经

中次二经济山之首，曰辉诸之山[1]。其上多桑，其兽多闾麋，其鸟多鹍[2]。

又西南二百里，曰发视之山[3]。其上多金玉，其下多砥砺。即鱼之水出焉，而西流注于伊水。

【注释】

[1] 辉（huī）诸之山，古山名。辉同辉。《五藏山经传》卷五：

179

"辉诸山在孟津县西，圜阜累累相属，今有员图寺，古谓之钩陈垒。"[2] 鹖（hé），郭璞注："似雉而大，青色有毛，勇健，斗死为止。"这种鸟好勇喜斗。[3] 发视之山，古山名。《五藏山经传》卷五："山在伊阙之南，西临广成泽。"

【译文】

　　《中次二经》所描述的中部山系的第二组山脉是济山山脉。济山山脉的第一座山叫辉诸山。这座山生长着很多桑树，山中的野兽主要是山驴和麋鹿，山上的鸟主要是鹖鸟。

　　从辉诸山再往西南二百里的地方，有座山叫发视山。山上蕴藏丰富的金矿和玉石，山下遍布着各种各样的磨刀石。即鱼水是从这座山流出，然后向西流入伊水。

　　又西三百里，曰豪山[1]，其上多金玉而无草木。

　　又西三百里，曰鲜山[2]，多金玉，无草木。鲜水出焉，而北流注于伊水。其中多鸣蛇，其状如蛇而四翼，其音如磬[3]，见则其邑大旱。

【注释】

　　[1] 豪山，古山名。《五藏山经传》卷五："山在鲜水曲处之北，广成泽之东南。"[2] 鲜山，古山名。《五藏山经传》卷五："山与豪山连麓。《水经注》谓之狼皋山，其水西北流，阳水自西南来入，屈而西南注伊，象鲜尾。"[3] 磬（qìng），古代的打击乐器，形状像曲尺，用玉或石制作而成。

【译文】

　　从发视山再往西三百里的地方，有座山叫豪山。山上到处是黄灿灿的金子、晶莹绚丽的玉石。山上荒芜，没有生长任何花草树木。

从豪山再往西三百里的地方，有座山叫鲜山。山上蕴藏着
丰富的金矿和美玉，没有生长花草树木。鲜水是从这座山流出，
然后向北流入伊水。鲜水中有很多鸣蛇，形状与普通的蛇相似，
但是长有四只翅膀，它发出的声音，如敲击磬的声音一样。鸣
蛇一旦出现，就预示着雨水稀少，天下将会大旱。

又西三百里，曰阳山，多石，无草木。阳水[1]出焉，而
北流注于伊水。其中多化蛇，其状如人面而豺[2]身，鸟翼而
蛇行，其音如叱呼[3]，见则其邑大水。

又西二百里，曰昆吾之山，其上多赤铜。有兽焉，其状如
彘而有角，其音如号，名曰蠪蚳[4]，食之不眯。

【注释】

[1]阳水，《五藏山经传》卷五："阳水东北流，亦象形也。（动
为阳，静为阴。）《水经注》谓之康水。"[2]豺，一种凶猛的野兽，
体形比狼小，毛色一般为棕红，尾巴末端呈黑色，腹部和喉部是
白色。[3]叱（chì）呼，人大声叱责、呼喊的声音。[4]蠪蚳（lóng
zhí），古代传说中的一种野兽。

【译文】

从鲜山再往西三百里的地方，有座山叫阳山。山中遍布着
五颜六色的石头，没有生长花草树木，光秃秃的。阳水是从这
座山流出，然后向北流入伊水。阳水中有很多化蛇，长着一副
人的面孔，豺的体形，鸟的翅膀，像蛇一样爬行，它的发音像
人的呵叱声，它的出现，预示着雨量大增，会造成洪涝灾害。

从阳山再往西二百里的地方，有座山叫昆吾山。山上有丰

富的赤铜矿。山中有一种野兽，形状像一般的猪，但头上有角，发出的声音如同人在号啕大哭，它的名字叫蚳砥，吃了它的肉就不会做噩梦。

又西百二十里，曰蔇山[1]，蔇水出焉，而北流注于伊水，其上多金玉，其下多青雄黄。有木焉，其状如棠而赤叶，名曰芒草[2]，可以毒鱼。

又西一百五十里，曰独苏之山[3]，无草木而多水。

【注释】

[1] 蔇（jiān）山，古山名。蔇，山名，水名，草名。[2] 芒（wàng）草，郭璞注："芒音'忘'。"这种草，秆直立、粗壮，形状像石楠而叶稀，有毒。[3] 独苏之山，吕调阳校作"独稣之山"，《五藏山经传》卷五："鱼得水苏曰稣，从禾，尾动如木折末也。伊水之义为死，唯近源处之鸾、交二水东北注伊，似鲜尾，故曰独苏。"

【译文】

从昆吾山再往西一百二十里的地方，有座山叫蔇山，蔇水是从这座山流出，然后向北流入伊水。山上蕴藏着丰富的金矿和玉石，山下有很多石青和雄黄。山上有一种树，形状像棠树，长着红色的叶子，名字叫芒草，鱼吃了这种草会被毒死。

从蔇山再往西一百五十里的地方，有座山叫独苏山，山上没有花草树木，但是溪流纵横，水源丰富。

又西二百里，曰蔓渠之山[1]，其上多金玉，其下多竹箭[2]。

伊水出焉，而东流注于洛。有兽焉，其名曰马腹，其状如人面虎身，其音如婴儿，是食人。

【注释】

[1] 蔓渠之山，古山名。《五藏山经传》卷五："伊水源西隔山曰葛蔓谷。其水北流入洛屈曲如蔓，谷中潜通伊源如柜泄流，故曰蔓渠。"[2] 竹箭，竹的一种，可以制作箭杆，因此称竹箭。

【译文】

从独苏山再往西二百里的地方，有座山叫蔓渠山。山上蕴藏着丰富的金属矿物和玉石，山下到处是小竹丛。伊水是从这座山流出，然后向东流入洛水。山中有一种野兽，名字叫马腹，长着一副人的面孔，虎的身形，形貌奇异，它发出的声音像婴儿啼哭，这种野兽异常凶猛，会吃人。

凡济山经之首，自煇诸之山至于蔓渠之山，凡九山，一千六百七十里，其神皆人面而鸟身。祠用毛，用一吉玉，投而不糈 [1]。

【注释】

[1] 投而不糈（xǔ），投放山间，不用精米。

【译文】

纵观《中次二经》济山这一山系，从煇诸山到蔓渠山，共九座山，沿途一千六百七十里。这些山的山神都是人的面孔，鸟的身形。祭祀这些山神的礼仪是，用有毛的牲畜和一块吉玉作祭品，并将这些祭品投放在山上。祭祀时不用精米。

中次三经

中次三经荫山[1]之首，曰敖岸之山。其阳多㻬琈[2]之玉，其阴多赭、黄金。神熏池居之。是常出美玉。北望河林，其状如蒨[3]如举。有兽焉，其状如白鹿而四角，名曰夫诸，见则其邑大水。

【注释】

[1]荫（bèi）山，古山名，《五藏山经传》卷五："巩在洛东，东抵京索皆古东阳荫山地。"郭璞注："音'倍'。"[2]㻬琈（yú fú），古代传说中的一种玉。[3] 如蒨（qiàn）如举，同"茜"，即茜草，也称血茜草，血见愁。多年生攀援草本。根黄红色，可用来制作大红染料；中医亦以之入药，有凉血止血功效。举，即榉树，落叶乔木，木材坚实且耐水湿，用途很广。

夫 诸

【译文】

《中次三经》所描述的中部山系的第三组山脉是荫山山脉，荫山山脉的第一座山叫敖岸山。山的南面有很多㻬琈玉，山的北面有很多赭石和金矿。熏池神就居住在这座山上。这座山常常出现美妙绝伦的玉石。从敖岸山顶向北可以看见奔腾的黄河和葱郁的树林，观其形状，像茜草、像榉柳。山中有一种野兽，形状像白鹿，头上长着四只角，名字叫夫诸，这种野兽一旦出现，城邑就会遭遇洪涝灾害。

又东十里，曰青要之山，实惟帝之密都[1]，北望河曲[2]，是多驾鸟[3]。南望墠渚[4]，禹父之所化，是多仆累、薄卢[5]。魃武罗司之，其状人面而豹文，小要而白齿，而穿耳以镰，其鸣如鸣玉。是山也，宜女子。畛水[6]出焉，而北流注于河。其中有鸟焉，名曰鴢[7]，其状如凫，青身而朱目赤尾，食之宜子。有草焉，其状如葌，而方茎、黄华、赤实，其本如藁本[8]，名曰荀草，服之美人色。

【注释】

[1]密都，上帝隐密深邃的都邑。[2]河曲，《五藏山经传》卷五："河水东北屈处。"[3]驾（jiā）鸟，野鹅。[4]墠（shàn）渚，郭璞曰："水中小洲名渚。"[5]仆累、薄卢，蜗牛、螺蛳。[6]畛（zhěn）水，《五藏山经传》卷五："水旁有数十石畦，畦有数野蔬。故轸水所由纳称矣。"[7]鴢（yǎo），古鸟名。[8]藁（gǎo）本，香草、药草名，与白芷等同类。根茎含挥发油，中医学上以之入药，有祛风、散寒、止痛等功效。郭璞注："根似藁本，亦香草。"

【译文】

从敖岸山再往东十里的地方，有座山叫青要山。这里实际是黄帝所秘密居住的地方。从青要山山顶向北可以看见一连串曲折迂回的河段，这里有很多驾鸟。向南远眺，可以看见墠渚。墠渚是禹的父亲鲧死后神化为黄熊的地方，这个国家有很多仆累和蒲卢。青要山由山神武罗主管。武罗神长着一副人的面孔，但全身长有如豹斑似的花纹，腰很小，齿很白，戴着金耳环，不时发出如玉器相击时的声音。这座山，适合女子居住。畛水是从这座山流出，然后向北流入黄河。山中有一种鸟，名叫鴢，形状像鸭子，青色的身子，浅红色的眼睛，深红色的尾巴，吃了这种鸟肉，能使人生育旺盛，容易受孕生子。山上还有一种草，形状似兰草，方形的草茎，开黄色的花，结红色的果实，根部像藳根，名字叫葛草，服用这种草，能使人皮肤更好，使人变得更漂亮。

鹍

又东十里，曰騩山[1]。其上有美枣，其阴有琈珤之玉。正回之水出焉，而北流注于河。其中多飞鱼，其状如豚而赤文，服之不畏雷，可以御兵。

【注释】

[1] 騩（wēi）山，郭璞注："音'巍'。"《五藏山经传》卷五："騩山即嵩渚之山，南连承云山，水象马人立也。"

【译文】

从青要山再往东十里的地方，有座山叫騩山。山上生长着茂密的枣林，结大量的美枣。山的北面有很多琈珤玉。正回水是从这座山流出，然后向北流入黄河。正回水中有很多飞鱼，它的形体与猪相似，但是身上有红色的花纹，吃了这种鱼，就不会害怕雷鸣，还可以避免兵乱之灾。

又东四十里，曰宜苏之山，其上多金玉，其下多蔓居之木。潇潇之水[1]出焉，而北流注于河，是多黄贝。

【注释】

[1] 滽（yōng）滽之水，古水名。

【译文】

从骄山再往东四十里的地方，有座山叫宜苏山。山上蕴藏着丰富的金属矿物和美玉，山下有繁茂的蔓荆。滽滽水是从这座山流出，然后向北流入黄河，滽滽水中有很多黄色的贝壳。

又东二十里，曰和山，其上无草木而多瑶碧，实惟河之九都[1]。是山也五曲[2]，九水出焉，合而北流注于河，其中多苍玉。吉神泰逢司之，其状如人而虎尾，是好居于萯山之阳，出入有光。泰逢神动天地气[3]也。

【注释】

[1]河之九都，黄河的九条水所潜聚之处。郭璞曰："九水所潜，故曰九都。"[2]五曲，曲折回环共有五重。郭璞曰"曲回五重"。[3]动天地气，是说泰逢神法力大，能兴云作雨。

【译文】

从宜苏山再往东二十里的地方，有座山叫和山。这座山上没有花草树木，但到处都是瑶玉和碧玉。这里实际上是黄河的九都。这座山蜿蜒曲折，九条水流都是从这座山流出，汇合成一条巨流，向北注入黄河，山中有很多苍玉。吉神泰逢主管这座山，泰逢神形貌像人，却长着一条虎尾，喜欢居住在萯山向阳的南面，进进出出都会有光芒闪过。泰逢神能够动天地之气，能兴风作雨。

凡萯山之首，自敖岸之山至于和山，凡五山，四百四十里。

其祠泰逢、熏池、武罗，皆一牡羊副^[1]，婴^[2]用吉玉。其二神用一雄鸡瘗之，糈用稌。

【注释】

[1] 副（pì），割裂、剖开。[2] 婴，缠绕，引申为加。

【译文】

纵观《中次三经》萯山这一山系，从敖岸山到和山，共五座山，沿途四百四十里。祭祀泰逢、熏池、武罗三位山神都是用一只剖开的公羊和吉玉作供品，祭祀另外两座山神时，都是用一只公鸡作供品并埋在地下。祭祀的精米用稻米。

中次四经

中次四经厘山之首，曰鹿蹄之山。其上多玉。其下多金。甘水出焉，而北流注于洛，其中多泠石^[1]。

【注释】

[1] 泠（gàn）石，郭璞曰："泠石，末闻也。泠或作洽。"泠石，一种柔软如泥的石头。

【译文】

《中次四经》所描述的中部山系的第四组山脉是厘山山脉，厘山山脉的第一座山叫鹿蹄山。山上有很多玉石，山下有很多金矿。甘水是从这座山流出，然后向北流入洛水，甘水中有很多泠石。

山海经

西五十里，曰扶猪之山，其上多礝石[1]。有兽焉，其状如貘[2]而人目，其名曰麐[3]。虢水[4]出焉，而北流注于洛，其中多瓀石[5]。

【注释】

[1] 礝（ruǎn）石，一种稍次于玉的石头。[2] 貘（hé），哺乳动物，也叫狸。[3] 麐（yín），古代传说中的一种野兽。[4] 虢水，古水名。《五藏山经传》卷五："有七谷水南流，合而东逝，经县南与西北来之涓水会，又东会北来之慎望陂水东注于伊，其形似虢。"[5] 瓀（ruǎn）石，就是上文说的礝石。

【译文】

从鹿蹄山往西五十里的地方，有座山叫扶猪山，山上遍布着礝石。山中有一种野兽，形状像貘又长着人的眼睛。虢水是从这座山流出，然后向东流入洛水，虢水也有很多礝石。

又西一百二十里，曰厘山[1]，其阳多玉，其阴多蒐[2]。有兽焉，其状如牛，苍身，其音如婴儿，是食人，其名曰犀渠。滽滽之水出焉，而南流注于伊水。有兽焉，名曰獭[3]，其状如獳[4]犬而有鳞，其毛如彘鬣[5]。

【注释】

[1] 厘山，古山名。《五藏山经传》卷五："绩缕谓之厘。山在夫诸之南，温泉水南流象之，即滽滽之水也。"[2] 蒐（sōu），郭璞曰："音搜；茅蒐，今之蒨草也。"[3] 獭（xié），郭璞曰："音苍颉之颉。"[4] 獳（nòu），一作獭。[5] 彘（zhì）鬣（liè），猪鬣毛。

【译文】

　　从扶猪山再往西一百二十里的地方，有座山叫厘山。山的南面盛产璀璨的美玉，山的北面生长着茂密的蒐草。山中有一种野兽，苍色的身体，形状像牛，它的发音像婴儿啼哭，这种野兽异常凶猛，会吃人，它的名字叫犀渠。滽滽水是从这座山流出，然后向南流入伊水。山中还有一种野兽，名字叫獭，形状像獳犬，但全身长着鳞，长在鳞甲间的毛像猪鬃一样。

獭

　　又西二百里，曰箕尾之山[1]，多榖[2]，多涂石，其上多㻬琈之玉。

　　又西二百五十里，曰柄山，其上多玉，其下多铜。滔雕之水出焉，而北流注于洛。其中多羬羊。有木焉。其状如樗[3]，其叶如桐而荚实，其名曰茇[4]，可以毒鱼。

【注释】

　　[1] 箕尾之山，《五藏山经传》卷五："夫诸、厘山之东当伊水东北流环曲西北之处总曰箕山，而大章谷迫苦谷为箕山西南过峡，故曰箕尾。"[2] 榖（gòu），构树。[3] 樗（chū），臭椿。[4] 茇（bá），草根。

【译文】

　　从厘山再往西二百里的地方，有座山叫箕尾山。山上有许多构树，遍布着涂石，山上还蕴藏丰富的叫璕琈的精美玉石。

从箕尾山再往西二百五十里的地方，有座山叫柄山。山上蕴藏着精美的玉石，山下盛产铜矿。滔雕水是从这座山流出，然后向东流入洛水。山中有很多羬羊。山中树木丛生，郁郁葱葱，其中有一种树木，形状像樗树，叶子像桐树叶，果实长在长荚内，它的名字叫茇。这种树的叶子和果实都有毒，能毒死鱼类。

又西二百里，曰白边之山[1]。其上多金玉，其下多青雄黄。

又西二百里，曰熊耳之山。其上多漆，其下多棕。浮濠之水出焉，而西流注于洛，其中多水玉，多人鱼。有草焉，其状如苏而赤华，名曰葶苧[2]，可以毒鱼。

【注释】

[1] 白边之山，《五藏山经传》卷五："盖葛蔓谷水屈如人负卧也。"[2] 葶苧（tíng nìng），古草名。

【译文】

从柄山再往西二百里的地方，有座山叫白边山。山上有丰富的金属矿物和玉石，山下盛产石青和雄黄。

从白边山再往西二百里的地方，有座山叫熊耳山。山上有茂密的漆树，山下有繁茂的棕树。浮濠水是从这座山流出，然后向西流入洛水，浮濠水中有很多水晶石，还有很多人鱼。山上有一种草，形状像苏草，开红色的花，名字叫葶苧，这种草有毒，能毒死鱼类。

又西三百里，曰牡山[1]，其上多文石，其下多竹箭、竹籈^[2]。其兽多牸牛、羬羊、鸟多赤鳖^[3]。

【注释】

[1] 牡山，《五藏山经传》卷五："山即谨举东北支峰。"[2] 竹籈（mèi），竹子的一种。[3] 赤鳖（bì），山鸡的一种，有美丽多采的羽毛。

【译文】

从熊耳山再往西三百里的地方，有座山叫牡山。山上遍布着色彩斑斓的石头，山下有很多竹箭和竹籈。山中生长着很多野兽，其中牸牛、羬羊居多，还有很多飞鸟，以赤鳖居多。

又西三百五十里，曰谨举之山^[1]。雒水出焉，而东北流注于玄扈之水，其中多马肠之物。此二山者，洛间也。

【注释】

[1] 谨举之山，《五藏山经传》卷五："洛水上游自灵峪口以西曰玄扈水，东南流会八水入洛，象脱扈被绁之形。洛有二源，一出三要司西曰故县川，东北流会玄扈水，又东北折而东南与南源合。南源出南河司之西，当三要之南，曰桂仙岭，即谨举山。"

【译文】

从牡山再往西三百五十里的地方，有座山叫谨举山。洛水是从这座山流出，然后向东北流入玄扈水，水中生长着许多马肠之类的动物。洛水在谨举山与玄扈山之间流过。

凡厘山之首，自鹿蹄之山至于玄扈之山，凡九山，千六百七十里。其神状皆人面兽身。其祠之，毛用一白鸡，祈而不糈，以采衣之[1]。

【注释】

[1] 以采衣之，即鸡要用采帛包裹起来。

【译文】

纵观《中次四经》厘山这一山系，从鹿蹄山到玄扈山，共九座山，沿途一千六百七十里。这些山神都是人面兽身。祭祀这些山神的礼仪是，毛物用一只白鸡，用彩色帛把鸡包裹起来，只祈祷而不用精米。

中次五经

中次五经薄山之首，曰苟床之山[1]，无草木，多怪石。

东三百里，曰首山。其阴多榖柞，其草多荼芫[2]，其阳多㻬琈[3]之玉，木多槐。其阴有谷，曰机谷，多默鸟[4]，其状如枭而三目，有耳，其音如录，食之已垫[5]。

【注释】

[1] 苟床之山，古山名。《五藏山经传》卷五："牡羊谓之苟。苟床象形。山在今洛南县西。名二义山，玄扈南源所发，其阳即丹河源也。"[2] 荼(zhú)，即山蓟，是一种药材，分为苍术和白术。芫，芫华，也可以入药。[3] 㻬琈(yú fú)，古代传说中的一种玉。

[4]軟（dài）鸟，古鸟名。[5]已垫，治疗湿气病。垫，下湿病。

【译文】

　　《中次五经》所描述的中部山系的第五组山脉是薄山山脉，薄山山脉的第一座山叫苟床山。山上光秃荒芜，没有任何花草树木，满山遍野都是怪石。

　　从苟床山往东三百里的地方，有座山叫首山。首山北面生长着许多构树和柞树。这里的草以𦬒、芫最为茂盛；山的南面盛产精美璎珸玉，树木以槐树最多。山的北面有座峡谷，叫机谷，在机谷中有很多飞鸟，其中以軟鸟最多，这种鸟形体像猫头鹰，长着三只眼睛，有耳朵，它的声音像鹿叫，吃了这种鸟肉可以医治好风湿病。

　　又东三百里，曰县斸之山 [1]，无草木，多文石。

　　又东三百里，曰葱聋之山，无草木，多㕔 [2] 石。

　　东北五百里，曰条谷之山，其木多槐桐，其草多芍药 [3]、虋冬 [4]。

【注释】

　　[1] 县斸（zhú）之山，古山名。《五藏山经传》卷五：“山在灵宝县西弘农河口。”[2] 㕔（bàng）石，仅次于玉的石头。[3] 芍药，多年生草本植物。初夏开花，艳丽似牡丹，可供观赏，根茎可作药。[4] 虋（mén）冬，药草名。即麦冬，也称沿阶草、麦门冬。百合科，多年生常绿草本植物，块根可作药用。

【译文】

　　从首山再往东三百里的地方，有座山叫县斸山，山上光秃荒芜，没有花草树木，到处是绚丽多彩的石头。

从县𪩘山再往东三百里的地方，有座山叫葱聋山，山上没有花草树木，有很多精美的石头。

从葱聋山往东北五百里的地方，有座山叫条谷山。山上生长着茂密的槐树和桐树，山上的草丛郁郁葱葱，以芍药和薹冬草居多。

又北十里，曰超山，其阴多苍玉，其阳有井，冬有水而夏竭。

又东五百里，曰成侯之山，其上多櫄木[1]，其草多芄[2]。

【注释】

[1] 櫄（chūn）木，即椿树，树干可用来作四辕等。[2] 芄（jiāo），芁之讹，即秦艽。草本植物，花紫色，根可入药，有祛风湿、退虚热等功效。

【译文】

从条谷山再往北十里的地方，有座山叫超山。超山北面遍地是苍玉，山的南面有一眼水泉。冬季有水夏季干涸。

从超山再往东五百里的地方，有座山叫成侯山，山上树木葱茏，以櫄树最多，山上草类丛生，秦艽最为茂盛。

又东五百里，曰朝歌之山[1]，谷多美垩。

又东五百里，曰槐山[2]，谷多金锡。

【注释】

[1] 朝歌之山，古山名。《五藏山经传》卷五："山在辉县西北苏门山之南。百门、卓陂二泉合西南流，受诸泉注丹水，象

人癙而歌也。"[2] 槐山，古山名。《五藏山经传》卷五："莱芜南谷也。莱芜县在谷中。"

【译文】

从成侯山再往东五百里的地方，有座山叫朝歌山，山中峡谷纵横，谷中有很多优质垩土。

从朝歌山再往东五百里的地方，有座山叫槐山，山中峡谷纵横，谷中蕴藏着丰富的金属矿物和锡。

又东十里，曰历山。其木多槐，其阳多玉。

又东十里，曰尸山 [1]，多苍玉，其兽多麖 [2]。尸水出焉，南流注于洛水，其中多美玉。

【注释】

[1] 尸山，《五藏山经传》卷五："山在苟床之北，有小池，为玄扈正源所发。尸，象形也。"[2] 麖（jīng），古代传说中的一种动物，像鹿，但是比鹿大。

【译文】

从槐山再往东十里的地方，有座山叫历山。这里的树木大多是槐树，山的南面盛产精美玉石。

从历山再往东十里的地方，有座山叫尸山。山上遍布着晶莹的苍玉，山中有很多野兽，尤其以大鹿为最多。尸水是从这座山流出，向南流入洛水，水中有很多美玉。

又东十里，曰良余之山 [1]，其上多榖柞，无石。余水出于其阴，而北流注于河；乳水 [2] 出于其阳，而东南流注于洛。

【注释】

[1] 良余之山，古山名。《五藏山经传》卷五："山在太华东南，曰黄龙山。东与松果相接，山势东北走至潼关，属于河。"

[2] 乳水，当作"余水"，《五藏山经传》卷五："余水，今板庙河，东南入玄扈水。"

【译文】

从尸山再往东十里的地方，有座山叫良余山。山上林木苍翠，构树和柞树生长得尤其茂密，山上没有杂乱的石头。余水是从这座山的北面流出，然后向北流入黄河，乳水是从这座山的南面流出，然后向东南方向流入洛水。

又东南十里，曰蛊尾之山[1]，多砺石、赤铜。龙余之水出焉，而东南流注于洛。

【注释】

[1] 蛊尾之山，《五藏山经传》卷五："谷之飞曰蛊，即螽斯淫惑之虫也。其尾向上，苇坪河南入玄扈水似之。"

【译文】

从良余山再往东南十里的地方，有座山叫蛊尾山。山上有许多磨刀石和赤铜矿。龙余水是从这座山流出，然后向东南流入洛水。

又东北二十里，曰升山[1]。其木多榖、柞、棘，其草多诸葛[2]、蕙，多寇脱[3]。黄酸之水出焉，而北流注于河，其中多璇玉[4]。

又东十二里，阳虚之山[5]。多金，临于玄扈之水。

【注释】

[1] 升山，古山名。《五藏山经传》卷五："勺谓之升，所以升酒于爵也。升山即钱来山，弘农河象酒勺也。"[2]诸药，山药。[3]寇脱，古草名，又称活脱。据说，这种草生长在南方，有一丈多高，叶子似荷叶，草茎中有瓤，纯白色。[4]璇（xuán）玉，美玉。[5]阳虚之山，古山名。《五藏山经传》卷五："阳虚即阳华，其主峰卢灵关之大圣山也。"

【译文】

从蛊尾山再往东北二十里的地方，有座山叫升山。这座山上生长的树木主要是构树、柞树和荆棘，山中的草主要是山药和蕙草，寇脱草也很茂密。黄酸水是从这座山流出，然后向北流入黄河，黄酸水中有很多精美的璇玉。

从升山再往东十二里的地方，有座山叫阳虚山。山上蕴藏有丰富的金矿，阳虚山濒临玄扈水。

凡薄山之首，自苟林之山至于阳虚之山，凡十六山，二千九百八十二里。升山，冢也，其祠礼：太牢，婴用吉玉。首山，魋[1]也，其祠用稌、黑牺、太牢之具、糱酿[2]；干儛[3]、置鼓[4]；婴用一璧。尸水，合天也，肥牲祠之，用一黑犬于上，用一雌鸡于下， 刉[5]一牝[6]羊，献血。婴用吉玉，采之，飨之[7]。

【注释】

[1]魋（shén），同神，山神。[2]糱（niè）酿，用酒曲酿

造的醴酒。这里泛指美酒。[3] 干儛（wǔ），干即盾牌；儛，同舞。干舞即以盾牌作道具起舞，表示庄严隆重。这是古代祭祀时跳的一种舞蹈。[4] 置鼓，击鼓来应和节奏。[5] 刉（jī），划破，割。[6] 牝（pìn），鸟兽的雌性。[7] 飨（xiǎng），请神来享用。

【译文】

纵观《中次五经》薄山这一山系，从苟林山到阳虚山，共十六座山，沿途二千九百八十二里。升山是这些山的宗主，祭祀升山山神的礼仪是，用完整的猪、牛、羊等毛物和精美的玉器作供品。首山是山神的居住地，祭祀首山山神的礼仪是用精米和黑色的猪、牛、羊及精酿的美酒作供品，祭祀的人们还要击鼓跳舞，并配之以美玉。尸水，是天神们相逢的地方，在祭祀山神时，用肥牲畜一头，把一只黑狗放在上边，一只母鸡放在下边，杀牛、羊，取牛、羊之血，进行血祭。祭祀的器皿是用精美的玉石制作而成，并用彩色加以绘饰，人们祈祷，请神灵来享用。

中次六经

中次六经缟羝山 [1] 之首，曰平逢之山 [2]，南望伊、洛，东望谷城之山，无草木，无水，多沙石。有神焉，其状如人而二首，名曰骄虫，是为螫虫 [3]，实惟蜂蜜之庐。其祠之：用一雄鸡，禳 [4] 而勿杀。

【注释】

[1] 缟羝（dī）山，古山之名。[2] 平逢之山，吕调阳校作"乎

逢之山"，《五藏山经传》卷五："乎，呼也；逢，行与蜂遇也。山在今洛阳城北瀍水西岸古谷水会瀍水处，谷城在水北，其西北山即瀍水所发也。"[3] 螫（shì）虫，尾部有毒针可刺人的虫类的总称。[4] 禳（ráng），除邪消灾的祭祀。

【译文】

《中次六经》所描述的中部山系的第六组山脉是缟羝山山脉，缟羝山山脉的第一座山叫平逢山。在平逢山的顶巅，向南可以看见伊水和洛水，向东可以看见谷城山，平逢山上没有花草树木，也没有水流，到处都是杂乱的石头。山中有一尊山神，身形像人，却有两个脑袋，名叫骄虫，它实际上是螫虫的首领，这里也是群蜂栖息的地方。祭祀山神的礼仪是，用一只公鸡作祭品，不要杀死，祈祷之后把它放掉。

西十里，曰缟羝之山，无草木，多金玉。

又西十里，曰廆山[1]，其阴多㻬琈之玉。其西有谷焉，名曰雚谷，其木多柳楮。其中有鸟焉，状如山鸡而长尾，赤如丹火而青喙，名曰鸰鹦[2]，其鸣自呼，服之不眯。交觞之水出于其阳，而南流注于洛；俞随之水出于其阴，而北流注于谷水。

【注释】

[1] 廆（guī）山，古山名。[2] 鸰鹦（líng yào），古鸟名。

【译文】

从平逢山往西十里的地方，有座山叫缟羝山，山上光秃荒芜，没有花草树木，遍布着金灿灿的金属矿物和晶莹剔透的美玉。

从缟羝山再往西十里的地方，有座山叫廆山。这座山的北面盛产瑿琈玉。山的西面有个山谷，名叫蓲谷。山谷中林木苍翠，柳树和楮树尤其茂盛。山中有一种鸟，形状像野鸡，拖着长长的尾巴，红色的羽毛，通红如火，唯独嘴巴是青色的，这种鸟名叫鸰鹕，它的叫声就像是在呼喊自己的名字。吃了它的肉，就不会做噩梦。交觞水是从这座山的南面流出，然后向南流入洛水，俞随水是从这座山的北面流出，然后向北流入谷水。

鸰鹕

又西三十里，曰瞻诸之山，其阳多金，其阴多文石。渫水[1]出焉，而东南流注于洛；少水出其阴，而东流注于谷水。

【注释】

[1] 渫（xiè）水，古水名。

【译文】

从麂山再往西三十里的地方，有座山叫瞻诸山。山的南面盛产金属矿物，山的北面蕴藏很多带有花纹的石头。渫水是从这座山流出，然后向东南流入洛水；少水是从这座山的北面流出，然后向东流入谷水。

又西三十里，曰娄涿之山，无草木，多金玉。瞻水出于其阳，而东流注于洛；陂水出于其阴，而北流注于谷水，其中多茈石、文石。

【译文】

从瞻诸山再往西三十里的地方，有座山叫娄涿山。山上没有任何花草树木，金属矿物、美玉漫山遍野。瞻水是从这座山的南面流出，然后向东流入洛水。陂水是从山的北面流出，然后向北流入谷水。陂水中有许多紫色的石头和带有花纹的石头。

又西四十里，曰白石之山 [1]。惠水 [2] 出于其阳，而南流注于洛，其中多水玉。涧水 [3] 出于其阴，西北流注于谷水，其中多麋石 [4]、栌丹 [5]。

【注释】

[1] 白石之山，古山名。《五藏山经传》卷五："山在今宜阳县西少西南，为昌涧水所出。"[2] 惠水，《五藏山经传》卷五："有陂水东南流迳故宜阳郡南而南入于洛，象鞻，故名惠。"[3] 涧水，《五藏山经传》卷五："北为孝水所出，即涧水，东北流注于谷水，南隔山即入洛诸水。其北隔山即纻麻涧，水在两山之间，故专称涧也。"[4] 麋石，麋，通"眉"。麋石即眉石，一种可用来制作描饰眉毛等涂饰品的黑色矿石。[5] 栌（lú）丹，通"卢"。卢是黑色的意思。卢丹即黑丹沙，一种黑色矿物。郝懿行曰："麋石或是画眉石，眉、麋古字通也。栌丹疑即黑丹，栌、卢通也。"画眉石即石墨。黑丹，即黑色的丹砂，被古人认为是祥瑞。

【译文】

从娄涿山再往西四十里的地方，有座山叫白石山。惠水是从这座山的南面流出，然后向南流入洛水，惠水中盛产水晶玉。涧水是从这座山的北面流出，向西北流入谷水，涧水中有许多麇石和炉丹。

又西五十里，曰縠山[1]，其上多縠，其下多桑。爽水[2]出焉，而西北流注于谷水，其中多碧绿[3]。

【注释】

[1]縠山，古山名。《五藏山经传》卷五："山在新安县南。"[2]爽水，《五藏山经传》卷五："其水郦氏谓之宋水，北流入谷。其西则石墨溪，东则纴麻涧，并东北流入谷。三水像牖櫺密之形，故曰爽，言视不明也。"[3]碧绿，当指现在所说的孔雀石。这种石头色彩艳丽，可用来制作绿色涂料和工艺品等。

【译文】

从白石山再往西五十里的地方，有座山叫縠山。山上构树茂密，山下桑树苍翠。爽水是从这座山流出，然后向西北流入谷水，爽水中碧玉遍布，绿藻丛生。

又西七十二里，曰密山，其阳多玉，其阴多铁。豪水[1]出焉，而南流注于洛，其中多旋龟，其状鸟首而鳖尾，其音如判木。无草木。

【注释】

[1]豪水，《五藏山经传》卷五："豪水即《水经注》之五延水，误指为厌染之水者也。导源故宜阳县北山大陂，北流屈东南注于

浴，象豪彘自俯屈处。上狭下广，又象堂也。"

【译文】

　　从榖山再往西七十二里的地方，有座山叫密山。山的南面蕴藏着丰富的玉石，山的北面有丰富的铁矿。豪水是从这座山流出，然后向南流入洛水；水中有很多旋龟，长着鸟一样的头，鳖一样的尾巴。它的声音像是劈木材的声响。密山上没有花草树木。

旋　龟

　　又西百里，曰长石之山[1]，无草木，多金玉。其西有谷焉，名曰共谷，多竹。共水出焉，西南流注于洛，其中多鸣石[2]。

【注释】

　　[1] 长石之山，古山名。《五藏山经传》卷五："鹈鹕两峰高崖云举，亢石无阶，故曰长石，黄亭溪水出其西，东南流至永宁县西入洛水。或曰长石，立制石也，山产此石，故名。"[2]鸣石，据古书载，鸣石像玉石，青色，撞击时发出的声音能传扬很远。此说可参见《晋书·五行志》。

【译文】

　　从密山再往西一百里的地方，有座山叫长石山。山上光秃秃的，没有生长花草树木，有丰富的金矿和玉石。山的西面有个山谷，名叫共谷，谷中竹丛茂密。共水是从这座山流出，向西南流入洛水，共水中有很多鸣石。

又西一百四十里，曰傅山[1]，无草木，多瑶碧。厌染之水[2]出于其阳，而南流注于洛，其中多人鱼。其西有林焉，名曰墦冢[3]。谷水出焉，而东流注于洛，其中多珚玉[4]。

【注释】

[1] 傅山，古山名。《五藏山经传》卷五："高门水所发也。故教小学曰保，大学曰师，授书曰傅。从人从専，执书以教人也，高门水合洛水枝津象之。"[2]厌染之水，《五藏山经传》卷五："染，柔木之杪也。厌，挹也，亦象开。"[3]墦（fán）冢：古地名。[4]珚（yān）玉：玉的一种。

【译文】

从长石山再往西一百四十里的地方，有座山叫傅山。这座山光秃秃的，没有花草，也没有树木。厌染水是从这座山的南面流出，然后向南流入洛水。水中生长着许多人鱼。在傅山西面有片茂密的森林，名叫墦冢。谷水也是从这座山流出，然后向东流入洛水。水中有许多美玉。

又西五十里，曰橐山[1]。其木多樗[2]，多楢木[3]。其阳多金玉，其阴多铁，多萧[4]。橐水出焉，而北流注于河。其中多脩辟之鱼，状如黾而白喙，其音如鸱，食之已白癣。

【注释】

[1] 橐山，《五藏山经传》卷五："今青龙河所出之明山也。其水西北流入河，西六十里曰乾山，乾头河东北入河，两水象橐无底之形。河北即平陆县，有两小水合南流入河，象约橐口之形。"[2]樗（chū），臭椿树。[3]楢（bèi）木，古树名。据郭璞注：

"今蜀中有楢木，七八月中吐穗，穗成，如有盐粉著状，可以酢羹，音'备'。"[4]萧，属蒿草的一种。

【译文】

　　从傅山再往西五十里的地方，有座山叫橐山。山上树木繁茂，主要是樗树和楢木。山的南面有很多金矿和玉石，山的北面有丰富的铁矿，还有茂密的萧草。橐水是从这座山流出，然后向北流入黄河。橐水中有很多脩辟鱼，形状像蛙，有白色的嘴巴，它发出的声音像鸱鹰的叫声。人们要是吃了这种鱼肉，就能治愈白癣病。

　　又西九十里，曰常烝之山[1]，无草木，多垩。潐水[2]出焉，而东北流注于河，其中多苍玉。菑水[3]出焉，而北流注于河。

【注释】

　　[1]常烝（zhēng）之山，古山名。[2]潐（qiáo）水，《五藏山经传》卷五："潐水即乾头河。"[3]菑（zī）水，《五藏山经传》卷五："菑水，今名断密河，西北注弘农涧入河，象菑田也。"

【译文】

　　从橐山再往西九十里的地方，有座山叫常烝山。山上荒芜，没有花草，也没有树木，漫山遍野都是白色的土。潐水是从这座山流出，然后向东北流入黄河，潐水中有很多漂亮的苍玉。菑水也是从这座山流出，然后向北流入黄河。

　　又西九十里，曰夸父之山[1]，其木多棕楠，多竹箭。其兽多㸲牛、羬羊，其鸟多鷩。其阳多玉，其阴多铁。其北有林焉，名曰桃林，是广员三百里，其中多马。湖水^[2]出焉，而北流注于河，其中多珚玉。

【注释】

[1] 夸父之山，郝懿行曰：“山一名秦山，与太华相连，在今河南灵宝县东南。”《五藏山经传》卷五：“山在弘农河北，水象行劳者息而据地之状，故名夸父。”[2] 湖水，《五藏山经传》卷五：“湖水，古名瑕水，今稠桑河也，出山之北，东北流注于河。”

【译文】

从常烝山再往西九十里的地方，有座山叫夸父山。夸父山上生长着茂密的棕树和楠树，还有葱茏的小竹丛。山中的野兽主要是柞牛和羬羊，鸟类主要是鷩鸟。山的南面蕴藏着丰富的玉石，山的北面有丰富的铁矿。山的北面还有一片树林，名叫桃林，方圆三百里，林中有很多马。湖水是从这座山流出，然后向北流入黄河，水中有很多精美的玉石。

又西九十里，曰阳华之山^[1]。其阳多金玉，其阴多青雄黄。其草多𦬸苄，多苦辛，其状如楱^[2]，其实如瓜，其味酸甘，食之已疟。杨水出焉，而西南流注于洛。其中多人鱼。门水出焉，而东北流注于河，其中多玄䃤^[3]。𬘫姑之水^[4]出于其阴，而东流注于门水，其上多铜。门水出于河，七百九十里入雒水。

【注释】

[1] 阳华之山，古山名。《五藏山经传》卷五：“阳华即钱来山，在太华东。”[2] 楱（xiāo），植物名，郭璞认为楱即楸。楸，一种落叶乔木。[3] 玄䃤，一种黑色磨刀石。[4] 𬘫（zuó）姑之水，

古水名，《五藏山经传》卷五："缙，古'组'字，杂带也。番豆河东与阌乡水俱北流注河而会门水，象为组之形，故曰缙姑。阌乡水出首山，故言多铜也。"

【译文】

从夸父山再往西九十里的地方，有座山叫阳华山。山的南面盛产金属矿物和玉石，山的北面有许多青石和雄黄。山中杂草丛生，山药草和苦辛草尤其茂密。苦辛草形状像楸木，结的果实像瓜，又酸又甜，吃了它的果实可以治愈疟疾。杨水是从这座山流出，然后向东南流入洛水。杨水中有很多人鱼。门水也是从这座山流出，然后向东北流入黄河，水中有很多黑色的磨刀石。缙姑水是从这座山的北面流出，然后向东流入门水，缙姑两岸蕴藏着丰富的铜矿。门水流到黄河，奔流七百九十里注入雒水。

凡缟羝山之首，自平逢之山至于阳华之山，凡十四山，七百九十里。岳在其中，以六月祭之，如诸岳之祠法，则天下安宁。

【译文】

纵观《中次六经》缟羝山这一山系，从平逢山到阳华山，共十四座山，沿途七百九十里。这里的山岳居天下之中，人们每年六月祭祀山岳山神，祭祀的办法与其他山神一样。只要按时祭祀，天下就能安享太平。

中次七经

中次七经苦山之首，曰休与之山 [1]。其上有石焉，名曰帝台 [2] 之棋，五色而文，其状如鹑卵。帝台之石，所以祷百神者也，服之不蛊。有草焉，其状如蓍 [3]，赤叶而本丛生，名曰夙条，可以为簳 [4]。

【注释】

[1] 休与之山，郭璞曰："与或作舆，下同。"《五藏山经传》卷五："休舆即熊耳，水形四方象轸，洛水上游象轸而仰，故曰休舆。休，不用也。"[2] 帝台，郭璞注："帝台，神人名。棋谓博棋也。"也就是古代传说中神人的名字。[3] 蓍（shī），植物名，亦称蓍草、锯齿草，古代还用来占筮。多年生直立草本，全草可供药用，民间用来治风湿疼痛，外用治毒蛇咬伤。茎、叶含芳香油，可作调香原料。[4] 簳（gǎn），一种小竹子，可作箭杆，所以也称箭竹。

【译文】

《中次七经》所描述的中部山系的第七组山脉是苦山山脉，苦山山脉的第一座山叫休与山。山上有种精美的石头，是神仙帝台的棋子，这些石头，色彩斑斓，还带有漂亮的花纹，形状与鹌鹑蛋一样。神仙帝台的石子，是用来祷祀百神的，人们佩带这种帝台石，可以防凶避邪。山中有一种草，形状像一般的蓍草，红色的叶子，草根丛生，名叫夙条，茎干可以用来做箭杆。

东三百里，曰鼓钟之山 [1]，帝台之所以觞 [2] 百神也。有草焉，方茎而黄华，员叶而三成 [3]，其名曰焉酸，可以为毒 [4]。

其上多砺，其下多砥。

【注释】

[1]鼓钟之山，古山名。《五藏山经传》卷五："休舆东也。山为今小章谷。"[2]觞，摆酒，请人喝酒。[3]三成，郭璞注："叶三重也。"成，层、重的意思。[4]为毒，驱除毒素。为，治的意思。

【译文】

从休与山往东三百里的地方，有座山叫鼓钟山。这里是神仙帝台宴请诸位天神的地方。山中有一种草，茎呈方形，开着黄色的花，圆圆的叶子，长着三重，名字叫焉酸，可以用它来消毒。山上遍布着各式各样的磨刀石。

又东二百里，曰姑媱之山[1]。帝女死焉，其名曰女尸，化为䔄草[2]，其叶胥成[3]，其华黄，其实如菟丘[4]，服之媚于人。

【注释】

[1]姑媱（yáo）之山，古山名，吕调阳校作"姑媱之山"，《五藏山经传》卷五："山盖在葛蔓水入洛之南。媱，徒歌也。"[2]䔄（yáo）草，古代神话传说中的草名。[3]胥成，相互重叠。[4]菟（tù）丘，即菟丝子，亦称菟丝。一年生缠绕寄生草本植物。茎细柔，呈丝状，橙黄色，多处生有吸盘附着寄主（如豆科、菊科等植物）。种子可提取脂肪油，中医学上以之入药，有补益肝肾等功效。

【译文】

从鼓钟山再往东二百里的地方，有座山叫姑媱山。天帝的女儿就是死在这里，她名叫女尸，死后化成䔄草，这种草叶子是一层一层的，开黄色的花，结的果实像菟丝。吃了这种果实，就会变得人见人爱。

又东二十里，曰苦山[1]。有兽焉，名曰山膏，其状如逐[2]，赤若丹火，善詈[3]。其上有木焉，名曰黄棘，黄华而员叶，其实如兰，服之不字[4]。有草焉，员叶而无茎，赤华而不实，名曰无条，服之不瘿。

一卷 五 中 山 经 一

【注释】

[1] 苦山，古山名。《五藏山经传》卷五："苦山即库谷，在姑媱东南。"[2] 逐，郭璞注："即'豚'字。"[3] 詈（lì），责骂。[4] 字，怀孕，生育，哺乳。

【译文】

从姑媱山再往东二十里的地方，有座山叫苦山。山中有种野兽，名叫山膏，形状像普通的小猪，周身的红毛，赤如丹火。喜欢骂人。山上生长着一种树木，名叫黄棘，开黄色的花，圆圆的叶子，结的果实与兰草的果实相似，吃了这种果实会失去生育能力。山上还长有一种草，圆圆的叶子，没有茎，开红色的花，但不结果，名叫无条，吃了这种草就不会患颈瘤病。

又东二十七里，曰堵山[1]。神天愚居之，是多怪风雨。其上有木焉，名曰天楄[2]，方茎而葵状，服者不噎[3]。

【注释】

[1] 堵山，古山名。《五藏山经传》卷五："堵同渚，谓慎

望陂在原上。"[2] 天楄（biān），古树名。[3] 噎（yè），咽下梗塞，食物堵住食管。

【译文】

从苦山再往东二十七里的地方，有座山叫堵山。山神天愚就居住在这里，它经常兴风作雨。山上生长着一种树，名叫天楄，茎干呈方形，形状像葵菜，吃了这种树叶，就不会患咽下梗塞。

又东五十二里，曰放皋之山[1]。明水出焉，南流注于伊水，其中多苍玉。有木焉，其叶如槐，黄华而不实，其名曰蒙木，服之不惑。有兽焉，其状如蜂，枝尾而反舌，善呼，其名曰文文。

【注释】

[1] 放皋之山，古山名。《五藏山经传》卷五："即发视山。"

【译文】

从堵山再往东五十二里的地方，有座山叫放皋山。明水是从这座山流出，向南流入伊水。明水中有很多晶莹剔透的苍玉。山中生长着一种树，树叶像槐树叶，开黄色的花，只开花不结果，名字叫蒙木，用这种树入药可以使人不受蛊惑。山中还有一种野兽，形状像蜜蜂，尾巴分叉，舌头倒着长，喜欢呼叫，名字叫文文。

又东五十七里，曰大𦒍之山[1]。多㻬琈之玉，多麋玉[2]。有草焉，其状叶如榆，方茎而苍伤[3]，其名曰牛伤，其根苍文，服者不厥[4]，可以御兵。其阳狂水[5] 出焉，西南流注于伊水，其中多三足龟，食者无大疾，可以已肿。

【注释】

[1] 大苦（kǔ）之山，古山名。《五藏山经传》卷五："苦同苦，鸟将飞竦其翼也，从古，有所疑也。山为颖、狂二水所出，东西背流象之。"[2] 麋玉，郝懿行按："'麋'，疑'眉'之假借字也。"[3] 苍伤，即苍刺。青色的棘刺。[4] 厥（jué），郭璞注："逆气病。"指昏厥或手脚逆冷的病症，这里泛指突然昏倒，不省人事，手脚僵硬冰冷等病症。[5] 狂水，《五藏山经传》卷五："狂水西南流折西北，合来需四水西北注伊，从北视之象猘犬直项弭尾之状，故名。"

【译文】

从放皋山再往东五十七里的地方，有座山叫大苦山。满山遍布着精美的璚琈玉，还有五颜六色的彩玉。山上长有一种草，它的叶子像榆树叶，茎干呈方形并长有棘刺，它的名字叫牛伤。它的根部有花纹，服用了这种草的人就不会患昏厥病，还可以用这种草抵御敌兵。狂水是从这座山的南面流出，向西南流入伊水，狂水中有很多三足龟，吃了这种龟肉，就不会生大病，还可以消肿。

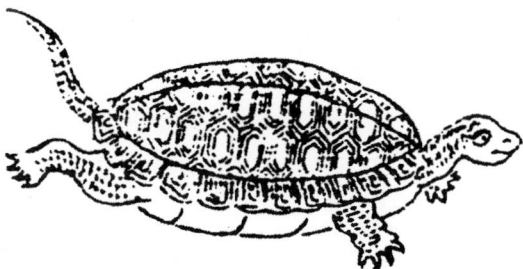

三足龟

又东七十里，曰半石之山[1]，其上有草焉，生而秀[2]，其高丈余，赤叶赤华，华而不实，其名曰嘉荣，服之者不霆[3]。来需之水出于其阳，而西流注于伊水，其中多䱤鱼[4]，黑文，其状如鲋，食者不睡。合水出于其阴，而北流注于洛，多䲢鱼[5]，状如鳜[6]，居逵[7]，苍文赤尾，食者不痈，可以为瘘[8]。

【注释】

[1]半石之山，古山名。《五藏山经传》卷五："狂水西源曰倚亳山，又西曰八风山，又西曰三交水、曰湮谷水，其水统名来需，而半石则八风是也。半，判也，山石坚黑，中作柱及樵槛之用，自昔采石于此，所谓洛阳八风谷黑石也。"[2]秀，这里是指草类植物开花。[3]不霆，郭璞注："不畏雷霆霹雳也。"[4]䱤（lún）鱼，古代传说中的一种鱼，形状像现在的鲫鱼。[5]䲢（téng）鱼，也称作瞻星鱼。体形粗壮，呈亚圆筒形，后部侧扁。青黄色，有褐色网状斑纹。头宽大平扁，嘴巴也很大。眼睛很小，上侧位。是常见的食用鱼。[6]鳜（guì），鱼名，也称作桂鱼。体侧扁，背部隆起，青黄色，有不规则黑色花纹，嘴巴磊，下颌突出，鳞细小，圆形。是我国名贵的淡水鱼，可食用。[7]逵（kuí），原来指四通八达的大路，这里指水底相互连通的洞穴。[8]瘘（lòu），病名。指颈部生疮，常出脓水，是淋巴结核一类的疾病，也称瘘管。

【译文】

从大吉山再往东七十里的地方，有座山叫半石山。山上长有一种草，刚发芽便会开花，这种草长得茂盛高大，高达一丈多，红色的叶子，开红色的花，但是只开花不结果，名字叫嘉荣，人们吃了这种草，就不会害怕霹雳雷霆。来需水是从这座山的南面流出，然后向西流入伊水，水中有很多䱤鱼，身上长着黑色的纹理，形状像鲋鱼，吃了这种鱼，会使人精神饱满，不易入睡。合水是从这座山的北面流出，然后向北流入洛水，合水中有很多䲢鱼，形状像一般的鳜鱼，隐居水底洞穴里，身上长有黑色花纹，人们吃了这种鱼，就不会生痈疽，还可以医治瘘疮。

又东五十里，曰少室之山，百草木成囷[1]。其上有木焉，其名曰帝休，叶状如杨，其枝五衢[2]，黄华黑实，服者不怒。其上多玉，其下多铁。休水出焉，而北流注于洛，其中多䱱鱼，状如𧕫蜼[3]而长距，足白而对，食者无蛊疾，可以御兵。

【注释】

[1] 囷（qūn），圆形的谷仓。[2] 五衢（qú），郭璞注："言树枝交错，相重五出，有象衢路也。"树枝交错而出的样子。[3] 𧕫蜼（zhōu wěi），是一种长尾猿。据古书记载，这种兽像猕猴，但体形大些，黄黑色，尾巴长达数尺。

【译文】

从半石山再往东五十里的地方，有座山叫少室山。山上百草繁茂，林木葱茏，如仓囷之形。其中有一种树木，名叫帝休，树叶像杨树叶，枝条交错，伸向四方，这种树开黄色的花，结黑色的果实。吃了这种果实，就会心平气和，不易发怒。少室山上有很多玉石，山下有丰富的铁矿。休水是从这座山流出，然后向北流入洛水，休水中有很多䱱鱼，形状像猕猴，脚距较长，脚是白色的，足趾相对。吃了这种鱼可以使人不受蛊惑，还可以防御兵灾。

又东三十里，曰泰室之山^[1]。其上有木焉，叶状如梨而赤理，其名曰栯木^[2]，服者不妒。有草焉，其状如荒，白华黑实，泽如蘡薁^[3]，其名曰䔄草^[4]，服之不昧^[5]。上多美石^[6]。

【注释】

[1] 泰室之山，古山名。郭璞注："即中岳嵩高山也，今在阳城县西。"《五藏山经传》卷五："在登封县北，中岳嵩山也。"[2] 栯（yǒu）木，古树名。[3] 蘡薁（yīng yù），郭璞注："言子滑泽。"郝懿行曰："盖即今之山葡萄。"落叶木质藤本植物，有卷须。葡萄科。夏季开花，果实黑色。果可酿酒，亦可入药作滋补品。它的根也可以入药，有祛风湿、通经络等功效。叶可治湿疹。[4] 䔄（yáo）草，与前文所说的䔄草形状不同，当为同名异物。[5] 昧，同眛。[6] 美石，郭璞注："次玉者也；启母化为石而生启，在此山。见《淮南子》。"相传大禹治水时，通过轩辕山，化成熊。告诉涂山氏说："吃饭的时候，我敲鼓，你听到鼓声便赶来。"大禹跳过石头时，误跳在鼓上，鼓响了，所以涂山氏来了，但看见大禹已变成熊，便羞惭而去了。到了嵩高山下，禹又化成石，才生了启。禹喊道："还我的儿子！"这时，石突然破裂，而启从石中出来。因启是石破而生，所以叫作启。他的父亲是天神禹，母亲是涂山氏，是人神交配所生的孩子。他具有神性，他曾三次到天庭做客，将天官的《九辨》《九歌》窃与人间，他能坐飞龙，可以登天宫。但他之后淫乐自纵，以致遭遇亡国命运。

【译文】

从少室山再往东三十里的地方，有座山叫泰室山。山上生长着一种树木，树叶像梨树叶，有红色的纹理，名字叫栯树，服用了它的人就不会有妒忌之心。山上还有一种草，形状如荒，开白色的花，结黑色的果实，味如葡萄，这种草名叫䔄草，吃了这种草，

216

就能安然入睡，不会做噩梦。泰室山上有很多精美的石头。

又北三十里，曰讲山[1]。其上多玉，多柘，多柏。有木焉，名曰帝屋，叶状如椒[2]，反伤[3]赤实，可以御凶。

又北三十里，曰婴梁之山[4]。上多苍玉，镎于玄石。

【注释】

[1] 讲山，古山名。《五藏山经传》卷五："在清易镇东，当嵩高东北。"[2] 椒，即花椒，属香科植物。[3] 反伤，郭璞注："刺下勾也。"这里是指树枝上倒长的刺。[4] 婴梁之山，古山名。《五藏山经传》卷五："在黑石渡东。"

【译文】

从泰室山再往北三十里的地方，有座山叫讲山。讲山上盛产玉石。山上有茂密的柘树和柏树。山上有一种树叫帝屋，叶子的形状像椒树，干上长着倒刺，结红色的果实，人们用这种木头，可以抵御凶兽的侵袭。

从讲山再往北三十里的地方，有座山叫婴梁山。山上遍布精美的苍玉，这些苍玉都依附在黑色石头上。

又东三十里，曰浮戏之山。有木焉，叶状如樗而赤实，名曰亢木，食之不蛊。汜水[1]出焉，而北流注于河。其东有谷，因名曰蛇谷，上多少辛[2]。

【注释】

[1] 汜（sì）水，《五藏山经传》卷五："汜水象游戏也。

217

古太灏氏居此，号浮戏氏，风姓。"[2]少辛，也叫细辛，马兜铃科植物。这是一种有药用价值的草，可以全草入药，有温经散寒、祛风止痛等疗效。

【译文】

从婴梁山再往东三十里的地方，有座山叫浮戏山。山上长有一种树木，树叶形状像樗树叶，结红色的果实，名字叫亢树，吃了这种果实，就不会受蛊惑。汜水是从这座山流出，然后向北流入黄河。这座山的东面有个峡谷，名叫蛇谷，谷中有很多细辛草。

又东四十里，曰少陉之山[1]。有草焉，名曰茵草[2]，叶状如葵，而赤茎白华，实如蘡薁，食之不愚。器难之水出焉，而北流注于役水。

【注释】

[1]少陉之山，古山名。《五藏山经传》卷五："山在正回水源骓山之东，即和山也。陉，峻隧也。"[2]茵（gāng）草：古草名。

【译文】

从浮戏山再往东四十里的地方，有座山叫少陉山。山上有一种草，名字叫茵草，草叶像葵菜叶，红色的茎干，开白色的花，果实像野葡萄，吃了这种果实可以使人变得更聪明。器难水是从这座山流出，然后向北流入役水。

又东南十里，曰太山[1]。有草焉，名曰梨，其叶状如荻[2]

而赤华，可以已疽。太水出于其阳，而东南流注于役水。承水[3]出于其阴，而东北流注于役。

【注释】

[1]太山，古山名。《五藏山经传》卷五："太山一名华山。"[2]荻，郝懿行按："荻当为萩。"萩（qiū），一种蒿类植物。萩蒿叶子白色，像艾蒿而分又多，茎杆高的可达一丈余。[3]承水，《五藏山经传》卷五："太水召水一源两分，出华城南冈，南流为太，即溱水，西南会黄水河，又东南合洧而东南注于役。役水出中牟县西南，东北合侵而南注也。北流为召。召古危字，即七虎涧水，与清池水并东北流注侵，象乘危欲颠之形。"

【译文】

从少陉山再往东南十里的地方，有座山叫太山。太山上长有一种草，名叫梨，梨草叶子像蒿草叶，开红色的花，可以入药，能够治愈疽病。太水是从这座山南面流出，然后向东南流入役水。承水是从这座山的北面流出，然后向东北流入役水。

又东二十里，曰末山[1]。上多赤金。末水出焉，北流注于役。

又东二十五里，曰役山[2]。上多白金，多铁。役水出焉，北注于河。

【注释】

[1]末山，古山名。吕调阳校作"不山"，《五藏山经传》卷五："不，古'杯'字。不水即不家沟，水东北流而北分为二，一西北会黄雀沟注荥泽，一东北入圃田泽，似不形。"[2]役山，《五藏山经传》卷五作"侵山"："黄雀沟水象帚形，故曰侵。侵者，

扫渐进也，其水北入荥泽，又北绝泽道济隧注河，盖古济水自荥阳溢出，圣人既因而瀹之，与索水、侵水并潴为泽，其正流自北东出会汶注海，复于东南导枝渠下注颍汝，皆以泄河之怒。若京、索水盛，济不能容，则由济隧北注以均其势，故侵水得言注河也。"

【译文】

从太山再往东二十里的地方，有座山叫末山。山上到处都是赤金矿。末水是从这座山流出，向北流入役水。

从末山再往东二十五里的地方，有座山叫役山。山上有很多白金矿和铁矿。役水是从这座山流出，向北流入黄河。

又东三十五里，曰敏山[1]。上有木焉，其状如荆，白华而赤实，名曰蓟柏[2]，服者不寒。其阳多㻬琈之玉。

又东三十里，曰大騩之山[3]。其阴多铁、美玉、青垩。有草焉，其状如蓍而毛，青华而白实，其名曰蒗[4]。服之不夭，可以为腹病。

【注释】

[1] 敏山，古山名。《五藏山经传》卷五："敏，古音每，即梅山也，在太山东北。"[2] 蓟（jì）柏，蓟同蓟，古树名，属柏树的一种。[3] 大騩之山，古山名。《五藏山经传》卷五："今中牟南二十里之土山也。役水东接制梧，象马人立。"[4] 蒗（láng），古草名，可以入药。

【译文】

从役山再往东三十五里的地方，有座山叫敏山。敏山上有一种树，形状像荆棘，开白色的花，结红色的果实，名字叫蓟柏，人们如果吃了这种果实，能够增加体内热量，不怕寒冷。山的南面蕴藏着丰富的璒琈玉。

从敏山再往东三十里的地方，有座山叫大騩山。山的北面有丰富的铁矿、精美的玉石、青色的垩土。山中长有一种草，形状像蓍草却长着毛，开青色的花，结白色的果实，它的名字叫蓡。人们吃了这种果实，能够延年益寿，还可以医治肠道疾病。

凡苦山之首，自休与之山至于大騩之山，凡十有九山，千一百八十四里。其十六神者，皆豕身而人面。其祠：毛牷[1]用一羊羞[2]，婴用一藻玉[3]瘗。苦山、少室、太室皆冢也，其祠之：太牢之具，婴以吉玉。其神状皆人面而三首，其余属皆豕身人面也。

【注释】

[1] 牷（quán），毛色纯一的整只家畜。[2] 羞，进献，这是指进献祭祀品。[3] 藻玉，带有五彩花纹的玉。

【译文】

纵观《中次七经》苦山山系，从休与山到大騩山，共十九座山，沿途一千一百八十四里。其中有十六座山神是人的面孔猪的身形。祭祀这些山神的礼仪是，毛物用一只纯色的完整的羊作为祭品，玉器用一块藻玉，并把它埋在地下。苦山、少室山、太室山都是众山的宗主。祭祀这三座山神的礼仪是：毛物用猪、牛、羊，还用晶莹的玉器制成器皿。这些山神都是长着一幅人的面孔但是有三个脑袋。另外十六座山神都是人面猪身。

中次八经

　　中次八经荆山之首，曰景山 [1]。其上多金玉，其木多杼 [2] 檀。睢水 [3] 出焉，东南流注于江，其中多丹粟，多文鱼 [4]。

【注释】

　　[1] 景山，古山名。《五藏山经传》卷五："景，强之借字。山在江陵城东四十里，临三湖之上，象螳螂首，故名。"[2] 杼（shù），木名。杆树，即柞树。[3] 睢水，《五藏山经传》卷五："湖东南与红马湖相接，象鹘立形，故名睢水，亦曰鄂渚。其水并受江流，又东北出两派会漳水入汉东南，两派历诸湖注江也。"郝懿行注："'睢'，亦作'沮'。"[4] 文鱼，俗称黑鱼。

【译文】

　　《中次八经》所描述的中部山系的第八组山脉是荆山山脉，荆山山脉的第一座山叫景山。景山上蕴藏着丰富的金矿和玉石，还生长着茂密的柞树和檀树。睢水是从这座山流出，向东南流入江水，睢水有很多细丹石，还有很多带有花纹的鱼。

　　东北百里，曰荆山 [1]。其阴多铁，其阳多赤金，其中多犛牛 [2]，多豹虎，其木多松柏，其草多竹，多桔櫾 [3]。漳水 [4] 出焉，而东南流注于睢。其中多黄金，多鲛鱼 [5]，其兽多闾麋。

【注释】

　　[1] 荆山，古山名。《五藏山经传》卷五："江陵西北八岭山也。"[2] 犛（lí）牛：一种皮毛黑色的野牛。郭璞认为雄牛是

属于旄牛之类的牛，郝懿行则认为犛牛即旄牛。[3] 櫾（yòu），即柚子。郭璞注："似橘子而大也，皮厚味酸。"[4] 漳水，《五藏山经传》卷五："有大晖港东南流折而东，与龙陂桥水并注太白湖，象飞隼身尾，又北受沵水象翼，故名漳，所谓'江汉睢漳，楚之望也。'先儒误以纶水两源分属沮漳，故于下沵水注漳之文无能通解者。"[5] 鲛（jiāo）鱼，即鲨鱼。郭璞注："䲘鱼类也。"郝懿行认为是鲨鱼。

【译文】

从景山往东北一百里的地方，有座山叫荆山。荆山的北面有丰富的铁矿，南面有黄灿灿的金矿；山中有很多犛牛、豹和虎。荆山树木苍翠，其中松树和柏树尤其繁茂，这里花草丛生，小竹子遍地都是，还有很多桔子树和柚子树。漳水是从这座山流出，然后向东南流入睢

犛 牛

水。漳水水底蕴藏着丰富的金属矿物，还有很多鲨鱼，荆山的野兽多是山驴和麋鹿。

又东北百五十里，曰骄山 [1]。其上多玉，其下多青䨼 [2]，其木多松柏，多桃枝、钩端。神䡇 [3] 围处之，其状如人而羊角虎爪，恒游于睢漳之渊，出入有光。

【注释】

[1] 骄山，古山名。《五藏山经传》卷五："女几东北也。大洪山水状马揭尾，故名。山即古蒲骚地，其水名涢也。"[2] 青䨼，

青碧之类。[3]鼍（tuó），古代传说中的神灵名。

【译文】

　　从荆山再往东北一百五十里的地方，有座山叫骄山。山上遍布着晶莹剔透的精美玉石，山下到处是色彩斑斓的青膊，山上树木葱茏，郁郁葱葱的松树和柏树，桃枝竹、钩端竹遍地丛生。鼍围神就住在这座山中，这神长着一副人的面孔、羊角、虎爪，经常出入于雎水和漳水中，从水中出入时都会有光芒闪耀。

　　又东北百二十里，曰女几之山 [1]，其上多玉，其下多黄金，其兽多豹虎，多闾、麋、麖 [2]、麂 [3]，其鸟多白鷮 [4]，多翟，多鸩 [5]。

【注释】

　　[1] 女几之山，古山名。《五藏山经传》卷五："京山水象女，天门诸水在其西南，象几。山为阳水河所出也。"[2] 麖（jīng），古兽名。属于鹿一类，体形较大的一种野生动物。[3] 麂（jǐ），属鹿一类，体形较小的动物。产

鸩

于我国的有黄麂、黑麂和赤麂等。[4] 白鷮（jiāo），一种像野鸡而尾巴较长的鸟，往往在飞行时鸣叫。郭璞注："鷮似雉而长尾，走且鸣。"[5] 鸩（zhèn），郭璞注："鸩大如雕，紫绿色，长颈赤喙，食蝮蛇头。雄名运日，雌名阴谐也。"古代传说中的一种毒鸟，喜欢吃蛇。体形像雕鹰，羽毛紫绿色，此鸟有剧毒，用它的羽毛浸的酒是著名的毒药，能毒死人。

【译文】

　　从骄山再往东北一百里的地方，有座山叫女几山。山上盛产精美玉石，山下盛产闪闪发光的金属矿物。山中生长的野兽主要是豹和虎，还有山驴、麋鹿、麈、麂。女几山的飞鸟主要是白鹆，还有很多长尾鸡和鸱。

　　又东北二百里，曰宜诸之山[1]。其上多金玉，其下多青膜[2]。滙水[3]出焉，而南流注于漳，其中多白玉。

【注释】

　　[1]宜诸之山，古山名。《五藏山经传》卷五："景山西北也，宜同仪；诸，古作者，通罯。山在荆门州西鸿桥铺，滙水三源并东南流，合注太白湖，如鸟翅也。"[2]青膜，青碧之类。[3]滙（wéi）水，古水名。

【译文】

　　从女几山再往东北二百里的地方，有座山叫宜诸山。山上蕴藏着大量的金属矿物和玉石，山上盛产青膜，滙水是从这座山流出，然后向南流入漳水。滙水中有很多晶莹的白玉石。

　　又东北三百五十里，曰纶山[1]。其木多梓楠，多桃枝，多柤[2]、栗、橘、櫾，其兽多闾、麈[3]、麢[4]、臭[5]。

【注释】

　　[1]纶山，古山名。《五藏山经传》卷五："景山西北也。纶山象水为名，在远安县北，即先儒所误指为漳水出荆山者。其

水南流，右合西源，先儒谓之沮水，又南东注于江，象纶绳上分之形，其东夹约河两源象两指拑缕之形，蛮河在北，象纶之形也。"[2] 柤（zhā），柤树。[3] 麈（zhǔ），似鹿但是比鹿大的一种兽。尾巴可以做拂尘。俗称四不象。[4] 麢（líng），同"羚"，羚羊。[5] 㺉（chuò），古兽名。据古人注称，这种兽形状像兔子，却长着鹿那样的脚，皮毛是青色的。郝懿行说："㺉，俗字也，当为㺉。"

【译文】

从宜诸山再往东北三百五十里的地方，有座山叫纶山。山中树木繁茂，生长着许多梓树和楠树、桃竹枝、柤树、栗子树、橘子树、柚子树。山中的野兽主要是驴、麈、羚羊、㺉。

又东二百里，曰陆𨸑之山[1]。其上多㻬琈之玉，其下多垩，其木多杻橿。

【注释】

[1] 陆𨸑（guǐ）之山，古山名。《五藏山经传》卷五："山在保康县西南八十里，曰马桥口，左右四水环抱。"

【译文】

从纶山再往东二百里的地方，有座山叫陆𨸑山。山上盛产精美的㻬琈玉，山上有很多可以用作涂料的垩土。山中的树木以杻树和橿树居多。

又东百三十里，曰光山[1]。其上多碧[2]，其下多木。神计蒙处之，其状人身而龙首，恒游于漳渊，出入必有飘风[3]暴雨。

【注释】

[1] 光山，古山名。《五藏山经传》卷五："景山东也。山在大泽口北多宝湾。"[2] 碧，青碧之类。[3] 飘风，旋风，暴风。

【译文】

从陆郈山再往东一百三十里的地方，有座山叫光山。这座山上有很多碧玉，山下林木苍翠。计蒙神就住在这座山上，这神龙首人身，经常畅游于漳水的深渊之中。每次出入都会有狂风暴雨，雷电交加。

又东百五十里，曰岐山[1]，其阳多赤金，其阴多白珉[2]，其上多金玉，其下多青雘[3]，其木多樗。神涉䰠处之，其状人身而方面三足。

涉　䰠

【注释】

[1] 岐山，古山名。《五藏山经传》卷五："女几东北也。山在崎山司西北，今有岐山团也。"[2] 珉，郭璞注："石似玉者。"[3] 青雘，青碧之类。

【译文】

从光山再往东一百五十里的地方，有座山叫岐山。山的南面，金属矿物闪闪发光，山的北面，盛产精美的白珉石，山上蕴藏着丰富的金矿和玉石，山下有很多青雘。山中生长着茂密的臭椿。涉䰠神就住在这座山中，这神，长着四方脸，人的体形，还有三只脚。

又东百三十里，曰铜山[1]，其上多金、银、铁，其木多毂、柞、柤、栗、桔、櫾，其兽多犳[2]。

又东北一百里，曰美山[3]。其兽多兕、牛，多闾麈，多豕鹿。其上多金，其下多青臒。

【注释】

[1] 铜山，古山名。《五藏山经传》卷五："在随州北，今名打铁沟。"[2] 犳，一种有豹样花纹的野兽。[3] 美山，古山名。吕调阳校作"英山"，《五藏山经传》卷五："今英山县北中界岭，蕲水西源所出也。若山水象仰枕，蕲水在东南承之，故曰英。英同央也。"

【译文】

从岐山再往东一百三十里的地方，有座山叫铜山。山上蕴藏有丰富的金矿、银矿、铁矿。山中生长的树木主要是构树、柞树、柤树、栗子树、橘子树、柚子树。山中还有很多野兽，其中以犳最多。

从铜山再往东北一百里的地方，有座山叫美山。山中的野兽主要是兕、野牛、山驴、麈，还有许多野猪、鹿，山上盛产金属矿物，山下多出产青臒。

又东北百里，曰大尧之山[1]，其木多松柏，多梓桑，多机[2]，其草多竹，其兽多豹、虎、麢、㹨。

【注释】

[1] 大尧之山，古山名。《五藏山经传》卷五："应山县北黄土关也。马坪港在南，象刖者之足也。"[2] 机，机树，也就

是梗树。一种落叶乔木。

【译文】

从美山再往东北一百里的地方，有座山叫大尧山。这座山树木茂密葱茏，其中梓树、桑树、机树尤其繁茂。山中的草丛也多是小竹丛。山上生长着成群的野兽，主要是豹、虎、羚羊、麢。

又东北三百里，曰灵山[1]，其上多金玉，其下多青臒[2]，其木多桃、李、梅、杏。

又东北七十里，曰龙山[3]，上多寓木[4]，其上多碧，其下多赤锡[5]，其草多桃枝、钩端。

【注释】

[1]灵山，古山名。《五藏山经传》卷五："纶山西北均州之博山也。山东三十余里曰太和山，有根梅树，根木梅实，杏形桃核，味甚甘美。"[2]青臒，青碧之类。[3]龙山，古山名。《五藏山经传》卷五："山以信阳州西申水之隈，今有黄龙寺。"[4]寓木，一种寄生树，也有的说是寄生草。郭璞注："寄生也，一名宛童。"

【译文】

从大尧山再往东北三百里的地方，有座山叫灵山。这座山蕴藏着丰富的金属矿物和玉石，山下遍地是色彩斑斓的青臒。山中树木成林，主要是桃树、李树、梅树、杏树。

从灵山再往东北七十里的地方，有座山叫龙山。山上生长着许多寓树，这种树寄生在别的树干上；山上盛产玉石，还有精美纯净的锡石。山中杂草丛生，桃枝、钩端枝繁叶茂。

又东南五十里，曰衡山[1]，上多寓木[2]、榖、柞，多黄垩、白垩。

又东南七十里，曰石山[3]，其上多金，其下多青雘，多寓木。

【注释】

[1] 衡山，古山名。《五藏山经传》卷五："信阳州南天平山，在倚带之北。"[2] 寓木，一种寄生树，也有的说是寄生草。郭璞注："寄生也，一名宛童。"[3] 石山，古山名。《五藏山经传》卷五："山在黄安县北双山门，其西曰石门也。"

【译文】

从龙山再往东南五十里的地方，有座山叫衡山。山上树木枝繁叶茂，其中寓树、构树、柞树尤其茂密，山中还有很多可制作涂料的黄色垩土和白色垩土。

从衡山再往东南七十里的地方，有座山叫石山。山上蕴藏着丰富的金矿，山下有很多青雘。还生长许多寓树。

又南百二十里，曰若山[1]，其上多琈㻬之玉，多赭[2]，多邽石[3]，多寓木，多柘。

【注释】

[1] 若山，古山名。《五藏山经传》卷五："山以罗田县北天堂寨。若同如，顺也，象水形。"[2] 赭（zhě），一种红土。[3] 邽石。郝懿行曰："'邽'疑'封'字之讹。"

【译文】

从石山再往南一百二十里的地方，有座山叫若山。若山遍布精美的琈㻬玉，还有很多赭石、邽石，到处生长着寓树和柘树。

又东南一百二十里，曰虆山 [1]，多美石，多柘。

又东南一百五十里，曰玉山 [2]。其上多金玉，其下多碧 [3]
铁，其木多柏。

【注释】

[1] 虆山，古山名。《五藏山经传》卷五："山在杨桑湖口，
东接萧家畈，湖水象虆形也。"[2] 玉山，古山名。《五藏山经传》
卷五："即大别山。"[3] 碧，即青碧之类。

【译文】

从若山再往东南一百二十里的地方，有座山叫虆山，山中
有很多漂亮的石头，还有茂密的柘树。

从虆山再往东南一百五十里的地方，有座山叫玉山。这座
山蕴藏着丰富的金矿和玉石，山下有丰富的铁矿和晶莹剔透的
碧玉。山中树木葱茏，松柏常青。

又东南七十里，曰谨山 [1]，其木多檀，多邽石，多白锡。
郁水出于其上，潜于其下，其中多砥砺 [2]。

又东北百五十里，曰仁举之山 [3]，其木多榖柞。其阳多赤
金，其阴多赭。

【注释】

[1] 谨山，古山名。《五藏山经传》卷五："山在麻城县东
北曰龙井畈，为岐亭河所源。"[2] 砥砺，磨刀石。[3] 仁举之山，
古山名。《五藏山经传》卷五："女几东北也。仁举与谨举同义。
山在今应城西北崎山司也。"

231

【译文】

从玉山再往东南七十里的地方，有座山叫瓘山。山上树木茂盛，檀树尤其繁茂，山中遍布着邽石和白锡。郁水是从瓘山顶喷涌而出，奔流直下，水中有很多磨刀石。

从瓘山再往东北一百五十里的地方，有座山叫仁举山。山中树木成林，尤其构树和柞树茂密。山的南面盛产闪闪发光的金属矿物，山的北面有很多赭石。

又东五十里，曰师每之山[1]，其阳多砥砺，其阴多青雘。其木多柏，多檀，多柘，其草多竹。

又东南二百里，曰琴鼓之山[2]。其木多穀、柞、椒[3]、柘，其上多白珉，其下多洗石，其兽多豕、鹿，多白犀，其鸟多鸩。

【注释】

[1] 师每之山，古山名。《五藏山经传》卷五："景山东南也。山在监利县东，临蒋师湖，江水所溢小湖也。湖水东北流，与其西之大马湖、南江湖水合，象拇指形，又东北流北注官湖之东南，湖长六十余里，丰右杀左，象琴形，故此山以师每为号。每、拇古字通也。今江南岸有调弦口，与'师每'义相因也。"
[2] 琴鼓之山，古山名。《五藏山经传》卷五："琴鼓，琴之鼓处。山在官湖之北近西也。"[3] 椒，椒树。郭璞注，椒树是一种矮小而丛生的小树木，当属灌木或小乔木之类。

【译文】

从仁举山再往东五十里的地方，有座山叫师每山。山的南面有很多磨刀石，山的北面盛产青雘。山中树木葱茏，松柏常青，檀树、柘树茂密。山中草丛郁郁葱葱，小竹丛满山遍野。

从师每山再往东南二百里的地方，有座山叫琴鼓山。山中枝木繁茂，柏树、檀树、柘树长得特别旺盛。山下遍布着洗石，山中出没的野兽主要有野猪、鹿，还有许多白色犀牛，而飞鸟大多是鸩鸟。

凡荆山之首，自景山至琴鼓之山，凡二十三山，二千八百九十里，其神状皆鸟身而人面。其祠：用一雄鸡祈瘗[1]，用一藻圭[2]，糈用稌[3]。骄山，冢[4]也，其祠：用羞酒少牢祈瘗，婴毛一璧。

【注释】

[1]用一雄鸡祈瘗（yì），毛物用一只雄鸡取血涂祭以后埋入地里。[2]用一藻圭（guī），意思是祀神的玉用一块藻圭。圭，是指有文彩的玉。[3]糈（xǔ）用稌（yú），祀神的米用精米。[4]冢（zhǒng），同宗，宗主的意思。

【译文】

纵观《中次八经》荆山这一山系，从景山到琴鼓山，共二十三座山，沿途二千八百九十里。这些山神都是鸟的身形、人的面孔。祭祀这些山神的礼仪是，毛物用一只公鸡作祭品并埋入地下，还用精玉雕制成的玉器，祭祀用的米是稻米。骄山是众山的宗主，在祭祀骄山山神时，用美酒和猪、羊作祭品，将一块璧玉系在猪、羊颈上作饰品，祭祀后一同埋入地下。

中次九经

中次九经岷山之首，曰女几之山[1]，其上多石涅[2]，其木多杻橿，其草多菊茱。洛水[3]出焉，东注于江。其中多雄黄，其兽多虎豹。

【注释】

[1] 女几之山，古山名。《五藏山经传》卷五："女几在荣经县西五十里，青衣南河所出，两源东流折东北，受数水至雅州府治之西与北河会，又经府北折东南，受数小水入大渡河注江，大形象若木猗那，古曰渚水。又象女子侧倚，此山当其手后，故曰女几也。"[2] 石涅，即涅石。一种可以提炼黑色染料的矿石。[3] 洛水，吕调阳校作渚水。

【译文】

《中次九经》所描述的中部山系的第九组山脉是岷山山脉，岷山山脉的第一座山叫女几山。山上到处是涅石。山上树木茂密，生长的树木主要是杻树和橿树，杂草丛生，菊茱争艳。洛水是从这座山流出，向东流入江水。山上有很多雄黄，女几山上虎豹成群。

又东北三百里，曰岷山[1]，江水出焉，东北流注于海，其中多良龟，多鼍[2]。其上多金玉，其下多白珉。其木多梅棠。其兽多犀象，多夔牛[3]。其鸟多翰[4]鳖[5]。

234

【注释】

[1]岷山,古山名。《五藏山经传》卷五:"崃山北也。"
[2]鼍(tuó),郭璞注:"似蜥易,大者长二丈,有鳞彩,皮可以冒鼓。"即扬子鳄,俗称猪婆龙。是我国特产动物,分布在今安徽、江苏、浙江、江西,主产于安徽南部青弋江沿岸至太湖流域等地沼泽地区。[3]夔牛,古代传说中的一种大牛,据说可以重达数千斤。[4]翰,野鸡的一种,俗称翰鸟。[5]鷩(bì),俗称锦鸡。

【译文】

从女几山再往东北三百里的地方,有座山叫岷山。江水是从这座山流出,向东北流入大海。江水中盛产良龟,还有许多鼍。山上蕴藏着丰富的金矿和玉石,山下遍布着白色的珉石。山中树木繁茂,梅树、棠树争奇斗艳。山中的野兽主要有犀牛和大象,还有很多夔牛。山上的飞鸟主要有白翰鸟和赤鷩鸟。

又东北一百四十里,曰崃山[1]。江水出焉,东流注于大江[2]。其阳多黄金,其阴多麋麈。其木多檀柘,其草多薤[3]韭,多药[4]、空夺[5]。

【注释】

[1]崃山,古山名。《五藏山经传》卷五:"布濮水出伏牛山北,东南流与南水会,皆两源,又东迳邛州南,左合二水,右合一水,象麦秀形,故山名崃。山有九折坂,故又曰邛。"[2]东流注大江,《五藏山经传》卷五:"其水东注大江为南江水也。"[3]薤(xiè),同"薤",百合科,多年生宿根草本,作二年生栽培。[4]药,指白芷。[5]空夺,指上文中的寇脱。

235

【译文】

从岷山再往东北一百四十里的地方，有座山叫崃山。江水是从这座山流出，然后向东流入大江。崃山的南面有丰富的金属矿物，山的北面麋鹿、麈相互追逐。山中檀树和柘树树繁叶盛，薤菜、韭菜、白芷、寇脱满山遍野。

又东一百五十里，曰崌山 [1]，江水出焉，东流注于大江，其中多怪蛇，多䰻 [2] 鱼。其木多楢 [3] 杻，多梅梓。其兽多夔牛、麢、臭、犀、兕。有鸟焉，状如鸮而赤身白首，其名曰窃脂 [4]，可以御火。

【注释】

[1] 崌 (jū) 山，古山名。《五藏山经传》卷五："今彭县北九十里曰五峰山，脉自茂州南来，五峰拔起，高入云天，即此经之崌山、《禹贡》之蒙山、《海内东经》之曼山也。西接仰天山，有黑龙池在山巅，西出曰龙溪，西北迳旧威州之过街楼注大江，东出即北江源，循山东南流迳雒甬山之西，折而西南合两大水，又西南并两鱼洞之水，折而东而南，出山分三派，一东北流，折东南会雒水，又会緜水；其西二枝并东南流，东会緜水、沱水，南至江阳入江，名北江水，亦曰沔水，《汉》志谓之湔水，又曰湔湅水，象人踞坐，故曰崌山；亦像暴注揭其臀，故曰湅；从西视之又象孕妇彭腹之状，故东岸山曰彭山，水曰沔水。"[2] 䰻 (zhì) 鱼，古代传说中的一种鱼。[3] 楢 (yóu)，古树名，这种树木质柔韧。[4] 窃脂，古鸟名。

【译文】

从崃山再往东一百五十里的地方，有座山叫崌山。江水是从这座山流出，向东流入大江。江水中有许多奇形怪状的蛇，还有很多鳖。山中树木苍翠，楢树、杻树、梅树、梓树枝繁叶茂。山中的野兽主要有夔牛、羚羊、麢、犀牛、兕。山中有一种奇异的鸟，形状像猫头鹰，红色的身子，白色的脑袋，它的名字叫窃脂，这种鸟可以预测火警，可以用它来防御火灾。

窃脂

又东三百里，曰高梁之山[1]，其上多垩，其下多砥砺[2]。其木多桃枝、钩端。有草焉，状如葵而赤华，荚实白柎，可以走马。

【注释】

[1] 高梁之山，古山名。《五藏山经传》卷五："梁州名取此山。有大穴似梁，俗呼龙洞，背潜水出宁羌州西黄霸驿，西南流来贯之而出，西至朝天镇注嘉陵江，江自此以下总名潜水也。"[2] 砥砺，磨刀石。

【译文】

从崌山再往东三百里的地方，有座山叫高梁山。山上遍地是可以用作涂料的有色垩土，山下到处是磨刀石。山中树木茂盛，桃树和钩端争奇斗艳。山中生长一种草，形状像葵菜却开着红色的花，荚中结果，花萼是白色的。马吃了这种草，会变

237

得更加健壮，奔跑如飞。

又东四百里，曰蛇山[1]，其上多黄金，其下多垩，其木多栒[2]，多豫章[3]，其草多嘉荣、少辛[4]。有兽焉，其状如狐，而白尾长耳，名独狼[5]，见则国内有兵。

【注释】

[1] 蛇山，古山名。《五藏山经传》卷五："即巴山也，在今通江县北巴峪关，巴水所出，南会绥定河，西南至合州注嘉陵江，其水象蛇举首嘑物也。"[2] 栒(xún)，栒树，落叶灌木。[3] 豫章，树名。[4] 嘉荣、少辛，两种草名，少辛，可入药。[5] 独(shì)狼，古代传说中的一种野兽。

【译文】

从高粱山再往东四百里的地方，有座山叫蛇山。山上盛产金属矿物，山下遍布着可以作涂料的白色垩土，山上树木成林，栒树、豫章树尤其茂密，山中野草丛生，嘉荣草、少辛草郁郁葱葱。

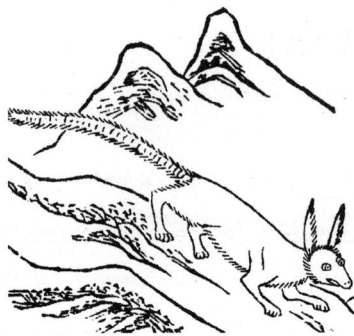

独 狼

山中有一种怪兽，形状像狐狸，长着白色的尾巴，长长的耳朵，它的名字叫独狼，这种野兽是一种不祥之物，它出现在哪里，哪里就将发生战争。

又东五百里，曰鬲山[1]。其阳多金，其阴多白珉[2]。蒲鸏[3]

之水出焉，而东流注于江，其中多白玉。其兽多犀、象、熊、罴，多猿、蜼[4]。

【注释】

[1] 鬲（gé）山，古山名。《五藏山经传》卷五："岷山东北涪水所出也。涪水两源，出中下羊洞土司，一东南流至阳地隘会东北一水折而西南，一西南流会三舍堡水折而东南会木瓜河，又东少南受左右各二水至龙安府治西北与东源合，又南经府治西而东南迳绵州潼川至合州，会嘉陵江南至重庆入江。源处水形似鬲，亦似瓯，又似黄鸟蛰倮，所谓蒲鹳也。蒲通匍；倮，不能飞也。"
[2] 白珉，郭璞注："石似玉者。"[3] 蒲鹳（hōng），古水名。
[4] 蜼（wěi），一种长尾猴。汪绂曰："蜼，猿属，仰鼻岐尾，天雨则自悬树，而以尾塞鼻。"

【译文】

　　从蛇山再往东五百里的地方，有座山叫鬲山。山的南面蕴藏有丰富的金矿，山的北面遍地是白色的珉石。蒲鹳水是从这座山流出，然后向东流入江水。蒲鹳水有很多精美的白玉。山中的野兽多是犀牛、大象、熊、罴，还有猿猴、长尾猿。

蜼

　　又东北三百里，曰隅阳之山[1]，其上多金玉，其下多青雘[2]。其木多梓桑，其草多茈[3]，徐之水[4]出焉，东流注于江，其中多丹粟[5]。

239

【注释】

[1] 隔阳之山，古山名。《五藏山经传》卷五："简州之龙泉山即隔阳山。"[2] 青膔（huò），可以用作涂料的矿石。[3] 茈，同紫，指紫草。[4] 徐之水，《五藏山经传》卷五："徐当作余，余水，赤水河也，东流合西北一水逤州北入北江，山北则龙泉水北流会沱水入北江，又东南而南与赤水会，四流象嘬余之形，亦象枭羊首也。"[5] 丹粟，像粟粒一样的细丹砂。

【译文】

从嗣山再往东北三百里的地方，有座山叫隔阳山。山上盛产金属矿物和美玉，山下有丰富的青膔。山上树木茂密，梓树和桑树尤其繁茂。山中杂草丛生，紫草郁郁葱葱。徐水是从这座山流出，然后向东流入江水，徐水中有很多细丹石。

又东二百五十里，曰岐山[1]，其上多白金，其下多铁，其木多梅梓，多杻楢。减水[2]出焉，东南流注于江。

【注释】

[1] 岐山，古山名。《五藏山经传》卷五："蓬溪县西北高凤山也。"[2] 减水，《五藏山经传》卷五："其水名马桑溪，东流南入涪水注江水，北有文井场，是多盐井，故为减水。"

【译文】

从隔阳山再往东二百五十里的地方，有座山叫岐山。山上有闪闪发光的白金，山下有丰富的铁矿。山上树木茂密，梅树、梓树、杻树和楢树苍翠。减水是从这座山流出，向东南流入江水。

又东三百里，曰勾𣲗之山[1]，其上多玉，其下多黄金。其木多枥[2]柘，其草多芍药。

【注释】

[1] 勾𣲗（mí）之山，古山名。《五藏山经传》卷五："𣲗同桌，牙豕之杦。勾，曲也。大竹县之竹溪水形似之。"[2] 枥（lì），木名，有白枥、麻枥等品种。

【译文】

从岐山再往东三百里的地方，有座山叫勾𣲗山。山上有丰富晶莹剔透的玉石，山下遍地是闪闪发光的金属矿物。山上树木繁茂，枥树、柘树枝繁叶茂，山中杂草丛生，芍药长得郁郁葱葱。

又东一百五十里，曰风雨之山[1]，其上多白金，其下多石涅，其木多椒樿[2]，多杨。宣余之水出焉，东流注于江，其中多蛇。其兽多闾麋[3]，多麈、豹、虎，其鸟多白鵃[4]。

【注释】

[1] 风雨之山，古山名。《五藏山经传》卷五："绥定府治达县东南高头铺也。"[2] 椒（zōu）樿（shàn），郭璞注："椒木，未详也；樿木白理，中枥。"樿木，古代用来制作梳子、杓子等物品。[3] 闾麋，山驴和麋鹿。[4] 白鵃（jiāo），古鸟名。

【译文】

从勾𣲗山再往东一百五十里的地方，有座山叫风雨山。山上盛产白金矿石，山下有丰富的石涅；山上树木繁茂，椒树和樿树最为茂密。宣余水是从这座山流出，然后向东流入江水，宣余水有很多蛇。山中野兽主要有山驴和麋鹿，还有许多麈、豹子、老虎。山林中百鸟飞翔，其中最多的是白鹇鸟。

又东北二百里，曰玉山[1]，其阳多铜，其阴多赤金，其木多豫章、楢、杻，其兽多豕、鹿、麢、臭，其鸟多鸩。

【注释】

[1]玉山，古山名。《五藏山经传》卷五："山为今峨眉山也。"

【译文】

从凤雨山再往东北二百里的地方，有座山叫玉山。玉山南面蕴藏有丰富的铜矿，山的北面有丰富的金矿。山中树木繁茂，主要有豫章树、楢树、杻树。山中的野兽主要有豕、鹿、麢、臭，山林中百鸟飞翔，其中最多的是鸩鸟。

又东一百五十里，曰熊山[1]，有穴焉，熊之穴，恒[2]出神人。夏启而冬闭[3]，是穴也，冬启乃必有兵。其上多白玉，其下多白金，其木多樗柳，其草多冠脱。

【注释】

[1]熊山，古山名。《五藏山经传》卷五："山在荣县北，威远县西，荣县河及威远河并象熊经自投也。"[2]恒，经常的意思。[3]夏启而冬闭，意思是（这个洞）夏天开放，冬天关闭。

【译文】

从玉山再往东一百五十里的地方，有座山叫熊山。山中有很多洞穴，熊就居住在这些洞穴中，也常有神进进出出。这些洞穴，夏季洞穴门敞开，冬季便关闭。这些洞穴如果出现冬季敞开的情况，就会有兵乱之灾。熊山上有很多美轮美奂的白色玉石，山下有闪闪发光的白色金属矿物。山中树木茂密，檞树和柳树居多，山中的草丛多是冠脱草。

又东一百四十里，曰騩山^[1]。其阳多美玉赤金，其阴多铁。其木多桃枝、荆、芑^[2]。

【注释】

[1]騩山，古山名。《五藏山经传》卷五："在资州西北临江西岸，其北珠溪、资溪、杨华溪诸水象騩也。"[2]荆芑，郝懿行曰："芑盖'芑'字之讹，芑又杞字假借字也。《南次二经》云：'虖勺之山，其下多荆杞。'《中次十一经》云：'历石之山，其木多荆芑。'并以荆芑连文，此误审矣。"

【译文】

从熊山再往东一百四十里的地方，有座山叫騩山，騩山的南面蕴藏着丰富的美玉和金属矿物，山的北面有丰富的铁矿。山中树木繁茂，主要是桃枝竹、牡荆树、枸杞树最多。

又东二百里曰葛山^[1]，其上多赤金。其下多瑊石^[2]。其木多柤、栗、橘、櫾、楂、柚，其兽多㺎、羬，其草多嘉荣。

【注释】

[1]葛山，古山名。《五藏山经传》卷五："壁山城东分水岭也，其水屈曲如葛。"[2]瑊（jiān）石，一种似玉而质地次于玉的石头。

【译文】

从驺山再往东二百里的地方，有座山叫葛山。山上盛产金灿灿的金属矿物。山下有很多碔石。山中树木苍翠，柤树、栗子树、橘子树、柚子树、楢树、杻树竞相生长。山中有许多羚羊和夐，嘉荣草长得郁郁葱葱。

又东一百七十里，曰贾超之山[1]，其阳多黄垩，其阴多美赭；其木多柤、栗、橘、櫾，其中多龙修[2]。

【注释】

[1] 贾超之山，《五藏山经传》卷五："山在綦江县治，为清溪、松坎河会处。贾，估也。贾超，审所逾也，两水形似之。"意思是指水的形状像商人看秤，这种说法有些迂曲。[2] 龙修，即龙须草。郭璞注："龙须也，似莞而细，生山石穴中，茎倒垂，可以为席。"

【译文】

从葛山再往东一百七十里的地方，有座山叫贾超山。山的南面有很多可以用作涂料的黄色垩土，山的北面有许多精美的赭石。这里树木苍茏，柤树、栗子树、橘子树、柚子树枝繁叶茂，山中的龙须草长得郁郁葱葱。

凡岷山之首，自女几山至于贾超之山，凡十六山，三千五百里。其神状皆马身而龙首。其祠：毛用一雄鸡瘗，糈用稌。文山[1]、勾㮚、风雨、騩之山，是皆冢也，其祠之：羞酒，少牢具，婴毛一吉玉。熊山，席[2]也，其祠：羞酒，太牢具，婴毛一璧。干儛 [3]，用兵以禳：祈璆 [4]，冕 [5] 舞。

【注释】

[1] 文山，郝懿行曰："此上无文山，盖即岷山也。"[2] 席，郝懿行曰："席当为帝，字形讹也，上下经文并以帝冢为对，此讹作席。"[3] 干儛（wǔ），持盾牌、斧子的舞蹈。[4] 璆（qiú），一种美玉。[5] 冕（miǎn），古代帝王、诸侯、卿大夫所戴的礼帽。汪绂曰："求福祥则祭用璆玉，而舞者用冕服以舞也。"这里指礼帽礼服。

【译文】

纵观《中次九经》岷山这一山系，从女几山到贾超山，共十六座山，沿途三千五百里。这些山神都是马一样的身子，龙一样的头。祭祀这些山神的礼仪是，用一只完整的公鸡作祭品埋入地下，祭祀时用的米是精选的稻米。文山、勾㭰山、风雨山、骢山，这四座山都是众山的宗主，祭祀这些山神的礼仪是，进献美酒，用猪羊二牲作少牢，再加上一块吉玉装饰。熊山山神，是众山之首，祭祀熊山山神的礼仪是，先进美酒，再进献猪、牛、羊三牲，用一块璧玉做装饰。在祭祀祈祷消除灾祸时，人们拿着盾牌，跳起舞蹈；在祈祷降福祥时，人们穿着礼服，手拿美玉，翩翩起舞。

中次十经

中次十经之首，曰首阳之山 [1]，其上多金玉，无草木。

又西五十里，曰虎尾之山[2]，其木多椒椐[3]，多封石[4]，其阳多赤金，其阴多铁。

【注释】

[1]首阳之山，古山名。《五藏山经传》卷五："平凉府西北之六盘山上有牛营堡，其西北曰张义堡，实惟陇山之首。其阳则六盘道也。昔夷齐采薇于此，所谓'登彼西山'者矣。"[2]虎尾之山，古山名。《五藏山经传》卷五："即《西次三经》中曲之山也。东与大山相连，响水河出而西流，环山之南，象虎尾也。"[3]椒椐，花椒和椐树。椐树可以用作拐杖。[4]封石，即《中次八经》中若山等处的封石。郝懿行曰："《本草别录》云：'封石味甘，无毒，生常山及少室。'下文游戏之山、婴侯之山、丰山、服山、声匈之山并多此石。"

【译文】

《中次十经》所描述第一座山叫首阳山，山上有丰富的金属矿物和玉石，山上荒芜，没有任何花草树木。

从首阳山再往西五十里的地方，有座山叫虎尾山，这里树木以花椒树、椐树最多，到处有封石，山的南面有丰富的金属矿物，山的北面有丰富的铁矿。

又西南五十里，曰繁缋之山[1]，其木多楢杻[2]，其草多枝勾[3]。

又西南二十里，曰勇石之山[4]，无草木，多白金，多水。

【注释】

[1]繁缋（huì）之山，缋，有绘画的意思，古代常常与

"绘"通用。[2]楢（qiú）杻（niǔ），即楢树和杻树。[3]枝勾，汪绂曰："枝勾，盖桃枝勾端也。"也就是桃枝竹和钩端竹。[4]勇石之山，古山名。《五藏山经传》卷五："用兵踊跃曰勇。勇石，趋而蹶石蹛踊欲仆也。显圣湫水西流折西北象足蹶形也。"

【译文】

从虎尾山再往西南五十里的地方，有座山叫繁缯山，这里的树木茂密，大多是楢树和杻树，而花草郁郁葱葱，大多是桃枝、钩端之类的小竹丛。

从繁缯山再往西南二十里的地方，有座山叫勇石山，山上荒芜，没有生长花草树木，有丰富的白银，到处是流水。

又西二十里，曰复州之山[1]，其木多檀，其阳多黄金。有鸟焉，其状如鸮[2]，而一足彘[3]尾，其名曰跂[4]踵，见则其国大疫。

又西三十里，曰楮山，多寓木[5]，多椒椐，多柘，多垩。

【注释】

[1]复州之山，古山名。《五藏山经传》卷五："旋车曰复，马窍曰州。南玉河与湫水俱西北流，从西视之象马旋蹛其后足，而尿岔河出于其后，象州，故曰复州，言方复方粪也。"[2]鸮（xiāo），古鸟名，俗称猫头鹰。[3]彘（zhì），猪。[4]跂（qǐ）。[5]寓木，一种寄生树，也有的说是寄生草。

【译文】

从勇石山再往西二十里的地方，有座山叫复州山，这里的树木葱茏。以檀树最为繁茂。山的南面有丰富的金属矿物。山中有一种禽鸟，形状像一般的猫头鹰，却长着一只爪子和猪一样的尾巴，名称是跂踵，这种鸟出现在哪个国家，哪个国家就会发生大瘟疫。

从复州山再往西三十里的地方，有座山叫楮山，生长着茂密的寓树，到处是花椒树、椐树，柘树很多，还有大量可以用作涂料的有色垩土。

又西二十里，曰又原之山 [1]，其阳多青䨼 [2]，其阴多铁，其鸟多鸲鹆 [3]。

又西五十里，曰涿山 [4]，其木多谷、柞、杻，其阳多㻬琈 [5] 之玉。

又西七十里，曰丙山 [6]，其木多梓檀，多弞杻 [7]。

【注释】

[1] 又原之山，古山名。《五藏山经传》卷五："又山之北原也。通渭县有江水，俗呼为悠江水，导自北山，南流入渭，三源象右手形，故山得名，亦犹闻喜有左水，曰左邑也。此原实山北麓尽处矣。"[2] 青䨼，青碧之类。[3] 鸲鹆（qú yù），古鸟名，也称鸲鹆。俗称八哥。[4] 涿山，古山名。吕调阳校作"汤山"，《五藏山经传》卷五："今温泉山，在安定县东南。"[5] 㻬琈，一种美玉。[6] 丙山，古山名。《五藏山经传》卷五："今双峪山也。"[7] 弞杻（shěn），长而直的杻树。郝懿行曰："弞，长也；东齐曰弞。"

【译文】

从楮山再往西二十里的地方，有座山叫又原山，山的南面有丰富的青䨼，山的北面有丰富的铁矿，这里的禽鸟以八哥最多。

从又原山再往西五十里的地方，有座山叫涿山，这里的树

248

木繁茂，构树、柞树、柤树争奇斗艳，山的南面盛产精美的璚玞玉。

从涿山再往西七十里的地方，有座山叫丙山，这里的树木葱茏，梓树、檀树格外茂密，还有很多㸰柤树。

凡首阳山之首，自首山[1]至于丙山，凡九山，二百六十七里。其神状皆龙身而人面。其祠之：毛用一雄鸡瘗[2]，糈用五种之糈[3]。堵山，冢也[4]，其祠之：少牢[5]具，羞酒祠，婴毛一璧瘗。骑山，帝[6]也，其祠：羞酒，太牢具；合巫祝二人儛，婴一璧。

【注释】

[1]首山，郝懿行曰："首山即首阳山。"[2]毛用一雄鸡瘗（yì），毛物用一只雄鸡埋入地下。[3]五种之糈，汪绂注："黍、稷、稻、粱、麦也。"[4]堵山，冢（zhǒng）也，堵山，是众山的宗主。堵山，即楮山。冢，同"宗"，宗主的意思。[5]少牢，猪羊二牲。[6]帝，即众山的首领。

【译文】

纵观《中次十经》这一山系，从首山到丙山，共九座山，沿途二百六十七里。这些山神都是龙的身形，人的面孔。祭祀这些山神的礼仪是，用一只雄鸡，埋在地下，祭祀用的米是精选的五谷米。堵山，是诸山的宗主，祭祀堵山时，用猪、羊二牲作祭品，进献美酒，并选用精美的玉器。骑山，是黄帝居住的地方，在祭祀这座山神时，选用美酒，并供以猪、牛、羊等牲畜，具以美玉器皿，让女巫师和男祝师二人一起跳舞。

中次十一经

中次一十一山经荆山之首，曰翼望之山[1]。湍水出焉，东流注于济；贶水[2]出焉，东南流注于汉，其中多蛟[3]。其上多松柏，其下多漆梓[4]。其阳多赤金，其阴多珉[5]。

【注释】

[1]翼望之山，古山名。《五藏山经传》卷五："《禹贡》'荆河惟豫州。'荆谓唐邓以南，胎簪以西之山，其首起于熊耳之东内乡县，北之伏牛山，即翼山。翼望，义见前。"[2]贶（kuàng）水，古水名。《五藏山经传》卷五："湍水在汝北象之，其水一源两分，一东北流为湍水，水形象县墨伸其臂指也，后人谓之汝水，东流屈东南，汝水自西来会，又东至郾城县南分二支，一东南会帝苑诸水东入颍为正流，一东至故女阳县南入颍，东与荥泽水会，即经所云东流注济者，汉魏间绝流谓之死汝，至元人始尽堨入颍，塞其南下之路，今遂为湍水经流也。一南出为贶水，后人谓之湍水，东南经内乡县邓州至新野县会白河，又南至襄阳县东北会唐河入汉，贶同兄，水南至邓州，象兄诱形也。"[3]蛟，郭璞注"似蛇而四脚，小头细颈，有白瘿，大者十数围，卵如一二石瓮，能吞人。"[4]漆梓，即漆树和梓树。[5]珉，一种仅次于玉的石头。

【译文】

《中次十一经》所描述的中部山系的第十一组山脉是荆山山脉，荆山山脉的第一座山叫翼望山。湍水从这座山流出，然后向东流入济水。贶水也从这座山流出，向东南流入汉水，水中有很多蛟。山上到处是松树和柏树，山下有茂密的漆树和梓树，山的南面多出产金属矿物，山的北面多出产珉。

又东北一百五十里，曰朝歌之山^[1]。沃水^[2]出焉，东南流注于荥，其中多人鱼。其上多梓楠，其兽多麢麇^[3]。有草焉，名曰莽草^[4]，可以毒鱼。

【注释】

[1] 朝歌之山，古山名。《五藏山经传》卷五："朝歌，义见前七经。"[2] 沃（wǔ）水，《五藏山经传》卷五："沃即汝水，先儒谓之潕水，今名沙河也。"[3] 麢麇，羚羊和麋鹿。[4] 莽草，即芒草，也作"鼠草"。

【译文】

从翼望山再往东北一百五十里的地方，有座山叫朝歌山。沃水从这座山流出，向东南流入荥水，水中生长着很多人鱼。山上有茂密的梓树、楠树，这里的野兽以羚羊、麋鹿最多。山中有一种草，名称是莽草，这种草有毒，鱼吃了这种草，会被毒死。

又东南二百里，曰帝囷之山^[1]。其阳多璐珸^[2]之玉，其阴多铁。帝囷之水出于其上，潜于其下，多鸣蛇。

【注释】

[1] 帝囷之山，古山名。《五藏山经传》卷五："山在诸暨县东。"[2] 璐珸（yú fú），古代传说中的一种玉。

【译文】

从朝歌山再往东南二百里的地方，有座山叫帝囷山，山的南面有丰富的璐珸玉，山的北面有丰富的铁。帝囷水从这座山顶上流出，潜流到山下，水中有很多鸣蛇。

又东南五十里，曰视山^[1]，其上多韭。有井焉，名曰天井，夏有水，冬竭。其上多桑，多美垩^[2]、金、玉。

【注释】

[1] 视山，古山名。《五藏山经传》卷五："即浮玉山，今天目山也，东西二峰峰顶各有一池如目。"[2] 美垩，意思是优质垩土。

【译文】

从帝囷山再往东南五十里的地方，有座山叫视山，山上到处是野韭菜。山中有一口井，叫作天井，夏天有水，冬天枯竭。山上有茂密的桑树，还有丰富的优良垩土、金属矿物、玉石。

又东南二百里，曰前山^[1]，其木多楮^[2]，多柏。其阳多金，其阴多赭。

【注释】

[1] 前山，古山名。《五藏山经传》卷五："高前东南也。今为鸡子河所出，在南召县东北，其水下合白河分为二，亦象前形。"[2] 楮（zhū），郭璞注："似柞子，可食，冬夏生（青），作屋柱难腐。"俗称楮树，结的果实可以食用，木质坚硬还耐腐蚀。

【译文】

从视山再往东南二百里的地方，有座山叫前山，这里的树木以楮树居多，还有不少的柏树，山的南面盛产黄金，山的北面盛产赭石。

又东南三百里，曰丰山[1]。有兽焉，其状如猿[2]，赤目、赤喙[3]、黄身，名曰雍和，见则国有大恐。神耕父处之，常游清泠之渊[4]，出入有光，见则其国为败。有九钟焉，是知霜鸣[5]。其上多金，其下多穀、柞、杻、橿。

【注释】

[1] 丰山，古山名。《五藏山经传》卷五："山在鄱阳湖口，所谓石钟山也，水落则鸣，故曰是知霜鸣，或夏天小时亦鸣也。兹山郦氏得其凡，苏子寻其实，此经并详其数与故，古人之重博物如此。"[2] 猿，亦作猿。[3] 喙（huì），鸟兽的嘴巴。[4] 清泠之渊，清泠渊，水名。郭璞注："清泠水在西鄂县山上，神来时水赤有光耀，今有屋祠之。"[5] 是知霜鸣，应和着霜的降落鸣响起来。郭璞注："霜降则钟鸣，故言知和也。"

【译文】

从前山再往东南三百里的地方，有座山叫丰山。山中有一种野兽，形状像猿猴，却长着红眼睛、红嘴巴、黄色的身子，名称是雍和，这种野兽出现在哪个国家，哪个国家里就会发

雍和

生大恐慌。神仙耕父就住在这座山里，常常在清泠渊畅游，出入时都有闪光，它在哪个国家出现，哪个国家就要衰败没落。这座山还有九口钟，它们都应和霜的降落而鸣响。山上有丰富的金，山下有茂密的构树、柞树、杻树、橿树。

又东北八百里，曰兔床之山[1]。其阳多铁，其林多诸苎[2]，

其草多鸡谷，其本如鸡卵，其味酸甘，食者利于人。

又东六十里，曰皮山[3]。多垩，多赭[4]，其木多松柏。

【注释】

[1]兔床之山，古山名。《五藏山经传》卷五："在泌阳县东南马谷田。"[2]诸芋（zhū yú），汪绂注："非木也，此疑当时楮芋，芋，小栗也。"即楮树和小栗树。[3]皮山，古山名。《五藏山经传》卷五："庐江县东之彭家冈，临于黄陂湖北岸，湖水南溢为黄泥河也。皮、陂通。"[4]赭（zhě），可以用作涂料的矿石。

【译文】

从丰山再往东北八百里的地方，有座山叫兔床山，山的南面有丰富的铁，山里的树木以楮树和芋树最多，而花草以鸡谷草最多，它的根茎像鸡蛋似的，味道又酸又甜，吃了它对人的身体有好处。

从兔床山再往东六十里的地方，有座山叫皮山，皮山上有大量可以用作涂料的垩土，还有大量的赭石，这里的树木茂密，大多是松树和柏树。

又东六十里，曰瑶碧之山[1]。其木多梓楠，其阴多青雘[2]，其阳多白金。有鸟焉，其状如雉，恒食蜚[3]，名曰鸩[4]。

【注释】

[1]瑶碧之山，古山名。《五藏山经传》卷五："章山东南也。山在潜山县西北百里，皖水西源所出，其地名花板石。"[2]青雘，青碧之类。[3]恒食蜚，常食臭虫。郭璞注："蜚，负盘也；音

254

翡。"蜚，一种有害的小飞虫，椭圆形，发出臭味，生于草丛中，嚼食稻花。[4]鸩，传说中的一种毒鸟。

【译文】

从皮山再往东六十里的地方，有座山叫瑶碧山，这里的树木以梓树和楠树最多，山的北面盛产青膔，山的南面盛产白银。山中有一种禽鸟，形状像一般的野鸡，常吃蜚虫，名字叫鸩。

又东四十里，曰支离之山[1]，济水[2]出焉，南流注于汉。有鸟焉，其名曰婴勺，其状如鹊，赤目、赤喙、白身，其尾若勺[3]，其鸣自呼[4]。多㸲牛[5]，多羬羊[6]。

【注释】

[1]支离之山，古山名。《五藏山经传》卷五："今裕州西北郦山，赵河所出也。"[2]济水，吕调阳校作"剂水。"《五藏山经传》卷五："水与其东之李郁朵山水并流而南，既合，东南则裕州之七峰山水两源南流而合，又南折而西来会四水参列象蚕形，又西环曲而南少东，又象刖者身仰，足不能立之形，故曰支离也。"[3]其尾若勺，郭璞注："似酒勺形。"郝懿行注："鹊尾似勺，故后世作鹊尾勺，本此。"[4]其鸣自呼，它的鸣叫声是自呼其名。"鸣"作"名"。[5]㸲（zuó）牛，一种牛，体形很大，重达千斤。[6]羬（xián）羊，一种大尾羊。

婴 勺

【译文】

从瑶碧山再往东四十里的地方，有座山叫支离山。济水从这座山流出，向南流入汉水。山中有一种飞鸟，名称是婴勺，形状像普通的喜鹊，却长着红眼睛、红嘴巴、白色的身子，尾巴与酒勺的形状相似，它发出的叫声便是自身名称的读音。这座山中还有很多柞牛、羬羊。

又东北五十里，曰袟簡之山[1]，其上多松、柏、机、柏[2]。

又西北一百里，曰菫理之山[3]。其上多松柏，多美梓，其阴多丹雘，多金，其兽多豹虎。有鸟焉，其状如鹊，青身白喙，白目白尾，名曰青耕，可以御疫，其鸣自叫。

【注释】

[1] 袟簡（zhì diāo）之山，吕调阳校作"袟衡之山"，《五藏山经传》卷五："山在裕州北四十里，汉晋人讹呼为雉衡，于此置雉县。其山或止称衡山，又因下文雉山为澧水所出，即指此山水为澧水，皆缪也。袟，积帛也，一作袠。衡，平也。此山东出二水，南水有襞褶处象积帛不伸，北水象尉之使平也。南水即绲水，水形似缝人所用绳橐也。北水盖本名熨水，水形似火斗也。"[2] 机柏，郝懿行注："'机柏'，《广韵》引此经作'机桓'。"名无患子树，可以洗衣去垢。[3] 菫（qín）理之山，吕调阳校作"菫埋之山"。《五藏山经传》卷五："山在今汝州西南，即将孤山。养水四源东北流，右合菫沟水注湍，其南复有激水，与桓水同出将孤山，一东南流，一东北流，而合又东北注于湍，三水加汝之北象抔土掩覆道殣之形，故曰菫埋。菫，古'墐'字也。"墐，掩埋。

【译文】

从支离山再往东北五十里的地方，有座山叫袟簼山，山上松柏常青，还有茂密的楷树和桓树。

从袟簼山再往西北一百里的地方，有座山叫菫理山，山上有茂密的松树柏树，还有很多优良梓树，山的北面多出产青雘，并且有丰富的金，这里的野兽以豹子和老虎最多。山中有一种禽鸟，形状像一般的喜鹊，却是青色的身子白色的嘴巴，白色的眼睛白色的尾巴，名称是青耕，人饲养它可以辟瘟疫，它发出的叫声就像在呼喊自己的名字。

又东南三十里，曰依轱之山 [1]。其上多杻橿，多苴 [2]。有兽焉，其状如犬，虎爪有甲，其名曰獜 [3]，善駚牟 [4]，食者不风。

【注释】

[1] 依轱（gū）之山，古山名。《五藏山经传》卷五："山在汝水屈东南处。轱，辀胡也。依作衣，以衣加胡也，肖水形。"[2] 苴（jū），郝懿行注："经内皆云其木多苴，疑苴即柤之假借字也，柤之借为苴，亦犹杞之借为芑矣。"[3] 獜（lín），一种怪兽。郭璞注："言体有鳞

獜

甲。"[4] 駚牟（yǎng fèn），郭璞注："跳跃自扑也。"即跳跃扑腾的意思。

【译文】

从菫理山再往东南三十里的地方，有座山叫依轱山，山上

有茂密的杻树和檀树，柤树也不少。山中有一种野兽，形状像普通的狗，长着老虎一样的爪子而身上又有鳞甲，名称是獜，擅长跳跃腾扑，吃了它的肉就能使人不患风痹病。

又东南三十五里，曰即谷之山[1]。多美玉，多玄豹[2]，多闾麋[3]，多麢、臭[4]。其阳多珉，其阴多青䨼。

又东南四十里，曰鸡山[5]。其上多美梓，多桑，其草多韭。

【注释】

[1] 即谷之山，古山名。《五藏山经传》卷五："山在襄城县西，即湛坂也，湛水东流注湍象即谷也。"[2] 玄豹，郭璞注："黑豹也，即荆州山中出黑虎也。"[3] 闾麋，山驴和驼鹿。[4] 麢、臭，羚羊和臭，臭是像兔子的一种野兽。[5] 鸡山，古山名。《五藏山经传》卷五："山在泌阳东南高店，有卢家河两源西南流而合，又西会雎源北分之水，又西北至唐县南注淯水，合铄马水视之象雌鸡形。"

【译文】

从依轱山再往东南三十五里的地方，有座山叫即谷山，这里多出产优良玉石，有很多黑豹，还有不少的山驴和麋，羚羊和臭也很多。山的南面盛产珉石，山的北面盛产青䨼。

从即谷山再往东南四十里的地方，有座山叫鸡山，山上到处是优良梓树，还有茂密的桑树，而花草以野韭菜居多。

又东南五十里，曰高前之山[1]。其上有水焉，甚寒而清，帝台之浆[2]也，饮之者不心痛。其上有金，其下有赭[3]。

又东南三十里，曰游戏之山[4]，多柤、栟、栗，多玉，多封石[5]。

【注释】

[1] 高前之山，古山名。《五藏山经传》卷五："案旧文高前山在鸡山后，依次数之已二千一百六十五里。"[2] 帝台之浆，帝遗留的浆水。帝台，治理一方之小天帝。[3] 赭（zhě），可作绘画涂料的矿石。[4] 游戏之山，古山名。《五藏山经传》卷五："山距潜山县六十余里，在皖水东，水自西来，折而南而东南，北合数水，象水嬉之形也。"[5] 封石，一种能入药的矿石。

【译文】

从鸡山再往东南五十里的地方，有座山叫高前山。这座山上有一条溪水，非常冰凉而又特别清澈，是神仙帝台所用过的浆水，饮用了它就能使人不患心痛病。山上有丰富的金属矿物，山下有丰富的赭石。

从高前山再往东南三十里的地方，有座山叫游戏山，这里有茂密的柤树、栟树、构树，还有丰富的玉石，封石也很多。

又东南三十五里，曰从山[1]，其上多松柏，其下多竹。从水出于其上，潜于其下，其中多三足鳖[2]，枝尾[3]，食之无蛊疫。

又东南三十里，曰婴䃌之山[4]。其上多松柏，其下多梓㰌[5]。

【注释】

[1] 从山，古山名。《五藏山经传》卷五："今桐城县，故

259

舒宗国县西之西龙眠山即从山也，从通宗，其水东南为倒流河如昭穆之一左一右也。又东南注菜子源而西南溢出分枝潜为石城湖，一枝东南流至枞阳镇南入江。"[2]三足鳖，郭璞注："三足鳖名能，见《尔雅》。"[3]枝尾，分叉的尾巴。[4]婴硅（zhēn）之山，古山名。《五藏山经传》卷五："瑶碧西南珠岭山也。山之西南为珠子关，又南为玉珠畈，临南皖水之上。"[5]櫄（chūn）树，木名，这种树形状像臭椿树，树干可以制作车辕。

【译文】

　　从游戏山再往东南三十五里的地方，有座山叫从山，山上到处是松树和柏树，山下有茂密的竹丛。从水由这座山顶上流出，潜流到山下，水中有很多三足鳖，长着叉开的尾巴，吃了它的肉就能使人不患疑心病。

　　从从山再往东南三十里的地方，有座山叫婴硅山，山上到处是松树柏树，山下有茂密的梓树、櫄树。

　　又东南三十里，曰毕山[1]。帝苑之水[2]出焉，东北流注于视，其中多水玉，多蛟。其上多璃珌[3]之玉。

　　又东南二十里，曰乐马之山[4]。有兽焉，其状如彚[5]，赤如丹火，其名曰㹢[6]，见则其国大疫。

【注释】

　　[1]毕山，古山名。《五藏山经传》卷五："山在今泌阳县北，南汝河所出。"[2]帝苑之水，《五藏山经传》卷五："帝苑，养马之苑，以在轹马之北也。其水又东入汝，东南注雉，此经以视水为经川，故凡注雉，皆言注社视也。"[3]璃珌（yú fú），古代传说中的一种玉。[4]乐马之山，吕调阳校作"轹马之山"。

[5]彙（huì），通猬，即刺猬。[6]猴（lì），古兽名。

【译文】

从婴碵山再往东南三十里的地方，有座山叫毕山。帝苑水是从这座山流出，向东北流入视水，水中多出产水晶石，还有很多蛟。山上有丰富的琈珚玉。

从毕山再往东南二十里的地方，有座山叫乐马山。山中有一种野兽，形状像一般的刺猬，全身赤红如丹火，名称是猴，这种野兽出现在哪个国家，哪个国家里就会发生大瘟疫。

又东南二十五里，曰葴山[1]。视水[2]出焉，东南流注于汝水，其中多人鱼[3]，多蛟，多颉[4]。

又东四十里，曰婴山[5]。其下多青䨼[6]，其上多金玉。

【注释】

[1]葴（zhēn）山，古山名。《五藏山经传》卷五："今名天目山，其水曰明河，东南会雎水，下合汝水。"[2]视水，郭璞注："或曰视宜为瀙，瀙水今南阳也。"[3]人鱼，俗称娃娃鱼。[4]颉（xié），古代传说中的一种动物，形状像狗，皮毛呈青色。[5]婴山，古山名。《五藏山经传》卷五："长子县南丹朱岭，洑水两源象婴也。"[6]青䨼，青碧之类。

【译文】

从乐马山再往东南二十五里的地方，有座山叫葴山，视水从这座山流出，向东南流入汝水，水中有很多人鱼，又有很多蛟，还有很多的颉。

从葴山再往东四十里的地方，有座山叫婴山，山下有丰富的青䨼，山上有丰富的金属矿物和玉石。

又东三十里，曰虎首之山[1]。多苴、椆[2]、椐。

又东二十里，曰婴侯之山[3]。其上多封石，其下多赤锡。

【注释】

[1] 虎首之山，古山名。《五藏山经传》卷五："山在鸡山西南，即后世所指为桐柏山也。雉水自驳簪山来，东流经山北分二枝，一东北注鸡山水，一东南流，又分一枝北流注北水，又东南而南折，又曲折东流，象虎伏首形，故名。"[2] 椆（chóu），古树名。据古书记载，这种树耐寒，即使寒冷也不凋谢。[3] 婴侯之山，古山名。《五藏山经传》卷五："山即婴侯水所出。"

【译文】

从婴山再往东三十里的地方，有座山叫虎首山，山上有茂密的粗树、椆树、椐树。

从虎首山再往东二十里的地方，有座山叫婴侯山，山上多出产封石，山下多出产红色锡土。

又东五十里，曰大騩之山[1]。杀水出焉，东北流注于视水，其中多白垩[2]。

又东四十里，曰卑山[3]。其上多桃、李、苴、梓，多累[4]。

【注释】

[1] 大騩之山。吕调阳校作"大术之山"。《五藏山经传》卷五："山在光山县西南墨斗关，其水曰竹竿河。长杀象竹竿，亦象旁道曲杀，故曰大术。术，所以通道之穷也。"[2] 白垩，优质的白土。[3] 卑山，古山名。《五藏山经传》卷五："今王

家冈，在信阳州西六十余里，有三道河南自大王冲北流迳山东，折西北环曲东北注雉，象人俯躬形。"[4]累，植物名，紫滕树，是一种属虎豆类的植物。

【译文】

从婴侯山再往东五十里的地方，有座山叫大孰山。杀水从这座山流出，向东北流入视水，沿岸到处是白色垩土。

从大孰山再往东四十里的地方，有座山叫皋山，山上有茂密的桃树、李树、柤树、梓树，还有很多紫藤树。

又东三十里，曰倚帝之山[1]，其上多玉，其下多金。有兽焉，其状如𪓰鼠[2]，白耳白喙，名曰狙如[3]，见则其国有大兵。

又东三十里，曰鲵山[4]。鲵水出于其上，潜于其下，其中多美垩。其上多金，其下多青雘[5]。

【注释】

[1]倚帝之山，吕调阳校作"倚带之山"，《五藏山经传》卷五："山在信阳州南四十余里，曰桃花山，有谭家河导源西北流折而北，象倚带形，即古申水。"[2]𪓰（fèi）鼠，古代传说中的一种野兽。[3]狙（jū）如，古兽名。[4]鲵（ní）山，古山名。《五藏山经传》卷五："今信阳州东南五十里曰灵山，有白龙池东北流出，名小黄河，盖即鲵水。"[5]青雘，青碧之类。

【译文】

从皋山再往东三十里的地方，有座山叫倚帝山，山上有丰富的玉石，山下有丰富的金属矿物。山中有一种野兽，形状像𪓰鼠，长着白耳朵白嘴巴，名叫狙如，这种野兽出现在哪个国家，哪个国家里就会发生战乱。

从倚帝山再往东三十里的地方，有座山叫鲵山。鲵水从这座山顶上流出，潜流到山下，这里有很多优良垩土。山上有丰富的金属矿物，山下有丰富的青雘。

又东三十里，曰雅山 [1]。澧水 [2] 出焉，东流注于视水，其中多大鱼。其上多美桑，其下多苴 [3]，多赤金。

【注释】

[1] 雅山，吕调阳校作"雉山"，《五藏山经传》卷五："山在光山县南新店塘。"[2] 澧水，《五藏山经传》卷五："澧水今名潢河，流至光州东北名曰白露河，一作醴水，言白浊似醴也。其水东北流右合诸小水象雉飞前其爪距之形，故山得名。[3] 苴（jū），郝懿行注："经内皆云其木多苴，疑苴即柤之假借字也，柤之借为苴，亦犹杞之借为芑矣。"

【译文】

从鲵山再往东三十里的地方，有座山叫雅山。澧水从这座山流出，向东流入视水，水中有很多大鱼。山上有茂密的优良桑树，山下有茂密的柤树，这里还多产金属矿物。

又东五十五里，曰宣山 [1]。沦水出焉，东南流注于视水，其中多蛟。其上有桑焉，大五十尺，其枝四衢 [2]，其叶大尺余，赤理黄华青柎，名曰帝女之桑 [3]。

【注释】

[1] 宣山，《五藏山经传》卷五："宣同亘，作室所用钩援也，或以绳，或以竿，皆有援。山在霍山县西北九十余里，壁河出而东南流经流波礁，又东至两河口会霍山水东北注视。象宣，沦，小波也。"[2] 其枝四衢，郭璞注："言枝交互四出。"这里形容树枝交错而出，四处伸展。[3] 名曰帝女之桑，郭璞注："妇女主蚕，故以名桑。"

【译文】

从雅山再往东五十里的地方，有座山叫宣山。沦水从这座山流出，向东南流入视水，水中有很多蛟。山上有一种桑树，树干合抱有五十尺粗细，树枝交叉伸向四方，树叶方圆有一尺多，红色的纹理、黄色的花朵、青色的花萼，名称是帝女桑。

又东四十五里，曰衡山[1]。其上多青膜[2]，多桑，其鸟多鸜鹆[3]。

又东四十里，曰丰山，其上多封石[4]，其木多桑，多羊桃，状如桃而方茎，可以为皮张[5]。

又东七十里，曰妪山[6]。其上多美玉，其下多金，其草多鸡谷[7]。

【注释】

[1] 衡山，古山名。《五藏山经传》卷五："今山有天平关，在朱砂岭东。"[2] 青膜，青碧之类。[3] 鸜鹆（qú yù），古鸟名，也称鸲鹆。俗称八哥。[4] 封石，即《中次八经》中若山等处的封石。郝懿行曰："《本草别录》云：'封石味甘，无毒，生常山及少室。'下文游戏之山、婴侯之山、丰山、服山、声匈之山并多此石。"

[5]为皮张，郭璞注："治皮肿起。"为，治理的意思，这里意为医治。皮张，即皮肤肿胀，张通"胀"。[6]姁山，古山名。《五藏山经传》卷五：游戏东也。今县北有野人砦，盖即姁山。姁谓野女也，又有黄婆坳，在砦北三十余里也。[7]鸡谷，古草名。

【译文】

从宣山再往东四十五里的地方，有座山叫衡山，山上盛产青雘，还有茂密的桑树，这里的禽鸟以八哥最多。

从衡山再往东四十里的地方，有座山叫丰山，山上多出产封石，这里的树木大多是桑树，还有大量的羊桃，形状像一般的桃树却是方方的茎干，可以用它医治人的皮肤肿胀病。

从丰山再往东七十里的地方，有座山叫姁山，山上盛产优良玉石，山下盛产金，这里的花草以鸡谷草最为繁盛。

又东三十里，曰鲜山[1]，其木多楢、杻、苴，其草多薲冬[2]，其阳多金，其阴多铁。有兽焉，其状如膜大[3]，赤喙、赤目、白尾，见则其邑有火，名曰狪即[4]。

【注释】

[1]鲜山，古山名。《五藏山经传》卷五："在霍山县南三十六七里，有小河南流，经佛寺关西，而头陀河出霍山之南，西北流来会，曰小河口，折而东曰东流河，又循霍山西麓折而北，而西北会皋水，状鲜尾之形，故曰鲜山。"[2]薲（mén）冬，古草名。[3]膜大，据古书称，是生长在西膜沙漠中的一种狗，这

狪　即

种狗体形高大，性情猛烈，力气充沛。[4]㹽(yí)即，古兽名。

【译文】

从岖山再往东三十里的地方，有座山叫鲜山，这里的树木以楮树、杻树、柤树最多，花草以蔷薇最多，山的南面有丰富的金属矿物，山的北面有丰富的铁矿。山中有一种野兽，形状像膜犬，长着红嘴巴、红眼睛、白尾巴，这种野兽出现在哪里，哪里就会有火灾，它的名字叫㹽即。

又东三十里，曰章山[1]。其阳多金，其阴多美石。皋水出焉，东流注于澧水，其中多脆石[2]。

【注释】

[1]章山，古山名。《五藏山经传》卷五："即霍山县西八十余里方家坪，有烂泥坳水出而东流会燕子河，象臂鹰之形，又东会霍山水，又北会沦水注视。言注澧，变文耳。"[2]脆(cuì)石，脆同"脆"，是一种轻软易碎的石头。

【译文】

从鲜山再往东三十里的地方，有座山叫章山，山的南面盛产金属矿物，山的北面多出产漂亮的石头。皋水从这座山流出，向东流入澧水，水中有许多脆石。

又东二十五里，曰大支之山[1]。其阳多金，其木多穀柞，无草木。

又东五十里，曰区吴之山[2]，其木多苴[3]。

【注释】

[1] 大支之山，古山名。《五藏山经传》卷五："山在黟县西北，曰西武岭。岭北石埭贵池分水，南则黟县祁门分水也。"
[2] 区吴之山，古山名。《五藏山经传》卷五："即南次三经区吴。"
[3] 苴(jū)，郝懿行注："经内皆云其木多苴，疑苴即柤之假借字也，柤之借为苴，亦犹杞之借为芑矣。"

【译文】

从章山再往东二十五里的地方，有座山叫大支山，山的南面有丰富的金属矿物，这里的树木大多是构树和柞树，山上光秃，没有生长任何花草。

从大支山再往东五十里的地方，有座山叫区吴山，这里的树木以柤树为最繁盛。

又东五十里，曰声匈之山[1]。其木多榖，多玉，上多封石。
又东五十里，曰大騩之山[2]。其阳多赤金，其阴多砥石[3]。

【注释】

[1] 声匈之山，古山名。《五藏山经传》卷五："县西北之水吼岭，在两水会也。"[2] 大騩之山，古山名。《五藏山经传》卷五："宁国县西南丛山关也。大騩象东西两河合北流之形。"
[3] 砥石，一种磨刀石。

【译文】

从区吴山再往东五十里的地方，有座山叫声匈山，这里有茂密的构树，到处是玉石，山上还盛产封石。

从声匈山再往东五十里的地方，有座山叫大騩山，山的南面多出产金属矿物，山的北面多产细磨石。

又东十里，曰踵臼之山[1]，无草木。

又东北七十里，曰历石之山[2]。其木多荆芑，其阳多黄金，其阴多砥石。有兽焉，其状如狸，而白首虎爪，名曰梁渠，见则其国有大兵。

【注释】

[1] 踵臼（zhǒng jiù）之山，古山名。《五藏山经传》卷五："宁国县南狼山。踵臼，以足舂也，亦象水形。"[2] 历石之山，郭璞注："历，或作磨。"《五藏山经传》卷五："叠石谓之磨石，在宁国东南石口镇也"

【译文】

从大騩山再往东十里的地方，有座山叫踵臼山，山上荒芜，没有生长花草树木。

从踵臼山再往东北七十里的地方，有座山叫历石山，这里的树木以牡荆和枸杞最多，山的南面盛产金属矿物，山的北面盛产细磨石。山中有一种野兽，

梁渠

形状像野猫，却长着白色的脑袋，老虎一样的爪子，名称是梁渠，这种野兽出现在哪个国家，哪个国家里就会发生大的战争。

又东南一百里，曰求山[1]。求水出于其上，潜于其下，中有美赭。其木多苴，多镐[2]。其阳多金，其阴多铁。

【注释】

[1] 求山，古山名。《五藏山经传》卷五："即鹿吴山，

269

今西天目山，在于潜县北，以产美术，故名。"[2] 篃，一种小竹。

【译文】

从历石山再往东南一百里的地方，有座山叫求山，求水从这座山顶上流出，潜流到山下，这里有很多优良赭石。山中到处是柤树，还有矮小丛生的篃竹。山的南面有丰富的金属矿物，山的北面有丰富的铁矿。

又东二百里，曰丑阳之山[1]。其上多椆椐。有鸟焉，其状如乌而赤足，名曰䴔𩿧[2]，可以御火。

【注释】

[1] 丑阳之山，古山名。《五藏山经传》卷五："双桥溪水即丑水，山在溪之北也。"[2] 䴔𩿧（zhǐ tú），古代传说中的一种鸟。亦称䴔余。

【译文】

从求山再往东二百里的地方，有座山叫丑阳山，山上有茂密的椆树和椐树。山中有一种禽鸟，形状像一般的乌鸦却长着红色爪子，名称是䴔𩿧，这种鸟能够预报火警，人们饲养它可以避免火灾。

䴔 𩿧

又东三百里，曰奥山，其上多柏、杻、橿，其阳多㻜珸之

270

玉。奥水出焉，东流注于视水。

【译文】

从丑阳山再往东三百里的地方，有座山叫奥山，山上有茂密的松树、枏树、橿树，山的南面盛产璀珸玉。奥水从这座山流出，向东流入视水。

又东三十五里，曰服山[1]。其木多苴，其上多封石，其下多赤锡。

又东百十里，曰杳山[2]。其上多嘉荣[3]草，多金玉。

【注释】

[1] 服山，古山名。《五藏山经传》卷五："山在牛食畈之西，史河东源所出，是两水象服马，其外两源象骖也。"[2] 杳山，古山名。《五藏山经传》卷五："山在池州府正南近张溪河源处，亦曰香口。"吕调阳校作"香山"。[3] 嘉荣，古草名。

【译文】

从奥山再往东三十五里的地方，有座山叫服山，这里的树木以枏树最多，山上有丰富的封石，山下多出产红色锡土。

从服山再往东一百一十里的地方，有座山叫杳山，山上到处是嘉荣草，还有丰富的金属矿物和精美的玉石。

又东三百五十里，曰几山[1]。其木多楢、檀、枏，其草多香。有兽焉，其状如彘[2]，黄身、白头、白尾，名曰闻獜[3]。见则天下大风。

271

【注释】

[1]几山，古山名。《五藏山经传》卷五："山即尧光之山，香口河所出。"吕调阳校作"尧山"。[2]彘（zhì），猪。[3]闻獜（lín），古代传说中的一种野兽，异常凶猛。

【译文】

从杳山再往东三百五十里的地方，有座山叫几山，这里的树木，以楢树、檀树、杻树最多，而草类主要是各种香草。山中有一种野兽，形状像普通的猪，却是黄色的身子、白色的脑袋、白色的尾巴，名称是闻獜，这种野兽一旦出现天下就会狂风大作。

闻　獜

凡荆山之首，自翼望之山至于几山，凡四十八山，三千七百三十二里。其神状皆彘身人首。其祠：毛用一雄鸡祈，瘗用一珪，糈用五种之精[1]。禾山[2]，帝也，其祠：太牢之具，羞瘗倒毛[3]，用一璧，牛无常[4]。堵山、玉山，冢也，皆倒祠，羞毛少牢[5]，婴毛吉玉。

【注释】

[1]糈用五种之精，郭璞注："备五谷之美者。"即用五种精米黍、稷、稻、粱、麦以祀神。"精"或为糈之误用。[2]禾山，郝懿行注："上文无此山，或云帝囷山之脱文，或云求山之误文。"[3]羞瘗倒毛，意思是进献之后，把所献的牲畜倒埋起来。[4]牛无常，虽是用太牢礼，也不一定要三牲齐备。汪绂曰："不

必牲具也。"[5] 羞毛少牢，献祭的毛物用小牢（猪、羊）礼。

【译文】

纵观《中次十一经》这一山系，从翼望山到几山，共四十八座山，沿途三千七百三十二里。这些山神都是猪的身子而人的头。祭祀这些山神的礼仪是：在毛物中用一只公鸡来祭祀后埋入地下，在祀神的玉器中用一块玉珪献祭，祀神的米用黍、稷、稻、粱、麦五种精米。禾山，是诸山的首领。祭祀禾山山神时在毛物中用猪、牛、羊齐全的三牲作祭品，进献后埋入地下，而且将牲畜倒着埋；在祀神的玉器中用一块玉璧献祭，但也不必三牲全备。堵山、玉山，是诸山的宗主，祭祀后都要将牲畜倒着埋掉，进献的祭祀品是用猪、羊，在祀神的玉器中要用一块吉玉。

中次十二经

中次十二经洞庭山之首，曰篇遇之山 [1]。无草木，多黄金。

【注释】

[1] 篇遇之山，古山名。《五藏山经传》卷五："肩遇即宣余水所经之风洞山，水形似肩，新宁河入其东，亦屈垂如两肩相遇也。"郭璞注："篇或作肩。"

【译文】

《中次十二经》所描述的中部山系的第十二组山是洞庭山

山脉，洞庭山山脉的第一座山叫篇遇山，这座山上没有花草树木，蕴藏着丰富的金属矿物。

又东南五十里，曰云山[1]，无草木。有桂竹[2]，甚毒，伤人必死。其上多黄金，其下多瑈珸[3]之玉。

【注释】

[1]云山，古山名。《五藏山经传》卷五："忠州东北白云山也。有滃井临滃溪河侧。滃同瀜，音甘，盖常出云气，故名。今忠州驿曰云根是也。"[2]桂竹，古竹名，据古书中记载，桂竹高达四五丈，粗约二尺，叶大节长，有剧毒。[3]瑈珸（yú fú），古代传说中的一种玉。

【译文】

从篇遇山再往东南五十里的地方，有座山叫云山，云山上没有生长花草树木，光秃秃的。但有一种桂竹，毒性特别大，枝叶刺着人就必死。山上盛产金属矿物，山下盛产精美的瑈珸玉。

又东南一百三十里，曰龟山[1]，其木多榖、柞、椆、椐，其上多黄金，其下多青雄黄，多扶竹[2]。

又东七十里，曰丙山[3]。多筀竹[4]，多黄金、铜、铁，无木。

【注释】

[1]龟山，古山名。《五藏山经传》卷五："山为葫芦溪水所导，名挂子洞，是多蠵龟。"[2]扶竹。即邛竹。古书记载，扶竹节

杆比较长，中间是实心，可以制作手杖，所以又被称为扶老竹。
[3] 丙山，古山名。《五藏山经传》卷五："山在施南府利川县西，今名丙字垭，即夷水所出之很山也。"[4] 筀（guì）竹，同桂竹。郝懿行注："筀亦当为桂，桂阳所生竹，因以为名也。"

【译文】

从云山再往东南一百三十里的地方，有座山叫龟山，这里的树木以构树、柞树、椆树、椐树最为繁盛，山上多出产金属矿物，山下多出产石青、雄黄，还有很多扶竹。

从龟山再往东七十里的地方，有座山叫丙山，有茂密的桂竹，还有丰富的金属矿物、铜矿、铁矿，但没有树木。

又东南五十里，曰风伯之山[1]，其上多金玉，其下多瘦石[2]文石，多铁，其木多柳、杻、檀、楮。其东有林焉，名曰莽浮之林，多美木、鸟兽。

【注释】

[1] 风伯之山，古山名。《五藏山经传》卷五："恩施县西南风井山也。穴口大如盆，夏则风出，冬则风入，寒飚骤发，六月中尤不可当。穴与长杨溪源之石穴潜通也。"风，也有作"凤"。
[2] 瘦（suān）石，古代传说中的一种石头。

【译文】

从丙山再往东南五十里的地方，有座山叫风伯山，山上有丰富的金属矿物和玉石，山下盛产瘦石和色彩斑斓的漂亮石头，还盛产铁，这里的树木以柳树、杻树、檀树、构树最盛多。在风伯山东面有一片树林，叫作莽浮林，其中有许多优良树木和禽鸟野兽。

又东一百五十里，曰夫夫之山^[1]，其上多黄金，其下多青雄黄，其木多桑楮，其草多竹、鸡鼓^[2]。神于儿居之，其状人身而身操两蛇，常游于江渊，出入有光。

【注释】

[1] 夫夫之山，古山名。《五藏山经传》卷五："丙山东也。山在风井之北十余里，有神穴平居无水，渴者诚启请乞辄得水，今名曰出水洞。山北及西有二水东北流，注清江河，象人倾偃有两势也。"夫夫山，也有作"大夫山"。[2] 鸡鼓，也就是上文提到的鸡谷草。

【译文】

从风伯山再往东一百五十里的地方，有座山叫夫夫山，山上多出产金属矿物，山下多出产石青、雄黄，这里的树木以桑树、构树最多，而花草以竹子、鸡谷草最为繁盛。神仙于儿就住在这座山里，形貌是人的身子却手握两条蛇，常常游玩于长江水的深渊中，出没时都有闪光。

又东南一百二十里，曰洞庭之山^[1]，其上多黄金，其下多银铁，其木多柤、梨、橘、櫾^[2]，其草多葌、蘪芜、芍药、芎藭^[3]。帝之二女居之^[4]，是常游于江渊。澧沅之风，交潇湘^[5]之渊，是在九江^[6]之间，出入必以飘风暴雨。是多怪神，状如人而载^[7]蛇，左右手操蛇。多怪鸟。

【注释】

[1] 洞庭之山，古山名。《五藏山经传》卷五："山在永顺桑植县西七十余里，曰上洞，与其东北四十里之下洞并临澧水之

上，水象却车就位之形，其北之零水、辰水东西分流象屋宇形，故曰洞庭。庭之义谓左右有位也。巴陵陂亦号洞庭，以为洞庭山水所潴，亦如彭蠡之水潴为鄱阳湖，因号湖曰彭泽也。"[2]柤（jū）、梨、橘、櫾（yáo），即柤梨树、梨树、橘树、櫾树。[3]菮（jiān）、蘪芜、芍药、芎藭（xiōng qióng），即兰草、芎、藭的苗。[4]帝之二女居之，郭璞注："天帝之二女而处江为神也。"汪绂注："帝之二女，谓尧之二女以妻舜者娥皇、女英也。相传谓舜南巡狩，崩于苍梧，二妃奔赴哭之，陨于湘江，遂为湘水之神，屈原《九歌》所称湘君、湘夫人是也。"[5]潇湘，即潇水和湘水，在湖南境内。[6]九江，《五藏山经传》卷五："湘水大派凡九：曰湘、曰观、曰营、曰耒、曰洣、曰渌、曰涟、曰浏、曰汨，皆湘流所合，谓之九江也。"[7]载，郝懿行注："载亦戴也，古字通。"

【译文】

　　从夫夫山再往东南一百二十里的地方，有座山叫洞庭山，山上多产金属矿物，山下多产银和铁，这里的树木以柤树、梨树、橘子树、柚子树居多，而花草以兰草、蘪芜、芍药、芎等香草居多。天帝的两个女儿住在这座山里，她俩常在长江水的深渊中游玩。从澧水和沅水吹来的清风，交会在幽清的湘水渊潭上，这里正是九条江水汇合的中间，她俩出入时都有旋风急雨相伴随。洞庭山中还住着很多怪神，形貌像人而身上绕着蛇，左右两只手也握着蛇。这里还有许多怪鸟。

　　又东南一百八十里，曰暴山[1]，其木多棕、楠、荆、芑、竹箭、镛、箘[2]，其上多黄金、玉，其下多文石、铁，其兽多麋、鹿、麐[3]、就[4]。

【注释】

[1] 暴山，古山名。《五藏山经传》卷五："暴疑'皋'之讹。山盖即辰州东北马溺洞，有马溺水塘近南，即竹坪塘。"[2] 箘，一种小山竹。竹杆质地优良，可制作箭竹。[3] 麔（jǐ），同麌，一种小型鹿，只有雌性有角。[4] 就，即鹫，属雕鹰类，是一种性情猛烈的野兽。

【译文】

从洞庭山再往东南一百八十里的地方，有座山叫暴山，在茂密的草木中以棕树、楠木树、牡荆树、枸杞树和竹子、箭竹、镝竹、箘竹居多，山上多出产金属矿物、玉石，山下多出产彩色花纹的漂亮石头、铁，这里的野兽以麋鹿、鹿、麔居多，这里的禽鸟大多是鹫鹰。

又东南二百里，曰即公之山 [1]。其上多黄金，其下多㻚琈之玉，其林多柳、杻、檀、桑。有兽焉，其状如龟，而白身赤首，名曰蛫 [2]，是可以御火。

【注释】

[1] 即公之山，古山名。《五藏山经传》卷五："山在桃源县南，有桃源洞，沅水流迳其北似即谷也。"吕调阳校作"即谷之山"。[2] 蛫（guǐ），神话传说中的一种野兽。

【译文】

从暴山再往东南二百里的地方，有座山叫即公山，山上多产金

蛫

属矿物，山下多产璘珸玉，这里的树木以柳树、杻树、檀树、桑树最多。山中生长着一种野兽，形状像一般的乌龟，却是白身子红脑袋，名称是蛫，这种野兽可以预示火警，人饲养它可以避免火灾。

又东南一百五十九里，曰尧山[1]。其阴多黄垩[2]，其阳多黄金，其木多荆、芑、柳、檀，其草多藷藇[3]、茶[4]。

【注释】

[1] 尧山，古山名。《五藏山经传》卷五："今洞庭湖中南岸觜山，在沅口之东也。"[2] 黄垩，即黄色垩土。[3] 藷藇（zhū yú），山药。[4] 茶，苍术。

【译文】

从即公山再往东南一百五十九里的地方，有座山叫尧山，山的北面多出产黄色垩土，山的南面多出产金属矿物，这里的树木以牡荆树、枸杞树、柳树、檀树最多，而草以山药、苍术或白术最为繁盛。

又东南一百里，曰江浮之山[1]，其上多银、砥砺[2]，无草木，其兽多豕[3]、鹿。

【注释】

[1] 江浮之山，古山名。《五藏山经传》卷五："水上沤曰浮，谓圜似鸟卵也。山即包山，今名鸡子团。山在澧口东也。"[2] 砥砺，磨刀石。[3] 豕，猪，这里指野猪。

279

【译文】

从尧山再往东南一百里的地方，有座山叫江浮山，山上盛产银、磨石，这里没有花草树木，而野兽以野猪、鹿居多。

又东二百里，曰真陵之山[1]。其上多黄金，其下多玉，其木多榖、柞、柳、杻，其草多荣草[2]。

【注释】

[1] 真陵之山，古山名。《五藏山经传》卷五："尧山东湘口之磊石山也。真，古颠字。"[2] 荣草，古草名，能入药。

【译文】

从江浮山再往东二百里的地方，有座山叫真陵山，山上多产金属矿物，山下多产玉石，这里的树木以构树、柞树、柳树、杻树最多，而草大多是可以医治风痹病的荣草。

又东南一百二十里，曰阳帝之山[1]，多美铜，其木多櫄、杻、㮦[2]、楮，其兽多麛、麝[3]。

【注释】

[1] 阳帝之山，古山名。《五藏山经传》卷五："平江县东北黄洞岭，铜坪在其南。"[2] 㮦（yǎn），即山桑树，木质坚韧，可制弓或车辕。[3] 麝（shè），动物名，亦称"香獐"，雌雄都无角。香獐的麝香腺中分泌的麝香，可作药用

麝

和香料用。肉可以食用，皮可制革。

【译文】

　　从真陵山再往东南一百二十里的地方，有座山叫阳帝山，到处是优质铜，这里的树木大多是檀树、杻树、山桑树、楮树，而野兽以羚羊和麝香鹿最多。

　　又南九十里，曰柴桑之山 [1]，其上多银，其下多碧，多泠 [2] 石、赭，其木多柳、芑、楮、桑，其兽多麋鹿，多白蛇、飞蛇 [3]。

【注释】

　　[1] 柴桑之山，古山名。《五藏山经传》卷五："山在平江东南，曰卢洞，有水北入汨水，肖桑薪也。其西曰滑石桥也。" [2] 泠（líng）石，又作泠石。[3] 飞蛇，即腾蛇。

【译文】

　　从阳帝山再往南九十里的地方，有座山叫柴桑山，山上盛产银，山下盛产碧玉，到处是柔软如泥的泠石、赭石，这里的树木以柳树、枸杞树、楮树、桑树居多，而野兽以麋鹿、鹿居多，还有许多白色蛇、飞蛇。

　　又东二百三十里，曰荣余之山 [1]。其上多铜，其下多银，其木多柳芑，其虫多怪蛇、怪虫 [2]。

【注释】

　　[1] 荣余之山，古山名。《五藏山经传》卷五："山在袁州

萍乡东南秀水河，其水三源，俱西北流十余里而合，折东北会诸水，象华朵屈垂也。"[2] 怪虫，郝懿行注："《海外南经》云，南山人以虫为蛇。"

从柴桑山再往东二百三十里的地方，有座山叫荣余山，山上有丰富的铜矿，山下蕴藏着丰富银矿，这里的树木大多是柳树、枸杞树，这里的虫类有很多怪蛇、怪虫。

凡洞庭山之首，自篇遇之山至于荣余之山，凡十五山、二千八百里。其神状皆鸟身而龙首。其祠：毛用一雄鸡，一牝豚刉[1]，糈用稌[2]。凡夫夫之山、即公之山、尧山、阳帝之山，皆冢[3]也，其祠：皆肆瘗[4]，祈用酒，毛用少牢，婴毛一吉玉。洞庭、荣余山神也，其祠：皆肆瘗，祈酒太牢祠，婴用圭璧十五，五采惠[5]之。

[1] 一牝（pìn）豚刉（jī），用一只母猪取血涂祭。牝，雌。刉，划破。[2] 糈（xǔ）用稌（tú），精米用稻米。[3] 冢（zhǒng），同宗，宗主。[4] 皆肆瘗（yì），都先陈列玉，然后埋入地下。[5] 惠，装饰，绘饰的意思。

纵观《中次十二经》洞庭山这一山系，从篇遇山到荣余山，共十五座山，沿途二千八百里。这些山的山神都是鸟的身子龙的脑袋。祭祀这些山神的礼仪是：在毛物中宰杀一只公鸡、一头母猪作祭品，祀神的米用稻米。凡夫夫山、即公山、尧山、阳帝山，都是诸山的宗主，祭祀这几座山的山神的礼仪是：都要陈列牲畜、玉器而后埋入地下，祈神用美酒献祭，在毛物中用猪、羊二牲作祭品，在祀神的玉器中要用吉玉。洞庭山、荣余山，是神灵显应之山，祭祀这二位山神的礼仪是：都要陈列牲畜、玉器而后埋入地下，祈神用美酒及猪、牛、羊齐全的三牲献祭，祀神的玉器要用十五块玉圭十五块玉璧，用青、黄、赤、白、黑五样色彩绘饰它们。

右中经之山志，大凡百九十七山，二万一千三百七十一里。大凡天下名山五千三百七十，居地大凡六万四千五十六里。

【译文】

以上所述中部山系的情况，共一百九十七座山，沿途二万一千三百七十一里。

总体上看，天下有名的山共有五千三百七十座，分布在东南西北的各个方向中，绵延六万四千五十六里。

禹曰：天下名山，经五千三百七十山，六万四千五十六里，居地也，言其五藏[1]，盖其余小山甚众，不足记云。天地之东西二万八千里，南北二万六千里，出水之山者八千里，受水者八千里，出铜之山四百六十七，出铁之山三千六百九十。此天地之所分壤树谷也[2]，戈矛之所发也[3]，刀铩[4]之所起也，能者有余，拙者不足。封于泰山[5]，禅于梁父[6]，七十二家，得失之数，皆在此内，是谓国用[7]。

右《五藏山经》五篇，大凡一万五千五百三字。

【注释】

[1] 五臧，即"五脏"，即《五藏山经》，《东山经》《南山经》《西山经》《北山经》《中山经》五篇中所记述的重要山名，如同人的五脏六腑一样，也是天地山海之间的五脏。[2] 天地之所分壤树谷也，树，种植，栽培。意思是这些就是天地划分疆土、种植五谷所凭借的。[3] 戈矛之所发，戈和矛（即战争）之所以兴起。[4] 刀铩（shā），即刀和长矛。铩，古代的一种兵器，即长矛。[5] 封于泰山，封，古代称帝王在泰山上筑坛祭天的活动为"封"，在泰山行封的典礼。[6] 梁父，泰山下的一座小山；禅于梁父，即在梁父山行禅的小礼。[7] 是谓国用，是指国家的一切财用都从这块土地取得。

【译文】

大禹曾经说过：普天之下有名的大山，根据他的计算，共有五千三百七十座，蜿蜒长达六万四千五十六里。这些山分布在大地的东南西北各个方向。说起这些名山的山海天地，除了以上所列的山外，还有很多小山，无法一一列举。大地广阔，从东到西有二万八千里，从南到北二万六千里。山中泉水淙淙，成为江河的发源地，这些山有八千里长，流经的河流也有八千里长。蕴藏着丰富铜矿的山共有四百六十七座，蕴藏丰富铁矿的山，共有三千六百九十座。这富饶的山川，辽阔的大地，就是天下划分疆土、种植庄稼的凭借，是人们的衣食住用之源，也是戈矛刀剑等兵器产生和战争兴起的地方。如果人们勤劳、节俭，这些资源就会富裕有余，如果人们笨拙、浪费，资源就会不足。历代君王在泰山上祭天、在梁父山上祭地，共有七十二家。或得或失，兴衰成败，都在这辽阔的大地上，这些名山大川，都是国家的财富。

以上是《五藏山经》五篇，共一万五千五百零三字。

卷六　海外南经

《海外南经》是《海经》部分的开始。从《山海经》的全书来看，这里可以说是一个分水岭。以下的内容与前面的《五藏山经》部分，无论是从内容，还是从行文上相比，都有很大不同。《五藏山经》内容写实较多，所记述的山川河流，物产，动物、植物，虽然有很多我们也不知其详，但是相当一部分现在仍有，或从其他文献中可以找到依据和线索。但是《海经》的内容不再有里数的统计，不再有祭神等活动，记载的内容是一个个我们前所未闻的国度，还有很多神话传说。

　　《海外南经》记载了在中土本部之外南部的文明，记叙的顺序由西至东。欢头国在《山海经》里也叫灌兜、鹳头、欢兜，等等，不一而足，这一部族在传说中是被流放的部族，有人认为是帝尧长子丹朱的后代，在和舜帝的斗争中失败。三苗部族也是南方有名的部族，后来也在舜帝时遭到惩罚。羿与凿齿战于寿华之野也是中国古代英雄神话的重要一篇。传说尧帝时十日并出，植物枯死，凿齿、猰貐、九婴、大风、封豨、修蛇等猛兽长蛇为害人间，羿射落九日，射杀猛兽长蛇，为民除害。

　　《海外南经》基本上都是按照方位排列的国度记录的，其中也记述了一些神灵和奇特的动植物，共十三国、三座山，其余神灵、鸟兽、树木共有六个。

地之所载，六合[1]之间，四海之内，照之以日月，经之以星辰[2]，纪之以四时[3]，要[4]之以太岁[5]，神灵所生[6]，其物异形，或夭或寿，唯圣人能通其道。

【注释】

[1]六合，古人以东、西、南、北、上、下六方为六合。这里是指天地四方，整个宇宙的巨大空间。[2]经之以星辰，用星宿来划分空间。经，治理的意思。[3]纪之以四时，以春夏秋冬四时来记载季节。纪在这里是"分别"的意思。[4]要，矫正，更正。[5]太岁，木星。古人称为"岁星"，太阳系九大行星之一。[6]神灵所生，大凡神灵所生育的万物。

【译文】

大地所载四方万物，包括六方之间，四海之内，都用日月来辨别方向，用星宿来划分空间，用春夏秋冬来划分一年四季，用年岁来正天时。自然界所生万物，各不相同，有的早夭，有的长寿，只有圣人才能明白其中的奥秘。

海外自西南陬至东南陬[1]者。

结匈国在其西南[2]，其为人结匈[3]。

南山在其东南。自此山来，虫为蛇，蛇号为鱼。一曰南山在结匈东南。

【注释】

[1]陬（zōu），同隅，角落。[2]其西南，"海外四经"可能是由一组零散的记录整理而成的，这些记录的对象在空间方位上呈环形，因此这个"其"可能是指下文同在海外西南角的灭蒙鸟，

下文中的"其"都指上一条所陈述的对象。[3]结匈，郭璞注："臆前肤出，如人结喉也。"俗称"鸡胸"，匈，通"胸"。

【译文】

海外从西南角到东南角的国家、山川、物产分布如下。

结胸国在灭蒙鸟的西南面，这个国家的人都长着像鸡一样尖削凸出的胸脯。南山在灭蒙鸟的东南面。从这座山来的人，都把虫叫作蛇，把蛇叫作鱼。还有一种说法认为南山在结胸国的东南面。

比翼鸟[1]在其东，其为鸟青、赤，两鸟比翼[2]。一曰在南山东。

羽民国[3]在其东南，其为人长头，身生羽。一曰在比翼鸟东南，其为人长颊[4]。

【注释】

[1]比翼鸟，郝懿行曰："比翼鸟即蛮蛮也。见《西次三经》之崇吾之山。"[2]比翼，并合翅膀。比，并。[3]羽民国，郭璞注："能飞不能远，卵生，画似仙人也。"[4]其为人长颊，郭璞注："《启筮》曰：'羽民之状，鸟喙赤目而白首'"。长颊，长脸颊。

【译文】

比翼鸟在灭蒙鸟的东面，这种鸟有青色、红色相间的羽毛，非常漂亮。这种鸟，只有在两只鸟的翅膀配合在一起时才能飞翔，所以称作比翼鸟。还有一种说法认为比翼鸟在南山的东面。

羽民国在灭蒙鸟的东南面，这个国家的人都长着长长的脑袋，遍体长满羽毛。还有一种说法认为羽民国在比翼鸟的东南面，这个国家的人都长着一副长长的面颊，像鸟儿一样。

有神人二八[1]，连臂[2]，为帝司[3]夜于此野。在羽民东。其为人小颊赤肩，尽十六人。

毕方鸟在其东，青水西，其为鸟人面一脚，一曰在二八神东。

讙头国[4]在其南，其为人人面有翼，鸟喙，方[5]捕鱼。一曰在毕方东。或曰讙朱国。

厌火国在其国南，兽身黑色，生火出其口中，一曰在讙朱东。

【注释】

[1]二八，即十六。[2]连臂，手挽着手。连，续。[3]司，司守。[4]讙（huān）头国，郭璞注："讙兜，尧臣，有罪，自投南海而死。帝怜之，使其子居南海而祠之。画亦似仙人也。"[5]方，擅长的意思。

【译文】

有名叫二八的神人，手臂连在一起，他们的职责就是在这旷野中为天帝守夜。这位神人在羽民国的东面，这个国家的人脸颊都很狭小、肩膀赤红，这样的神总共有十六个人。

毕方鸟生活在它的东面，也就是青水的西面，这种鸟长着一副人的面孔却是一只脚。还有一种说法认为毕方鸟在二八神人的东面。

讙头国在毕方鸟的南面，这个

厌火兽

国家的人都长着人的面孔、两只翅膀、鸟嘴。他们正因为有类似于这样的鸟嘴，才能在河里捕鱼。还有一种说法认为讙头国在毕方鸟的东面。还有人认为讙头国就是讙朱国。

厌火国在讙头国的南面，这个国家的人都长着野兽一样的身子而且全身发黑，奇怪的是火能够从他们的口中喷出。还有一种说法认为厌火国在讙朱国的东面。

三株树在厌火北，生赤水上，其为树如柏，叶[1]皆为珠。一曰其为树若彗[2]。

【注释】

[1] 叶，一作"实"。[2] 彗，彗星，又称扫帚星。

【译文】

三珠树在厌火国的北面，它生长在赤水河上游，这里的树长得像柏树，叶子都呈珍珠状。还有一种说法认为这个国家的树形状像彗星一样。

三苗国[1]在赤水东，其为人相随[2]。一曰三毛国。

载国[3]在其东，其为人黄[4]，能操弓射蛇。一曰载国在三毛东。

贯匈国[5]在其东，其为人匈有窍。一曰在载国东。

【注释】

[1] 三苗国，又作三毛国，苗毛声近。郭璞注："昔尧以天下让舜，三苗之君非之，帝杀之，有苗之民，叛入南海，为三苗

国。"[2] 其与人相随，这个地方的人一个跟随着一个，好像是要迁徙到其他地方去似的。[3] 载（zhí）国，神话传说中的国名。[4] 人黄，即黄皮肤。[5] 贯匈国，郭璞注："《尸子》曰：'四夷之民有贯匈者，有深目者，有长肱者，黄帝之德常致之'。《异物志》曰：'穿匈之国去其衣则无自然者。盖似效此贯匈人也。'"

【译文】

三苗国在赤水河的东面，这个国家的人外出时是一个跟着一个地行走，成群结队。还有一种说法认为三苗国就是三毛国。

载国在三苗国的东面，这个国家的人都是黄色皮肤，能操持弓箭把毒蛇射死。还有一种说法认为载国在三毛国的东面。

贯胸国在它的东边，这个国家的人胸部都有个洞。还有一种说法认为贯胸国在载国的东面。

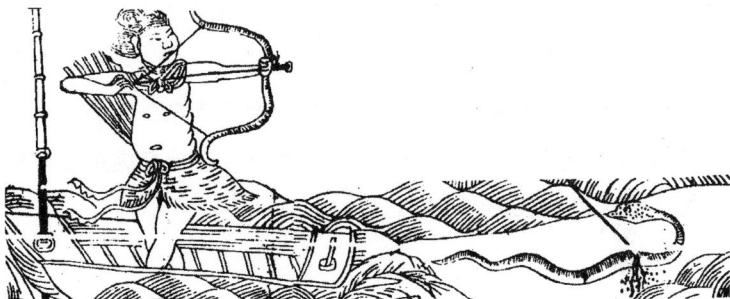

载国人

交胫国在其东，其为人交胫 [1]。一曰在穿匈 [2] 东。

不死民 [3] 在其东，其为人黑色，寿，不死。一曰在穿匈国东。

岐舌国 [4] 在其东。一曰在不死民东。

【注释】

[1] 其为人交胫，郭璞注："言脚胫曲戾相交，所谓雕题、交趾者也。或作颈，其为人交颈而行也。"意思是说，此地的人

两只脚是互相交叉的。交胫，小腿弯曲相交。[2]穿匈，即贯匈。
[3]不死民，郭璞注："有员丘山，上有不死树，食之乃寿，亦
有赤泉，饮之不老。"[4]岐舌国，却反舌，舌头是反转生的。
郭璞注："其人舌皆岐，或云支舌也。"郝懿行按：支舌即岐舌，
盖字讹也。

【译文】

　　交胫国在它的东面，这个国家的人总是互相交叉着双腿双
脚。还有一种说法认为交胫国在穿胸国的东面。

　　不死民在交胫国的东面，这个国家人皮肤黝黑，个个都能
长生不老。还有一种说法认为不死民在穿胸国的东面。

　　岐舌国在它的东面，这个国家的人都是舌根在前、舌尖伸
向喉部。还有一种说法认为反舌国在不死民的东面。

　　昆仑虚[1]在其东，虚四方[2]。一曰在岐舌东，为虚四方。
　　羿与凿齿战于寿华之野[3]，羿射杀之。在昆仑虚东。羿持
弓矢，凿齿持盾，一曰戈[4]。

【注释】

　　[1]昆仑虚，即昆仑山，亦作昆仑丘。郭璞注："虚，山下
基也。"[2]虚四方，即山是四方形的。虚，指山下底部的地基。
[3]羿，即后羿，传说中的天神，善射。凿齿，神名，齿长五六尺，
状如凿子，故名。[4]一曰戈，一作"一曰持戈"。

【译文】

　　昆仑山在它的东面，它的基部向四面八方延伸。还有一种
说法认为昆仑山在岐舌国的东面，基部向四面八方延伸。

　　羿与凿齿在一个叫寿华的荒野交战厮杀，勇敢善战的羿把

凿齿杀死了。地方就在昆仑山的东面。在这次交战中羿手持弓箭，凿齿手操盾牌。还有一种说法认为凿齿拿着戈。

三首国在其东，其为人一身三首[1]。一曰在凿齿东。

周饶国[2]在其东，其为人短小，冠带[3]。一曰焦侥国在三首东。

【注释】

[1] 一身三首，意思是一个身子，三个脑袋。[2] 周饶国，传说中的小人国，其国人身高只有三尺。"周饶"亦作"焦侥"，皆"侏儒"之声转。郭璞注："其人长三尺，穴居，能为机巧，有五谷也。"[3] 冠带，戴着帽子，系着腰带。

【译文】

三首国在它的东面，这个国家的人都是一个身子三个脑袋。还有一种说法认为在凿齿的东面。

周饶国在它的东面，这个国家的人都是矮小身材，喜欢戴帽子、系腰带，整齐讲究。还有一种说法认为周饶国在三首国的东面。

长臂国[1]在其东，捕鱼水中，两手各操一鱼。一曰在焦侥东，捕鱼海中。

狄山[2]，帝尧葬于阳，帝喾[3]葬于阴。爰有熊、罴、文虎[4]、蜼[5]、豹、离朱、视肉。吁咽[6]、文王皆葬其所。一曰汤山。一曰爰有熊、罴、文虎、蜼、豹、离朱、鸱久[7]、视肉、虖交。其范林[8]方三百里。

南方祝融[9]，兽身人面，乘两龙。

【注释】

[1]长臂国，郭璞注："旧说云，其人手下垂至地。"[2]狄山，一名崇山，亦作蜃山，崇、蜃音相近。[3]帝喾（kù），传说中的上古帝王唐尧的父亲。[4]文虎，兽名，即雕虎。[5]蜼（wèi），一种长尾猿。[6]吁咽，意即吁咽和文王都埋葬在这里。郭璞注："所未详也。"疑是人名，也有可能是舜。[7]鸱（chī）久，即猫头鹰。[8]范林，指林木广泛。[9]祝融，传说中的火神。郭璞注："火神也。"

【译文】

长臂国在它的东面，这个国家的人擅长在水中捕鱼，而且左右两只手能够各抓着一条鱼。还有一种说法认为长臂国在焦侥国的东面，这个国家的人擅长在大海中捕鱼。

狄山，帝尧死后葬在这座山的南面，帝喾死后葬在这座山的北面。这里有熊、黑、花斑虎、长尾猿、豹子、三足乌、视肉。吁咽和文王也葬在这座山上。还有一种说法认为是在汤山。还有一种说法认为这里有熊、黑、花斑虎、长尾猿、豹子、离朱鸟、鸱鹰、视肉、虖交。有一片方圆三百里大小的范林。

南方有个叫祝融的神，长着野兽的身子人的面孔，常常乘着两条龙飞行。

长臂国

卷七　海外西经

《海外西经》记载了海外从西南到西北的文明、物产和神话传说。神话资源比较丰富。《海外西经》记载了刑天的传说，这是该神话第一次出现。"刑天与天帝争神，帝断其首，葬之常羊之山。乃刑天以乳为目，以脐为口，操干戚以舞。"大诗人陶渊明在《读〈山海经〉》一诗里称赞刑天的精神："刑天舞干戚，猛志固常在。"刑天常被后人称颂为不屈的英雄。

还有夏后启出现在《海外西经》，后边《大荒西经》中也有记述，似乎和夏族为西方诸侯的传说相印证。对比前文的帝尧、帝喾在南方，以及下文的帝舜、颛顼葬在北方，就可以对上古帝王的部族背景进行合理的推测。

女丑在《大荒东经》中也有记载，在《海外西经》中出现她的尸体以及她被十日灼杀的记载，这也可以说是有系统的神话。古代天旱求雨时，有"暴巫"的做法。"暴巫"并非真的晒死女巫，而是把女巫饰成制造干旱的鬼魅，让它在太阳下暴晒，以平息干旱。巫咸也是古代神话和历史典籍中经常出现的名字，这些都可以与《史记》《楚辞》相印证。

这部分记录了十个国、四座山，其余神灵及鸟兽共七个。

海外自西南陬至西北陬者。

灭蒙鸟在结匈国北，为鸟青，赤尾。

大运山高三百仞^[1]，在灭蒙鸟北。

大乐之野，夏后启于此儛^[2]九代，乘两龙，云盖三层^[3]。左手操翳^[4]，右手操环^[5]，佩玉璜^[6]。在大运山北。一曰大遗之野。

【注释】

[1] 仞（rèn），古代长度单位，一仞约为八尺。三百仞，即二百四十丈。[2] 夏后启，即夏启王，夏禹之子。舞同儛。[3] 云盖三层，有三重云盖簇拥着他。[4] 左手操翳（yì），意思是他左手握一把形状像伞的华盖。翳，用来跳舞的舞具。华丽的羽毛制成，形如车盖。[5] 右手操环，右手握着一只玉环。郭璞注："玉空边等为环。"[6] 佩玉璜（huáng），佩带一只玉璜。郭璞注："半璧曰璜。"

【译文】

海外从西南角到西北角的国家、山川、物产分布如下。

灭蒙鸟在结胸国的北面，这种鸟长着青色的羽毛、红色的尾巴。

大运山高约三百仞，屹立在灭蒙鸟的北面。

大乐野，夏后启曾在这里跳《九代》儛，乘着两条龙飞行，云雾缭绕三层。他左手握着一把用羽毛做的华盖，右手拿着一只玉环，腰间佩挂着一块玉璜。大乐野就在大运山的北面。还有一种说法认为夏后启跳《九代》舞是在大遗野。

三身国^[1]在夏后启北，一首而三身。

一臂国在其北，一臂一目一鼻孔。有黄马虎文^[2]，一目而一手[3]。

【注释】

[1]三身国，《大荒南经》亦有三身国，中云："帝俊妻娥皇，生此三身之国，姚姓，黍食，使四鸟。"[2]黄马虎文，有一种黄马，有老虎的斑纹。[3]手，动物前脚或称"手"。

【译文】

三身国在夏后启所在地方的北面，这个国家的人都长着一个脑袋三个身子。

一臂国在三身国的北面，这个国家的人都是一条胳膊、一只眼睛、一个鼻孔。这个国家出产一种黄色的马，身上有类似于老虎一样的斑纹，长着一只眼睛和一只前脚。

奇肱之国[1]在其北，其人一臂三目，有阴有阳[2]，乘文马[3]。有鸟焉，两头，赤黄色，在其旁。

【注释】

[1]奇肱（jī gōng）之国，郭璞注："肱或作弘；奇音羁。"又注："其人善为机巧，以取百禽；能作飞车，从风远行。汤时得之于豫州界中，即坏之，不以示人。后十年西风至，复作遣之。"[2]有阴有阳，郭璞注："阴在上，阳在下。"今按：盖指一目长在两目之上为"阴"，一目长在两目之下为"阳"。[3]文马，就是下文所谓的吉良马，白身子红鬃毛，眼睛金色。

【译文】

奇肱国在一臂国的北面。这个国家的人都长着一只手臂、三只眼睛，眼睛有阴有阳，阴在上，阳在下，常常骑着一种名叫吉良的马。这个国家还生长一种鸟，这种鸟长着两个脑袋，红黄色的身子，栖息在人们的身旁。

形天与帝至此争神[1]，帝断其首，葬之常羊之山，乃以乳为目[2]，以脐为口[3]，操干戚[4]以舞。

【注释】

[1]形天，即刑天，传说中的无头神。"形"通"刑"，"天"的本义是头，与天帝争神座。[2]以乳为目，用他的乳头来当作眼睛。[3]以脐为口，拿肚脐当作嘴巴。[4]操干戚，郭璞注："干，盾；戚，斧也，是为无首之民。"

【译文】

刑天与天帝为了争夺神位，进行了一场战斗，结果天帝砍断了刑天的头，把他的头埋在常羊山上。形天虽然没有头，仍不罢休，以两只乳头做眼睛，以肚脐做嘴巴，一手持盾牌一手操大斧继续作战。

女祭女戚[1]在其北，居两水间。戚操鱼䱇[2]，祭操俎[3]。鸾鸟、鹎鸟[4]，其色青黄，所经国亡[5]。在女祭北。鸾鸟人面。居山上。一曰维鸟，青鸟、黄鸟所集。

【注释】

[1]女祭、女戚，两位女巫的名字。[2]䱇，即鳝鱼。[3]俎（zǔ），郭璞注："肉几。"即祀神的肉案。[4]鸾（cì）鸟、鹎（dǎn）鸟，古鸟名。郭璞注："此应祸鸟，即今枭、鸺鹠之类。"

[5] 所经国亡，它们所经过的地方，国家就会灭亡。

【译文】

在刑天与天帝发生战争的北边，有两条小河，两河之间，居住着两位女神，女祭和女戚，女戚手里拿着鳝鱼之类，女祭手里捧着一块大肉墩。

鸢鸟、鹲鸟，这两种鸟的羽毛是青中带黄，这两种鸟是不祥之鸟，凡是它们经过的国家都会有亡国之灾。鸢鸟和鹲鸟栖息在女祭的北面。鸢鸟长着人的面孔，生活在山上。还有一种说法认为这两种鸟统称维鸟，青色的、黄色的维鸟都聚集在一起。

丈夫国在维鸟北，其为人衣冠带剑 [1]。

女丑之尸，生而十日炙杀之 [2]。在丈夫北，以右手鄣 [3] 其面。十日居上，女丑居山之上。

【注释】

[1] 衣冠带剑，穿衣戴帽，腰间佩剑。[2] 女丑之尸，生而十日炙杀之，意思是女丑的尸体横躺在此地，她很不幸，生前被十个太阳炙杀。[3] 鄣（zhāng），遮蔽的意思。

【译文】

丈夫国在维鸟的北面，这个国家的人都是穿衣戴帽，佩带宝剑，一身

丈夫国

英雄气概，丰常讲究。

有一具女丑的尸体，她是被十个太阳的热气烤死的。她横卧在丈夫国的北面。死时她用右手遮住自己的脸。十个太阳高高挂在天上，女丑的尸体横卧在山顶上。

巫咸国[1]在女丑北，右手操青蛇，左手操赤蛇。在登葆山，群巫所从上下也[2]。

并封[3]在巫咸东，其状如彘，前后皆有首[4]，黑。

【注释】

[1]巫咸国，《大荒西经》云："有灵山、巫咸、巫即、巫盼、巫彭、巫姑、巫真、巫礼、巫抵、巫谢、巫罗十巫，从此升降，百药爰在。"《大荒南经》云："大荒之中，双有登备之山。"郭璞注："即登葆山，群巫所从上下也。"可见巫咸国，即巫师聚合之国。[2]群巫所从上下也，此处就是巫师们上下于天庭之所在。[3]并封，《大荒西经》："有兽，左右有首，名曰屏蓬。"即并封为怪兽名。[4]前后皆有首，郭璞注："今弩弦蛇亦此类也。"

【译文】

巫咸国在女丑的北面，这个国家的人是右手握着一条青蛇，左手握着一条红蛇。那儿有座登葆山，这座山，是巫师们来往于天上与人间的通道。

并封这种怪兽生活在巫咸国的东面，它的形状像普通的猪，但是身子前后都有头，皮毛呈黑色。

巫咸国

女子国[1]在巫咸北，两女子居，水周之[2]。一曰居一门中。

轩辕之国在此穷山之际[3]，其不寿者八百岁。在女子国北。人面[4]蛇身，尾交首上。

【注释】

[1]女子国，《大荒西经》有女子之国。[2]水周之，水环绕在她们周围。郭璞注："有黄池，妇人入浴，出即怀妊矣。若生男子，三岁辄死。周犹绕也。"[3]"轩辕"句，意即轩辕国在穷山的附近。《大荒西经》："有轩辕之国，江山之南，栖为吉，不寿者八百岁。"轩辕，即黄帝。[4]"人面"句，意即这里的人长着人的脸，蛇的身子，尾巴盘绕在头顶上。

【译文】

女子国在巫咸国的北面，有两个女子住在这里，四周溪水环绕。还有一种说法认为她们住在一道门的中间。

轩辕国在穷山的旁边，这个国家的人就是不长寿的也能活八百岁。

轩辕国在女子国的北面，这个国家的人长着人的面孔，蛇样的身子，尾巴盘绕到头顶上。

穷山在其北，不敢西射[1]，畏轩辕之丘。在轩辕国北。其丘方[2]，四蛇相绕。

此诸夭之野[3]，鸾鸟自歌，凤鸟自舞；凤皇卵，民食之；甘露，民饮之，所欲自从[4]也。百兽相与群居。在四蛇北。其人两手操卵食之，两鸟居前导之。

【注释】

[1] 不敢西射，意即穷山射箭的人不敢向着西方射，因为敬畏黄帝神灵所在的轩辕丘。郭璞注："言敬畏黄帝威灵，故不敢向西而射也。"[2] 其丘方，丘的形状是四方的。[3] 此诸夭之野，意即称为"沃野"的富饶原野，是沃民居住之处。[4] 所欲自从，即遂心所欲之意，心里向往的，莫不如愿遂意。

【译文】

穷山在轩辕国的北面，这个国家的人不敢向着西方射箭，因为他们敬畏黄帝的威灵所在的轩辕丘。轩辕丘位于轩辕国北部，这个轩辕丘呈方形，有四条大蛇在四周围护。

在轩辕丘的北面，有个叫作诸沃之野的地方，诸沃的居民就生活在这里。鸾鸟在这里自由地歌唱，凤鸟自在地舞蹈；这个国家的居民吃凤凰生下的蛋，饮苍天降下的甘露，凡是他们所想要的都能随心如意。这个国家的各种野兽与人一起居住。沃野在四条蛇的北面，这个国家的人用双手捧着凤凰蛋吃，前面有两只鸟飞舞，就像是引导他们继续向前行一样。

龙鱼陵居[1] 在其北，状如狸。一曰鰕[2]。即有神圣乘此以行九野[3]。一曰鳖鱼在夭野北，其为鱼也如鲤。

【注释】

[1] 龙鱼，一作龙鲤，陵居，陆居。[2] 鰕（xiá），就是体型大的鲵（ní）鱼，叫声如同小孩啼哭，俗称娃娃鱼。[3] 九野，九州的土地。这一句的意思是就有神圣的人骑了它去遨游九州的原野。

【译文】

龙鱼生活在诸沃之野的北面，形状像鲤鱼，既可以在水中居住，又可以在山陵中栖息。还有一种说法认为像鰕鱼。有神圣的人骑着它在广大的原野上遨游。还有一种说法认为鳖鱼在沃野的北面，这种鱼的形状也像鲤鱼。

白民之国[1]在龙鱼北，白身被发[2]。有乘黄，其状如狐，其背上有角，乘之寿二千岁[3]。

肃慎之国[4]在白民北，有树名曰雄常[5]。先入伐帝，于此取之[6]。

【注释】

[1]白民之国，《大荒西经》中有"有大泽之长山，有白民之国"。[2]白发被发，全身雪白，披着头发。被同

乘　黄

"披"。郭璞注："言其人体洞白。"[3]乘之寿二千岁，意思是若是有人骑了它，可以活到两千岁。[4]肃慎之国，《大荒北经》云："大荒之中，有山名曰不咸。有肃慎氏之国。"[5]雄常，古树名。[6]"先入"二句，意即此地的人平常不穿衣服，中国倘若有圣明天子继位，这种树便生长出木皮来，供给国人取作衣服。郭璞注："其俗无衣服。中国有圣帝代立者，则此木生皮可衣也。"

【译文】

白民国在龙鱼的北面，这个国家的人皮肤白晰，喜欢披头散发。这个国家生长一种叫乘黄的怪兽，形状像一般的狐狸，脊背上有角，人要是骑上它能够活到二千岁。

肃慎国在白民国的北面。这个国家生长一种名叫雄常的树，

每当中原地区有圣明的天子继位时，这个国家的人都来这儿取雄常树的树皮做衣服。

长股之国 [1] 在雄常北，被发。一曰长脚 [2]。

西方蓐收 [3]，左耳有蛇，乘两龙。

【注释】

[1] 长股之国，《大荒西经》："西北海之外，赤水之东，有长胫之国。"[2] 一曰长脚，郭璞注："国在赤水东也。长臂人身如中人而臂长二丈，以类推之，则此人脚过三丈矣。黄帝时至。或曰，长脚人常负长臂人入海中捕鱼也。"[3] 蓐（rù）收，郭璞注："金神也，人面，虎爪，白毛，执钺，见外传。"

【译文】

长股国在雄常树的北面，这个国家的人喜欢披散着头发。还有一种说法叫长脚国。

西方有神叫蓐收，左耳上长有一条蛇，常常乘两条龙飞行。

蓐收

长股国

卷八　海外北经

《海外北经》记载了中土本土以北的文明，记叙的顺序是由西至东。

关于烛阴的神话，在《大荒北经》中被称为烛龙，位置在西北海外，能够与《海外北经》的记载相印证。烛阴的神话，很多书上都有记述。有的说这个神是原始的开辟神。关于共工之臣相柳氏被大禹所杀的神话应该是大禹治水神话的一个片段，这个神话呈现了人和超自然的力量进行斗争的场面。

夸父逐日的神话是《海外北经》最重要的神话传说，夸父在全书里有两种身份，一种是野兽，一种是人，需要综合起来考虑。这个逐日的夸父可能是以夸父兽为图腾的一个氏族的领袖。认为夸父就是古代的大丈夫。三桑无枝，在《大荒北经》《北次二经》中均有记述，关于欧丝之野的记载则再次表明我国丝织业的悠久历史。北方禺强可以与《大荒北经》《大荒东经》的内容相印证。

这一部分一共记录了九个国、五座山野，其余神灵及鸟兽共七个。

海外自东北陬至西北陬者。

无𦟃之国在长股东 [1]，为人无𦟃 [2]。

钟山 [3] 之神，名曰烛阴 [4]。视为昼，瞑为夜，吹为冬，呼为夏。不饮，不食，不息 [5]。息为风，身长千里。在无𦟃之东。其为物，人面，蛇身，赤色，居钟山下。

【注释】

[1] 无𦟃（qǐ），郝懿行注："《西荒北经》作'无继'。"没有后代，传说无𦟃国的人心脏不会腐朽，他们死后一百二十年又可以重新化成人，所以不需要生育。[2] 𦟃，腓肠肌，即小腿肚子。[3] 钟山，郝懿行注："钟山《大荒经北》作'章尾山'，章钟声转也。"[4] 烛阴，郝懿行注："《大荒北经》烛阴作烛龙。"[5] 息，气息，这里用作动词，意为呼吸。

【译文】

海外从西北角到东北角的国家、山川、物产分布如下。

无𦟃国在长股国的东面，这个国家的人没有小腿肚子。

钟山的山神名叫烛阴，他睁开眼睛便是白昼，闭上眼睛便是黑夜，它用嘴猛吹，天下便变成寒冬，用嘴呵气便变成炎夏。它不喝水，不吃食物，不呼吸，一呼吸便生成风，身子有一千里长。这位烛阴神在无𦟃国的东面。它长着人一样的面孔，蛇一样的身子，全身赤红色，住在钟山脚下。

一目国 [1] 在其东，一目中其面而居。一曰有手足。

柔利国 [2] 在一目东，为人一手一足，反卻 [3] 曲足居上 [4]。

一云留利之国，人足反折 [5]。

【注释】

[1] 一目国，《大荒北经》："有人一目，当面中生。一曰是威姓，少昊之子，食黍。"[2] 柔利国，《大荒北经》："有牛黎之国。有人无骨，儋耳之手。"牛黎即柔利，音相近。[3] 反邿，膝盖反转生。[4] 曲足居上，脚弯曲朝上。郭璞注："一足一手反卷曲也。"[5] 人足反折，足是反折的。郝懿行注："足反卷曲，有似折也。"

【译文】

一目国在钟山的东面，这个国家的人，在脸的中间长着一只眼睛。还有一种说法认为一目国的人有手有脚，与普通人一样。

柔利国在一目国的东面，这个国家的人是一只手一只脚，膝盖是向反卷，脚心也是反卷朝天。还有一种说法认为柔利国就是留利国，人的脚是反折着的。

共工[1]之臣曰相柳[2]氏，九首，以食于九山[3]。相柳之所抵[4]，厥为泽溪。禹杀相柳，其血腥，不可以树五谷种。禹厥[5]之，三仞三沮[6]，乃以为众帝之台。在昆仑之北，柔利之东。相柳者，九首人面，蛇身而青。不敢北射，畏共工之台。台在其东。台四方，隅有一蛇，虎色，首冲南方。

【注释】

[1] 共工，郭璞注："霸九州者。"[2] 相柳，郝懿行注："'相柳'《大荒北经》作'相繇'。"[3] "九首"两句，郭璞注："头各自食一山之物，言贪暴难餍。"[4] 抵，触。[5] 厥，通"撅"，掘的意思。[6] 三仞三沮，郭璞注："掘塞之而土三沮淊，言其血膏浸润坏也。"沮，毁坏，塌陷。三沮，多次陷地。

【译文】

天神共工有位大臣叫相柳氏，有九个头，九个头分别在九座山上吃东西。凡是相柳氏所到之处，便会变成沼泽和溪流。后来，大禹杀死了相柳氏，血流过的地方血腥难闻，以至都不能种植五谷。大禹便掘除那些被相柳血浸的地方。掘地二丈多深，出现多次塌陷，于是大禹便把挖掘出来的泥土为众帝修造了帝台。这些帝台在昆仑山的北面，柔利国的东面。这个相柳氏，长着九个脑袋和人的面孔，蛇的身子，面容青色。人们不敢朝北射箭，因为敬畏北面的共工台。共工台在相柳的东面，台是四方形的，每个角上有一条蛇，身上的斑纹与老虎斑相似，蛇头朝向南方。

深目国[1]在其东，为人举一手一目[2]，在共工台东。

无肠之国[3]在深目东，其为人长而无肠[4]。

【注释】

[1]深目国，《大荒北经》："有人方食鱼，名曰深目国之民。"[2]为人举一手一目，深目国的人举起一只手，像是向人打招呼的样子。[3]无肠之国，《大荒北经》："又有无肠之国，是任姓，无继子，食鱼。"[4]其为人长而无肠，郭璞注："为人长大，腹内无肠，所食之物直通过。"

【译文】

深目国在它的东面，这个国家的人总是举起一只手，像是与人打招呼。还

无肠国

有一种说法认为深目国在共工台的东面。

无肠国在深目国的东面，这个国家的人身材高大但是奇怪的是肚子里没有肠子。

聂耳之国^[1]在无肠国东，使两文虎，为人两手聂其耳。县^[2]居海水中，及水所出入奇物^[3]。两虎在其东^[4]。

【注释】

[1]聂耳之国，《大荒北经》："有儋耳之国，任姓，禺号子，食谷。"聂通摄。[2]县，通"悬"，意为飘浮。[3]及水所出入奇物，意思是海水里经常出现一些奇怪的生物。[4]两虎在其东，两文虎在聂耳国之东。

【译文】

聂耳国在无肠国的东面，这个国家的人使役着两只花斑大虎，行走时习惯用手摄着自己的大耳朵。聂耳国人居住在海中的孤岛上，能看到出入海水的各种怪物。两只老虎在聂耳国的东面。

夸父与日逐走^[1]，入日^[2]。渴欲得饮，饮于河渭；河渭^[3]不足，北饮大泽。未至，道渴而死。弃其杖，化为邓林^[4]。

【注释】

[1]夸父，相传为炎帝的后裔。逐走，竞走。[2]入日，郭璞注："言及于日，将入也。"[3]河渭，黄河，渭水。[4]邓林，即桃林。

312

【译文】

神人夸父追赶太阳，一直追到接近太阳的地方。这时夸父很渴，想要喝水，于是就喝黄河和渭河中的水，喝完了两条河水还是不解渴，又要向北去喝大泽中的水，还没走到，在半路上就渴死了。他死时所抛掉的手杖，后来变成了一片桃林。

博父 [1] 国在聂耳东，其为人大，右手操青蛇，左手操黄蛇。邓林在其东，二树木。一曰博父。

禹所积石之山 [2] 在其东，河水所入。

【注释】

[1] 博父，郝懿行注："博父当即夸父，盖其苗裔所居成国也。"[2] 禹所积石之山，郝懿行行注："《大荒北经》云：大荒之中，有山名曰光栏大逢之山，其西有山名曰禹所积石山，即此。又《海内西经》云：河水出昆仑，入渤海，又出外入禹所导积石山。亦此也。"

博父国

【译文】

博父国在聂耳国的东面，这个国家的人身材高大，右手持一条青蛇，左手握着一条黄蛇。夸父死后由手杖变成的桃林在它的东面，所谓桃林，只不过是两棵，但是这两棵树非常大，所以二木成林了。

禹所积石山在博父国的东面，是黄河水的入口处。

313

拘缨之国在其东，一手把缨[1]。一曰利缨之国。

寻木[2]长千里，在拘缨南，生河上西北。

【注释】

[1] 一手把缨，郭璞注："言其人常以一手持冠缨也。或曰缨宜作瘿。"郝懿行曰："郭云'缨宜作瘿'，是国盖以一手把瘿得名也。"[2] 寻木，郭璞注："姑繇，大木也。《山海经》云：'寻木长千里，生河边。'即此木之类。"

【译文】

拘缨国在禹所积石山的东面，这个国家的人，常用手持帽子上的缨穗。还有一种说法认为拘缨国叫作利缨国。

拘缨国

寻木是一种参天大树，高可达千里，它生长在拘缨国的南面，黄河上游西北方。

跂踵国[1]在拘缨东，其为人大，两足亦大。一曰大踵[2]。欧丝[3]之野在大踵东，一女子跪据树欧丝[4]。

【注释】

[1] 跂踵，或作"反踵""大踵"，郝懿行注："跂踵之为反踵，亦犹岐舌之为反舌矣，已见《海外南经》"；"大踵疑当为支踵或反踵，并字形之讹"。今按：跂踵当指脚后跟分叉，犹如跂舌指舌头分叉。[2] 大踵，一种说法是，此地人的脚掌是

反转生的（如这人往南走，看起来他的脚迹却是朝北的）。

[3] 欧丝，即"呕丝"，吐出蚕丝。

[4] 一女子跪据树欧丝，郭璞注："言噉桑葚而吐丝，盖蚕类也。"

【译文】

跂踵国在拘缨国的东面，这个国家的人都是身材高大，两只脚也特别大。所以也有的认为跂踵国就叫大踵国。

欧丝之野在大踵国的东面，有一女子跪着靠树旁吐丝。

欧丝国

三桑无枝 [1]，在欧丝东，其木长百仞，无枝。

范林方三百里 [2]，在三桑东，洲环其下 [3]。

【注释】

[1] 三桑无枝，即三棵桑树，没有树枝。郭璞注："言皆长百仞也。"《大荒北经》："有三桑无枝。"《北次二经》："洹山，三桑生之，其树皆无枝，其高百仞。" [2] 范林方三百里，即浮泛在水上的一座森林，方圆约三百里。[3] 洲环其下，河洲环绕在它的下面。郭璞注："洲，水中可居者；环，绕也。"洲，水中的陆地，即岛。

【译文】

有三棵桑树，没有枝干，在欧丝之野的东面，这种树虽高达一百仞，却不生长树枝。

有片大树林，称为范林，方圆三百里，在三棵桑树的东面，小岛环绕着这片范林。

务隅[1]之山，帝颛顼[2]葬于阳，九嫔[3]葬于阴。一曰爱有熊、罴、文虎、离朱、鸱久、视肉。

【注释】

[1]务隅，郝懿行注："务隅，《大荒北经》作附禺，《东经》作鲋鱼。"[2]颛顼（zhuān xū），传说中的上古帝王，号为高阳，坟冢在濮阳帝丘。郭璞注："颛顼，号为高阳，冢今在濮阳，故帝丘也。一曰顿丘县城门外广阳里中。"[3]嫔，郭璞注："嫔，妇。"九嫔，即颛顼的九个妃嫔。

【译文】

务隅山，天帝颛顼就埋葬在它的南面，他的九位嫔妃埋葬在它的北面。还有一种说法认为这里有熊、罴、花斑虎、离朱鸟、鸱鹰、视肉等怪兽。

平丘在三桑东，爱有遗玉、青鸟[1]、视肉[2]、杨柳、甘柤、甘华[3]，百果所生，有两山夹上谷，二大丘居中，名曰平丘。

【注释】

[1]遗玉，郭璞注："玉石。"青鸟，一作"青马"。[2]视肉，郭璞注："聚肉，形如牛肝，有两目也，食之无尽，寻复更生如故。"[3]甘柤（zhā），甘华，柤即山楂。甘华，木名。郭璞注："亦赤枝干，黄华。"

【译文】

平丘在三棵桑树的东面。这里有千年的玉石、青马、视肉、杨柳树、甘柤树、甘华树，是各种果树生长的地方。在两座山相夹的一道山谷上，有两座大丘位于其中，名叫平丘。

北海内有兽，其状如马，名曰騊駼^[1]。有兽焉，其名曰駮^[2]，状如白马，锯牙，食虎豹。有素兽焉，状如马，名曰蛩蛩^[3]。有青兽焉，状如虎，名曰罗罗。

北方禺强^[4]，人面鸟身，珥^[5]两青蛇，践两青蛇。

【注释】

[1] 騊駼（táo tú），传说中的野兽名。状如马，色青。[2] 駮（bó），传说中的野兽名。[3] 蛩（qióng）蛩，传说中的怪兽。郭璞注："即蛩蛩，巨虚也，一走百里，见《穆天子传》。"[4] 禺强，也叫玄冥，水神名。郭璞注："字玄冥，水神也。庄周曰：'禺强立于北极。'一曰禺京。一本云，北方禺强，黑身手足，乘两龙。"[5] 珥（ěr），耳朵上悬挂着。贯穿，悬挂的意思。

罗 罗

【译文】

北海内有一种野兽，形状像一般的马，名叫騊駼。还有一种野兽，名叫駮，形状像白马，长着锯齿般的利牙，专吃老虎和豹子。还有一种白色的野兽，形状像马，名叫蛩蛩。还有一种青色的野兽，形状像老虎，名叫罗罗。

最北方有个神叫禺强，长着人的面孔、鸟的身子，耳朵上插着两条青蛇，脚下踩着两条青蛇。

驳

禺　强

318

卷九　海外东经

《海外东经》的记载从南到北。其中关于九尾狐的记载在齐地和朝鲜一带盛行。九尾狐，最早是出现在《南山经》中。"有兽焉，其状如狐而九尾，其音如婴儿，能食人，食者不蛊。"《海外东经》："青丘国在其北，其狐四足九尾狐。"《大荒东经》："有青丘之国，有狐九尾。"郭璞注："太平则出而为瑞"，又为祯祥之物。在中国传统文化中，一直是一个亦正亦邪的形象。而竖亥步测大地的传说很好地印证了先民们进行地理观测的活动，我国的数学和天文历法向来发达，这些都是出于实践活动的需要。

《山海经》中记述耳上有蛇的神很多，如本经中的雨师妾、《海外西经》中的蓐收、《海外北经》的禺强、《大荒东经》中的禺䝞、《大荒南经》中的不廷胡余、《大荒西经》的弇兹、夏后开、《大荒北经》中的夸父等。

这部分共记录七个国、三座山野，其余神灵及鸟兽草木共五个。

海外自东南陬至东北陬者。

嗟丘[1]，爰有遗玉、青马、视肉、杨柳、甘柤、甘华，百果所生。在东海，两山夹丘，上有树木。一曰嗟丘。一曰百果所在，在尧葬东[2]。

【注释】

[1]嗟（jiē）丘，郭璞注："音嗟，或作发。"[2]在尧葬东，尧葬于狄山，见《海外南经》。

【译文】

海外从东南角到东北角的国家、山川、物产分布如下。

嗟丘，这里有千年玉石、青马、视肉、杨柳树、甘柤树、甘华树。上百种果树在那儿繁茂地生长，它位于东海两山之间。丘上面有树木。还有一种说法认为嗟丘就是嗟丘，在帝尧葬埋的狄山的东面。

大人国[1]在其北，为人大，坐而削船[2]。一曰在嗟丘北。

奢比之尸[3]在其北，兽身、人面、大耳，珥[4]两青蛇。一曰肝榆之尸在大人北。

【注释】

[1]大人国，《大荒东经》："东海之外，大荒之中，有山名曰大言，日月所出。有波谷山者，有大人之国；有大人之市，名曰大人之堂。"[2]坐而削船，意思是坐在那里划船。郝懿行注："削当读若'稍'，削船谓操舟也。"[3]奢比之尸，神名，也叫奢龙。郭璞注："亦神名也。"[4]珥（ěr），悬挂。

【译文】

大人国在它的北面，这个国家的人身材高大，善于使船。一种说法认为大人国在䃣丘的北面。

奢比尸神在大人国的北面，这个国家的人都长着野兽的身子、人的面孔、大大的耳朵，耳朵插着两条青蛇。还有一种说法认为肝榆尸神在大人国的北面。

君子国^[1]在其北，衣冠带剑，食兽，使二大虎在旁^[2]，其人好让不争。有薰华草，朝生夕死^[3]。一曰在肝榆之尸北。

【注释】

[1] 君子国，《大荒东经》："有东口之山，有君子之国，其人衣冠带剑。"[2] 使二大虎在旁，驱使两匹花斑老虎在身旁。大虎，一作文虎。[3] 有薰华草，朝生夕死，此地有一种薰华草，早晨开花，傍晚就凋谢。

【译文】

君子国在它的北面，这个国家的人穿衣戴帽、腰间佩带剑，非常讲究。以吃野兽为食，左右常有两只大虎侍从。君子国的人为人谦让，不相争斗。那里有一种薰华草，早晨开花傍晚凋谢。还有一种说法认为君子国在肝榆尸神的北面。

𧎵𧎵^[1]在其北，各有两首。一曰在君子国北。

朝阳之谷^[2]，神曰天吴，是为水伯。在𧎵𧎵北两水间。其为兽也，八首人面，八足八尾，皆青黄^[3]。

【注释】

[1] 虹（hóng）虹，虹同"虹"。郭璞虹注："音虹；虹，螮蝀也。"双重虹；螮蝀（dì dōng），虹的别称。[2] 朝阳之谷，郝懿行注："《尔雅》云：'山东曰朝阳，水注溪曰谷。'"[3] 皆青黄，一作"背青黄"。

【译文】

虹虹在它的北面，它的一端有两个脑袋。还有一种说法认为虹虹在君子国的北面。

朝阳谷中有个叫天吴的神，这就是人们所说的水伯。他住在虹虹北面的两条水流中间。天吴这种野兽，长着八个人头、八只爪子、八条尾巴，背部是青黄色的毛。

天 吴

青丘国[1]在其北，其狐四足九尾[2]。一曰在朝阳北。

帝命竖亥步[3]，自东极至于西极，五亿十选九千八百步[4]。竖亥右手把算[5]，左手指青丘北。一曰禹令竖亥。一曰五亿十万九千八百步。

【注释】

[1] 青丘国，郝懿行注："《大荒东经》青丘之国即此也。"[2] 其狐四足九尾，参见前文《南山经》"青丘之山，有兽焉，其状如狐而九尾，其音如婴儿，能食人，食者不蛊。"[3] 帝命竖亥步，天帝命竖亥步行测量天地。竖亥，善于走路的人。[4] 选，万。步，相当于六尺。[5] 算，郝懿行注："算当为筭。《说文》

云：'筭长六寸，计历数者。'"

【译文】

九尾狐

青丘国在它的北面。这个国家有一种神狐，这种狐长着四只爪子九条尾巴。还有一种说法认为青丘国在朝阳谷的北面。

天帝命令竖亥用脚步测量大地疆域，竖亥从最东端走到最西端，共有五亿十万九千八百步。竖亥右手拿着算筹，左手指着青丘国的北面。

黑齿国[1]在其北，为人黑[2]，食稻啖蛇，一赤一青，在其旁。一曰在竖亥北，为人黑首，食稻使蛇，其一蛇赤。

下有汤谷[3]。汤谷上有扶桑[4]，十日所浴[5]，在黑齿北。居水中，有大木，九日居下枝，一曰居上枝[6]。

【注释】

[1] 黑齿国，郝懿行注："黑齿国，姜姓，帝俊之裔，见《大荒东经》。"[2] 为人黑，应作"为人黑齿"。[3] 汤谷，或作阳谷。郭璞注："谷中水热也。"故名。[4] 扶桑，树名，传说是太阳升起的地方。[5] 十日所浴，十个太阳在此处洗澡。《大荒南经》："东南海之外，甘水之间，有羲和之国。有女子名曰羲和，方浴日于甘渊。羲和者，帝俊之妻，生十日。"[6] 九日居下枝，一日居上枝，九个太阳住在树的下枝，一个太阳住在树的上枝。郭璞注："传曰：天有十日，日之数十。此云九日居上枝，一日居下枝。《大荒经》又云：'一日方至，一日方出。'明天地虽

有十日，自使以次第迭出运照，而今俱见，为天下妖灾，故羿禀尧之命，洞其灵诚，仰天控弦，而九日期潜退也。"

【译文】

黑齿国在它的北面，这个国家的人牙齿漆黑，这里的人们不仅吃着稻米，而且还吃蛇，有一条红蛇和一条青蛇正围在他身旁。还有一种说法认为黑齿国在竖亥所在地的北面，这个国家的人是黑脑袋，吃着稻米而使役着蛇，其中一条蛇是红色的。

下面有汤谷。汤谷边上有一棵高大的扶桑树，汤谷是十个太阳洗澡的地方。这棵高大的扶桑下半截在水中，树枝在水面之上。九个太阳在树的下枝，一个太阳在树的上枝。

雨师妾[1] 在其北，其为人黑，两手各操一蛇，左耳有青蛇，右耳有赤蛇。一曰在十日北，为人黑身人面。各操一龟。

【注释】

[1] 雨师妾，郭璞注："雨师谓屏翳也。"

【译文】

雨师妾国在汤谷的北面。这个国家的人全身黑色，两只手各操着一条蛇，他们左边耳朵上还挂着一条青色蛇，右边耳朵挂着一条红色蛇。还有一种说法认为雨师妾国在十日的北面，这个国家的人是黑色身子，普通人的脸形，两只手各握着一只龟。

玄股之国[1] 在其北，其为人衣鱼食鸥[2]，使两鸟夹之[3]。

一曰在雨师妾北。

毛民之国[4]在其北，为人身生毛。一曰在玄股北。

【注释】

[1]玄股之国，郭璞注："髀以下尽黑，故云。"[2]衣鱼食
鸥（yōu），意思是拿鱼皮当衣服，拿鸥鸟做食物。衣鱼，郭璞
注："以鱼皮为衣也。"食鸥，郭璞注："鸥，水鸟也；音忧。"
[3]使两鸟夹之，意思是两只鸟夹在他们的身旁。[4]毛民之国，
郝懿行注："毛民国依姓，禹之裔也。见《大荒北经》。"一说
毛民乃黄帝之裔。

【译文】

玄股国在它的北面。这个国家的人穿着鱼皮衣，吃的是鸥
鸟蛋，使唤着身边的两只鸟。还有一种说法认为玄股国在雨师
妾国的北面。

毛民国在它的北面。这个国家的人全身长满了毛。还有一
种说法认为毛民国在玄股国的北面。

劳民国在其北，其为人黑。或曰教民，一曰在毛民北，为
人面目手足尽黑。

东方句芒[1]，鸟身人面。乘两龙。

【注释】

[1]句芒，郭璞注："木神也，方面素服。《墨子》曰，昔
秦穆公有明德，上帝使句芒赐之寿十九年。"

【译文】

劳民国在它的北面，这个国家的人全身黑色。有的人称劳

民国为教民国。还有一种说法认为劳民国在毛民国的北面，这个国家的人脸面眼睛手脚全是黑的。

东方的句芒神，长着鸟的身子，人的面孔，常常乘着两条龙飞行。

卷十　海内南经

《海内南经》的叙述顺序是由东向西，记录了从海内的东南角到西南角的山川、河流、国家、植物、动物和相关的神话传说。记载的范围涵盖了从今天的浙江到福建、广东乃至于今天西北地区的广阔领土。

《海内南经》的很多记载，比如关于瓯、闽、番禺的记载，都和这些地区现有的称呼互相印证，这充分表明早在先秦时代，闽越、岭南一带也是中华文明的发源地。关于夏后启之臣孟涂在巴地受理诉讼的记载，可能与远古的巴文明和三星堆文化有某种内在联系。伯虑国、离耳国、雕题国、北朐国以及匈奴、开题之国、列人之国等古代生活在西北的少数民族，这说明我国自古以来就是各民族共同发展的国家。

《海内南经》还记载了诸如狌狌、犀牛这样的物产，尽管是否就是现在可与之相对应的物种尚未可知，但是却表明西北地区的气候可能曾经十分潮湿温暖，适合这些物种生存。《海内南经》还记载了巴蛇食象的传说，这可能就是"人心不足蛇吞象"这一说法的来源。关于窫窳的神话，《海内西经》《北山经》上均有记述。郭璞作注说，窫窳本是蛇身人面，后被贰负的下臣所杀，又被治活之后，变化成这种怪兽的。

海内东南陬以西者。

瓯居海中[1]。闽在海中[2]，其西北有山。一曰闽中山在海中[3]。

三天子鄣山[4]在闽西海北。一曰在海中。

【注释】

[1] 瓯（ōu）居海中，郭璞注："今临海永宁县即东瓯，在岐海中也；音呕。"东瓯，即今浙江省旧温州府地。[2] 闽在海中，郭璞注："闽越即西瓯，今建安郡是也，亦在岐海中。"[3] 闽中山在海中，闽所属的山在海中。[4] 三天子鄣山，郝懿行注："《海内东经》云：浙江出三天子都，庐江出三天都。一曰'天子鄣'。即此。"

【译文】

海内由东南角向西的国家、山川分布如下。

东瓯在海中。七闽也在海中，它的西北方向有座山。还有一种说法认为七闽中的山也在海中。

三天子鄣山在闽的西北方向。还有一种说法认为三天子鄣山在海中。

桂林八树在番隅[1]东。

伯虑国[2]、离耳国[3]、雕题国[4]、北朐[5]国皆在郁水南。郁水出湘陵南海[6]。一曰相虑。

【注释】

[1] 番隅，或作贲禺，皆今番禺。[2] 伯虑国，郭璞注："未详。"郝懿行注："《伊尹四方令》云：'正东伊虑'，疑即此。"[3] 离耳国，郭璞注："即儋耳也。"[4] 雕题国，郭璞注："点涅其面，画体为鳞采，

331

即鲛人也。"大意是略似今纹身。[5]北朐（qú），郝懿行注："疑即北户也。"[6]郁水出湘陵南海，郁水一作"郁林"；南海一作"南山"。

【译文】

桂林的八棵树高大成林，位于番隅的东面。

伯虑国、离耳国、雕题国、北朐国都在郁水河的南面。郁水是从湘陵南山流出。还有一种说法认为伯虑国又叫作相虑国。

枭阳国在北朐之西。其为人人面长唇，黑身有毛，反踵 [1]，见人笑亦笑，左手操管 [2]。

【注释】

[1]反踵，足跟是倒转生的。[2]左手操管，左手握着一只竹筒。

【译文】

枭阳国在北朐国的西面。这个国家的人样子像人，但是嘴唇又大又长，黑黑的身子还长毛，脚跟在前而脚尖在后，一看见人就张口大笑；左手握着一根竹筒。

兕 [1] 在舜葬东，湘水南，其状如牛，苍黑，一角。

苍梧之山，帝舜葬于阳，帝丹朱葬于阴。

【注释】

[1]兕（sì），郭璞注："兕亦似水牛，青色，一角，重三千斤。"

【译文】

兕生活在帝舜墓葬的东面，在湘水河的南边。兕的形状像一般的牛，全身青黑色的毛，头上长着一只角。

苍梧山，帝舜葬在这座山的南面，帝丹朱葬在这座山的北面。

氾林方三百里，在狌狌[1]东。

狌狌知人名，其为兽如豕而人面，在舜葬西。

【注释】

[1]狌狌，同"猩猩"。郝懿行注："《海内经》云：'猩猩，青兽。'"

【译文】

氾林方圆三百里，在猩猩生活之地的东面。

猩猩能知道人的姓名，这种野兽的形状像一般的猪却长着人的面孔，生活在帝舜葬地的西面。

狌狌西北有犀牛[1]，其状如牛而黑。

夏后启之臣曰孟涂[2]，是司神[3]于巴人。请讼于孟涂之所，其衣有血者乃执之，是请生。居山上，在丹山西。丹山在丹阳南，丹阳居属也。

【注释】

[1]犀牛，郭璞注："犀牛似水牛，猪头，庳脚，三角。"[2]孟涂，或作"血涂""孟余""孟徐"。传说曾受帝启之命到巴国处理案件。[3]司神，管理神事。其中包括处理案件。

【译文】

猩猩的西北面有犀牛，它的形状像一般的牛，全身长着黑色毛。

夏朝国王启有个臣子叫孟涂，是主管巴地诉讼的神。巴地的人到孟涂这里来告状，而告状人中有谁的衣服沾上血迹，就会被孟涂拘禁起来。这是他爱护生命的表现。孟涂住在丹山的西面。丹山在丹阳的南面，而丹阳是巴的属地。

窫窳[1]龙首，居弱水中，在狌狌知人名之西，其状如龙首，食人。

【注释】

[1] 窫窳（yà yǔ），郭璞注："窫窳，本蛇身人面，为贰负臣所杀，复化而成此物也。"贰负臣杀窫窳事，见《海内西经》。

【译文】

窫窳长着龙一样的头，生活在弱水中，也就是猩猩知人名的西面，它的形状像龙一样，异常凶猛，还会吃人。

有木，其状如牛[1]，引之有皮，若缨、黄蛇。其叶如罗[2]，其实如栾[3]，其木若芘[4]，其名曰建木[5]。在窫窳西弱水上。

【注释】

[1] 其状如牛，牵引它就有皮掉下来，像冠上的缨带，又像黄蛇。郭璞注："言牵之皮剥如人冠缨及黄蛇状也。"[2] 其叶如罗，郭璞注："如绫罗也。"[3] 栾，郭璞注："木名，黄本，赤枝，青叶，生云雨山。或作卵，或作麻。"[4] 芘（ōu），树名，即刺榆。[5] 建木，郭璞注："青叶紫茎，黑华黄实，其下声无响，立无影也。"

334

【译文】

有一种神木，形状像牛，它的皮像人帽子上的缨穗，也像黄色蛇皮。它的叶子像罗网，果实像栾树结的果实，树干像刺榆，这种神木叫建木。这种建木生长在窫窳龙首西边的弱水上。

氏人国[1]在建木西，其为人人面而鱼身，无足[2]。

巴蛇食象，三岁而出其骨，君子服之，无心腹之疾。其为蛇青、黄、赤、黑[3]。一曰黑蛇青首，在犀牛西。

【注释】

[1]氏人国，《大荒西经》："有互人之国。炎帝之孙，名曰灵恝，灵恝生互人，是能上下于天。"郭璞注："人面鱼身。"[2]其为人人面而鱼身，意思是此地的人是人的脸，鱼的身子，没有足。郭璞注："尽胸以上人，胸以下鱼也。"[3]其为蛇青黄赤黑，言此种蛇色彩驳斑，诸色并存。

【译文】

氏人国在建木所在地的西面，这个国家的人都长着人的面孔，鱼的身子，没有脚。

巴蛇能吞下大象，但是三年后才能排泄出大象的骨头，贤人吃了巴蛇的肉，就不会患心腹的疾病。这种巴蛇的颜色是青色、黄色、红色、黑色混合间杂的。还有一种说法认为巴蛇是黑色身子，青色脑袋，在犀牛所在地的西面。

旄马，其状如马，四节有毛[1]。在巴蛇西北，高山南。

匈奴、开题之国、列人之国并在西北^[2]。

【注释】

[1] 旄马，其状如马，四节有毛，意思是旄马这种动物，它的形状像马，四条腿的关节上都长有毛。旄马，即豪马。[2] 匈奴、开题之国、列人之国并在西北，郭璞注："三国并在旄马西北。"

【译文】

旄马，形状像普通的马，但四条腿的关节上都有长毛。旄马在巴蛇所在地的西北面，也就是一座高山的南面。

匈奴国、开题国、列人国都在旄马的西北方向。

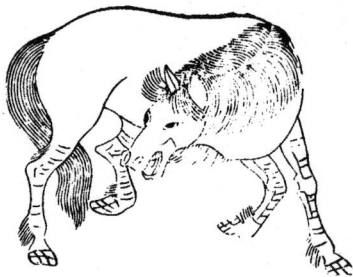

旄　马

卷十一　海内西经

《海内西经》从东到西记载了从今天的西北地区西部一直向西，到达古代所谓西域地区的山川、河流、国家、物产。《海内西经》的记载围绕着昆仑山、西王母进行，内容上错乱复杂，但在西北地理上又是有迹可寻的。昆仑山在传说中是中华文明的圣山，有"万山之祖"无与伦比的显赫地位，昆仑山道教文化是华夏民族文化的远古部分，昆仑山曾以"帝之下都、百神之所在"流传于世，被称为中国第一神山。昆仑山是中华民族的象征，也是中华民族神话传说的摇篮，古人尊为"万山之宗""龙脉之祖"，因而有"国山之母"的美称。

　　昆仑山的神秘和华美匪夷所思。它方圆八百里，高万仞。上面有各种凤凰、鸾鸟和各种神兽守护，有珠树、文玉树、玗琪树、离朱、木禾、柏树、甘水、圣木曼兑等神奇的植物。其中开明北有不死树，在《海外南经》中也有记述。这与不死山、不死国、不死人、不死药等长生不死的观念是相印证的，说明远古的先民们追求长生不老的理想信念。

海内西南陬以北者。

贰负[1]之臣曰危，危与贰负杀窫窳[2]。帝乃梏[3]之疏属之山[4]，桎[5]其右足，反缚两手与发，系之山上木。在开题西北。

【注释】

[1]贰负，天神。《海内北经》："贰负神在其东，其为人面蛇身。"[1]窫窳（yà yǔ），郭璞注："窫窳，本蛇身人面，为贰负臣所杀，复化而成此物也。"贰负臣杀窫窳事，见《海内西经》。[3]梏，本是套在手上的刑具，这里作动词用，意为系缚。[4]疏属之山，山名，又名雕山，在陕西境内。[5]桎，本是套在脚上的刑具，这里也用作动词，意为锁住。

【译文】

海内由西南角向北的国家、山川、河流依次如下。

贰负神的臣子叫危，危与贰负神一起杀死了窫窳神。天帝大怒，便把他们拘禁在疏属山中，缚住他们的右脚，并反缚他们的双手，拴在山上的一棵大树下。这个地方在开题国的西北。

贰负之臣

大泽[1]方百里，群鸟所生及所解[2]。在雁门北。

雁门山，雁出其间，在高柳[3]北。

高柳在代北[4]。

【注释】

[1] 大泽，本经有两处，一为"百里大泽"，即本处，另一处为"千里大泽"。[2] 群鸟所生及所解，此地是群鸟孳生幼儿和脱毛换羽的地方。解，解羽，羽毛脱落，亦指禽鸟死去。[3] 高柳，山名，在山西境内。[4] 代北，代，古州名。一作"代中""代地"。

【译文】

大泽方圆百里，是各种禽鸟生卵孵化幼鸟和脱换羽毛的地方。大泽在雁门的北面。

雁门山，是大雁冬去春来出入的地方。雁门山在高柳山的北面。

高柳山在代州的北面。

后稷之葬，山水环之 [1]。在氏国 [2] 西。

流黄酆氏之国 [3]，中方三百里，有涂四方 [4]，中有山。在后稷葬西。

流沙 [5] 出钟山，西行又南行昆仑之虚 [6]，西南入海。黑水之山。

【注释】

[1] 后稷之葬，山水环之，后稷的葬地，有山和水环绕着。[2] 氏国，《海内南经》："氏人国在建木西方。"[3] 流黄酆（fēng）氏之国，郝懿行注："《海内经》作'流黄辛氏，其域中方三百里'。"[4] 有涂四方，有道路通向四方。涂，通"途"。[5] 流沙，沙流而行，故名流沙。[6] 虚，同"墟"，此处作"山"解。

【译文】

后稷的葬地，有青山绿水环绕着。就在氏人国的西面。

流黄酆氏国，其疆域方圆三百里。这个国家道路四通八达，国中有一座大山。这个国家在后稷葬地的西面。

流沙是从钟山流出，向西流出再朝南流到昆仑山，继续往西南流入大海，一直到黑水山。

东胡[1]在大泽东。

夷人在东胡东。

貊国[2]在汉水东北。地近于燕，灭之[3]。

孟鸟[4]在貊国东北，其鸟文赤、黄、青，东乡[5]。

【注释】

[1]东胡，郝懿行注："国名也。"[2]貊（mò）国，郭璞注："今扶余国即濊貊故地，在长城北，去玄菟千里，出名马、赤玉、貂皮、大珠如酸枣也。"[3]地近于燕，灭之，貊国地方靠近燕国的境界，后来便被燕国灭掉了。[4]孟鸟，郭璞注："亦鸟名。"郝懿行注："《海外西经》有'来蒙在结匈国北'，疑亦此鸟也，来之声近孟。"[5]东乡，即面向东方站立着。乡，通"向"。

【译文】

东胡国在大泽的东面。

夷人国在东胡国的东面。

貊国在汉水的东北面。这个国毗邻燕国，后来被燕国灭亡。

孟鸟在貊国的东北面。这种鸟花纹五彩斑斓，有红、黄、青各种颜色，它的头总是朝向东方。

海内昆仑之虚[1]，在西北，帝之下都[2]。昆仑之虚，方八百里，高万仞。上有木禾[3]，长五寻[4]，大五围[5]。面有九井[6]，以玉为槛，面有九门，门有开明兽[7]守之，百神之所在。在八隅之岩，赤水之际，非仁、羿莫能上冈之岩。

【注释】

[1]海内昆仑之虚，郭璞注："言海内者，明海外复有昆仑山。"郝懿行注："荒外之山，以昆仑名者盖多焉。"[2]帝之下都，天帝在下方的都邑。[3]木禾，谷类。郭璞注："谷类也，生黑水之阿，可食。"[4]长五寻，即高四丈。寻，古代长度单位，八尺为一寻。[5]大五围，即大有五人合抱。围，计量圆周的单位，指两手合抱起来的长度。[6]面有九井，昆仑山每面有九口井。面，一作"上"。[7]开明兽，神兽名。

【译文】

海内的昆仑山，屹立在西北方，是天帝在下界的都城。昆仑山，方圆八百里，高一万仞。山顶有一棵像大树似的稻谷，高达五寻，五人才能

开明兽

把它环抱。山顶四周环绕着雪白的玉石栏杆，山的每面都有九眼泉井，九扇门。帝都宫殿的正门面对着东方，迎着朝阳，叫作"开明门"。门前有一只神兽，叫开明兽。它威风凛凛地站在门前，面向东方，守护着这座"百神所在"的宫城。百神住的宫殿旁边有条河叫赤水河。这座山山势险峻，没有像羿那样的身手是不能随便上去的。

赤水出东南隅，以行其东北。

河水出东北隅，以行其北，西南又入渤海，又出海外，即西而北入禹所导积石山[1]。

洋水、黑水出西北隅，以东东行，又东北，南入海，羽民南。

弱水、青水出西南隅，以东又北，又西南，过毕方鸟东[2]。

【注释】

[1] 入禹所导积石山，《西次三经》："积石之山，其下有石门，河水冒以西流。"[2] 毕方鸟，《海外南经》："毕方鸟在青水西。"

【译文】

赤水从昆仑山的东南角流出，然后流到昆仑山的东北面。

黄河水从昆仑山的东北角流出，然后流到昆仑山的北面，再折向西南流入渤海，又流出海外，就此向西而后往北流，一直流入大禹所疏导过的积石山。

洋水、黑水从昆仑山的西北角流出，然后折向东方，朝东流去，再折向东北方，又朝南流入大海，直到羽民国的南面。

弱水、青水从昆仑山的西南角流出，然后折向东方，朝北流去，再折向西南方，又流经毕方鸟所在地的东面。

昆仑南渊深三百仞。开明兽身大类虎而九首[1]，皆人面，东向立昆仑上。

开明西有凤皇[2]、鸾鸟，皆戴蛇践蛇[3]，膺有赤蛇[4]。

【注释】

[1] 开明兽身大类虎而九首，《西次三经》昆仑之丘神陆吾即开明兽；"九首"作"九尾"。《大荒西经》："昆仑之丘有神，

人面虎身。"也即开明兽。[2]凤皇，即凤凰。《西次三经》："（昆仑之丘）有鸟焉，其名曰鹑鸟，是司帝之百服。"郝懿行注："鹑鸟，凤也。"[3]戴蛇践蛇，头上顶着蛇，脚下踩着蛇。[4]膺有赤蛇，膺，胸。胸脯上挂着红蛇。

【译文】

　　昆仑山的南面有一个深约三百仞的大渊。那里有个像虎一样的神兽，名叫开明兽却长着九个脑袋，都像人一样的面孔，脸朝东方，站在昆仑山顶。

　　开明神兽的西面有凤皇、鸾鸟栖息，都是头上顶着蛇，脚下踩着蛇，胸前还挂着一条红色的蛇。

　　开明北有视肉、珠树 [1]、文玉树 [2]、玗琪树 [3]、不死树 [4]。凤皇、鸾鸟皆戴䡄 [5]。又有离朱、木禾、柏树、甘水、圣木 [6]、曼兑，一曰挺木牙交 [7]。

　　开明东有巫彭、巫抵、巫阳、巫履、巫凡、巫相 [8]，夹窫窳之尸，皆操不死之药以距之 [9]。窫窳者，蛇身人面，贰负臣所杀也。

【注释】

　　[1]珠树，郝懿行注："《海外南经》云：'三珠树生赤水上。'即此。"[2]文玉树，五彩玉树。[3]玗（yú）琪树，郭璞注："玗琪，赤玉属也。吴天玺元年，临海郡吏伍曜在海水际得石树，高二尺余，茎叶紫色，诘曲倾靡，有光彩，即玉树之类也。"[4]不死树，长生不老树，或做"寿木"。[5]䡄（fá），郭璞注："盾也"。[6]圣木，传说是一种服食之后令人圣明睿智的树。[7]挺木牙交，郭璞注："《淮南》作璇树，璇玉类也。"[8]"巫彭"以下，郭

璞注："皆神医也。"[9]皆操不死之药以距之，这些神巫都拿着不死药去救治窫窳。郭璞注："为距却死气，求更生。"

【译文】

开明神兽的北面有视肉、珠树、文玉树、玕琪树、不死树。这个国家的凤皇、鸾鸟都戴着像盾牌一类的东西，还有三足鸟、像树似的稻谷、柏树、甘水、圣木、曼兑。还有一种说法认为圣木曼兑叫作挺木牙交。

开明神兽的东面有巫师神医巫彭、巫抵、巫阳、巫履、巫凡、巫相，他们围在窫窳的尸体周围，都拿着长生不老药抵抗死神，要使他死而复生。这位窫窳，是蛇的身子，人的面孔，是被贰负和他的臣子危合伙杀死的。

服常树，其上有三头人，伺琅玕树[1]。

开明南有树鸟，六首[2]蛟[3]、蝮蛇[4]、蜼[5]、豹、鸟秩树，于表池树木[6]，诵鸟[7]、鶽[8]、视肉。

【注释】

[1]琅玕（láng gān）树，传说中的玉树，即长于山间的珊瑚。[2]六首，郝懿行注："《大荒西经》互人国下云，有青鸟，身黄，赤足，六首，名曰鸀（chù）。"鸀鸟似应为六首之树鸟。[3]蛟，像蛇，四脚，属龙一类。[4]蝮蛇，有毒的大蛇。头大，呈三角形，体色灰褐，有斑纹。[5]蜼（wèi），一种长尾猿。像大弥猴，黄黑色，尾长数尺。[6]鸟秩树，于表池树木这一句，郭璞注："言列树以表池。即华池也。"鸟秩树环列在西王母瑶池的周围。[7]诵鸟，郭璞注："鸟名，形未详。"[8]鶽（sǔn），郭璞注："雕也。"

【译文】

　　有一种服常树，是一种神树，树上有个长着三颗头的人，静静伺候着那就在附近的琅玕树。

　　开明神兽的南面有种树鸟，它长着六个脑袋；还有蛟龙、蝮蛇、长尾猿、豹子、鸟秩树，树木都生长在华池周围。诵鸟、雕、视肉怪兽在这里出没。

三头人

卷十二　海内北经

《海内北经》的记载从海内的西北角，也就是从西北的匈奴国开始，经过犬戎、穷奇再到昆仑山，又越过山西的雁门一带，最后到达东北的貊国和盂鸟国。《海内北经》是对古代北部中国即塞外的国度的一次鸟瞰。

《海内北经》的神话相对较少，主要有天帝惩罚贰负的滥杀和舜妻所生两神女的故事。但是神话的碎片倒不少，如从极之渊冰夷，郭璞注说，冰夷即冯夷，也就是河伯。本经中没有详细的叙述。河伯可能是传说中古代黄河水神，而且是一个浪荡风流的神，在古代神话中河伯是个反面形象的人物。《海内北经》描写的许多怪兽颇为生动，比如说兽头人身的环狗，日行千里的奇兽驺吾。

大人之市在海中。这样的记载令人难解，这可能就是人们所说的海市蜃楼的幻象。

海内西北陬以东者。

蛇巫之山，上有人操杯 [1] 而东向立。一曰龟山。

【注释】

[1] 杯（báng），郭璞注："或作'桮'，字同"。郝懿行曰："杯即'桮'字之异文。"

【译文】

海内由西北角向东的国家、山川、河流、物产依次如下。

蛇巫山，山上有人拿着棍棒向东站着。还有一种说法认为蛇巫山叫作龟山。

西王母梯 [1] 几而戴胜杖，其南有三青鸟 [2]，为西王母取食。在昆仑虚 [3] 北。

有人曰大行伯 [4]，把戈 [5]。其东有犬封国 [6]。贰负之尸在大行伯东。

【注释】

[1] 梯，凭，依着。[2] 三青鸟，神话传说中多力善飞的猛禽。《西次三经》："三危之山，三青鸟居之。是山也，广员百里。"《大荒西经》："有三青鸟，赤首黑目……一名曰青鸟。"[3] 虚，同"墟"，义同"山"。[4] 大行伯，疑为共工之子脩。[5] 把戈，手里拿着一把戈。[6] 犬封国，郭璞注："昔盘瓠杀戎王，高辛以美女妻之，不可以训，乃浮之会稽东海中，得三百里地封之，生男为狗，女为美人，是为狗封之国也。"

【译文】

西王母靠倚着小桌案并且戴着玉胜。她的南面有三只勇猛善飞的青鸟，这些鸟负责为西王母觅取食物。西王母和三青鸟在昆仑山的北面。

有人名叫大行伯，手握着长戈。他的东面有犬封国。贰负之尸也在大行伯的东面。

犬封国曰犬戎国[1]，状如犬。有一女子，方跪进柸食[2]。有文马[3]，缟身朱鬣[4]，目若黄金，名曰吉量[5]，乘之寿千岁。

【注释】

[1] 犬戎国，也叫狗国。"封"，"戎"音近。[2] 柸食，同"杯食"，即一杯酒食之意。[3] 文马，马赤鬣缟身，目若黄金。[4] 朱鬣（liè），马颈上的红色长毛。[5] 吉量，亦作"吉良"。

【译文】

犬封国也叫犬戎国，这个国家的人都是狗的模样。有个女子，正跪在地上捧着一杯酒食向人进献。有一种马，白色身子，红色鬃毛，眼睛像黄金一样闪闪发光，名叫吉量，骑着这种马能使人长寿千岁。

鬼国[1]在贰负之尸北，为物人面而一目。一曰贰负神在其东，为物人面蛇身。

蜪[2]犬如犬，青，食人从首始。

穷奇[3]状如虎，有翼，食人从首始，所食被发，在蜪犬北。一曰从足。

鬼 国

350

[1]鬼国，即一目国，参见《海外北经》"一目国"，又见《大荒北经》"威姓少昊之子。"[2] 蜪（táo）犬，古兽名。[3] 穷奇，古兽名。毛如蝟。《西次四经》"邽山，其上有兽焉，其状如牛，蝟毛，名曰穷奇，音如獆狗，是食人。"

【译文】

蜪　犬

鬼国在贰负之尸的北面，这个国家的人是人的面孔却只有一只眼睛。还有一种说法认为贰负神在鬼国的东面，他是人的面孔，蛇的身子。

蜪犬的形状像狗，全身青色，这种蜪会吃人，而且是从人的头开始吃起。

穷奇的样子长得像老虎，又有翅膀，穷奇吃人也是从人的头开始吃起。正被吃的人是披头散发。穷奇在蜪犬的北面。还有一种说法认为穷奇吃人是从人的脚开始吃起的。

帝尧台、帝喾台、帝丹朱台、帝舜台[1]，各二台[2]，台四方，在昆仑东北。

大蜂，其状如螽[3]。朱蛾，其状如蛾。

【注释】

[1]帝丹朱台、帝舜台，郝懿行注："《大荒西经》有轩辕台，《北经》有共工台。亦此之类。"[2]各二台，台四方，郝懿行注："众帝之台已见《海外北经》。"[3] 其状如螽，郝懿行注："蜂

有极桀大者，仅曰如螽，与螽字形近，故讹耳。"

【译文】

帝尧台、帝喾台、帝丹朱台、帝舜台，各自有两座台，每座台都是四方形，在昆仑山的东北面。

有一种大蜂，形状像螽斯，头很大。有一种朱蛾，形状像蚍蜉。

蟜[1]，其为人虎文，胫有膂，在穷奇东。一曰状如人。昆仑虚北所有[2]。

阘非[3]，人面而兽身，青色。

【注释】

[1]蟜（qiǎo），这种人身上有着老虎的斑纹，足胫上有十分健劲的筋。郭璞注："蟜音桥，言脚有腨肠也。"[2]昆仑虚北所有，以上这些事物都是昆仑山北边所有的。[3]阘（tà）非，传说中的野人。

【译文】

蟜国在穷奇的东面。蟜国人身子长着像老虎一样的斑纹，小腿肚子上的肉非常强健。还有一种说法认为蟜的形状像人，在昆仑山的北面。

阘非国的人，长着人面兽身，一身青毛。

据比之尸，其为人折颈被发，无一手。

环狗[1]，其为人兽首人身。一曰猬，状如狗[2]，黄色。

【注释】

[1] 环狗，大约如犬戎、狗封之类。[2] 猚，状如狗，刺猬的形状，有点像狗。

【译文】

天神据比的尸体颈脖都被砍断，披头散发，只有一只手，另外一只手也不知被丢到哪里去了。

环狗国的人，脑袋像野兽，身子像人。也有的说样子就像是一只黄狗。

袜[1]，其为物人身黑首从目[2]。

戎，其为人人首三角。

【注释】

[1] 袜（mèi），郭璞注："袜即魅也。"通常也叫鬼魅。[2] 从（zhòng）目，即"纵目"，眼睛是竖生的。

【译文】

袜，这种怪物长着人的身子、黑色脑袋、竖立的眼睛。

戎，这种人长着人的头但是头上有三只角。

林氏国有珍兽，大若虎，五采毕具[1]，尾长于身，名曰骑吾[2]，乘之日行千里。

【注释】

[1] 五采毕具，五种颜色俱备。[2] 骑（zōu）吾，传说中的野兽。

【译文】

林氏国有一种珍奇的野兽，大小与老虎差不多，身上有五彩斑纹，尾巴比身子还要长，名叫驺吾，骑上它可以日行千里。

昆仑虚南所，有氾林[1]方三百里。

从极之渊[2]，深三百仞，维冰夷恒都焉[3]。冰夷人面，乘两龙。一曰忠[4]极之渊。

【注释】

[1] 氾（fàn）林，森林。[2] 渊，一作"川"。[3] 维冰夷恒都焉，只有水神冰夷在此处歇息。冰夷，也作冯夷、无夷，也就是传说中的水神河伯。[4] 忠，一作"中"。

【译文】

在昆仑山的南面，有一片氾林，方圆三百里。

从极渊深三百仞，只有冰夷神常常住在这里。冰夷神长着人的面孔，常常乘着两条龙飞行。还有一种说法认为从极渊又叫忠极渊。

阳汗[1]之山，河出其中；凌门之山，河出其中。

【注释】

[1] 阳汗（yū），即阳纡，声相近。

【译文】

阳汗山，黄河的一条支流从这座山流出；凌门山，黄河还有一条支流从这座山流出。

王子夜[1]之尸，两手、两股、胸、首、齿，皆断异处。

舜妻登比氏生宵明、烛光[2]，处河大泽，二女之灵照此所方百里。一曰登北氏。

【注释】

[1] 王子夜，郭璞注："此盖形解而神连，貌乖而气合，合不为密，离不为疏。"[2] 舜妻登比氏生宵明、烛光，意思是舜的妻子登比氏，生了宵明和烛光两个女儿，居住在黄河旁边的大泽中，两位女神的灵光照耀在这方圆一百里的地方。

【译文】

王子夜的尸体，两只手、两条腿、胸部、头部、牙齿，都被砍断并且分散在不同地方。

帝舜的妻子登比氏生了宵明、烛光两个女儿，她们住在黄河边上的大泽边上，两位神女的灵光可以照亮方圆百里的地方。还有一种说法认为帝舜的妻子叫登北氏。

盖国在钜燕南，倭[1]北。倭属燕。

朝鲜[2]在列阳东，海北山南。列阳属燕。

列姑射[3]在海河州中。

射姑国[4]在海中，属列姑射，西南，山环之。

【注释】

[1] 倭（wō），郭璞注："倭国在带方东大海内，以女为主，其俗露纻，衣服无针功，以丹朱涂身。不妒忌，一男子数十妇也。"[2] 朝鲜，郭璞注："朝鲜，今乐浪县，箕子所封也。列亦水名也，今在带方，带方有列口县。"[3] 列姑射，郭璞注："山名

也。山有神人。河州在海中，河水所经者。庄子所谓藐姑射之
山也。"[4] 射姑国，应作"姑射国"。

【译文】

列姑射山

盖国在钜燕国的南面，倭国的北面。倭国也属于燕国管辖。

朝鲜在列阳的东面，北面有大海，南面有高山。列阳也属于燕国管辖。

列姑射山在大海的河州之中。

姑射国在海中，属于列姑射的一部分。射姑国的西南部有高山环绕。

大蟹 [1] 在海中。

陵鱼 [2] 人面，手足，鱼身，在海中。

大鯾 [3] 居海中。

【注释】

[1] 大蟹，郭璞注："盖千里之蟹也。"[2] 陵鱼，即龙鱼。
《海外西经》："龙鱼陵居在其北。"[3] 大鯾（biān），郭璞注：
"鯾即鲂也。"

【译文】

大蟹生活在海里。

陵鱼长着人的面孔，而且有手有脚，就是身形像鱼，生活在大海里。

大鯾鱼生活在海里。

明组邑^[1]居海中。

蓬莱山^[2]在海中。

大人之市^[3]在海中。

【注释】

[1] 明组邑，郝懿行注："明组邑盖海中聚落之名，今未详。"[2] 蓬莱山，郭璞注："上有仙人宫室，皆以金玉为之，鸟兽尽白，望之如云，在渤海中也。"[3] 大人之市，《大荒东经》："有波谷山者，有大人之国。有大人之市，名曰大人之堂。"

【译文】

明组邑生活在海中。

蓬莱山屹立在海中。

大人贸易的集市在海里。

卷十三　海内东经

《海内东经》这一部分几乎没有神话而全是地理内容。主要记载了从中土东北角的钜燕一直南下，包括今天渤海中的蓬莱山和山东半岛南端的琅邪台的内容。

　　此后从雷泽开始描绘了吴越两地的风貌、地理和区划。雷泽在吴地西部，接近于江苏安徽一带。琅邪台在今天山东境内，而会稽山则在今天的浙江境内。

　　《海内东经》的内容较少，主要是记述了从我国东北往下沿着海岸线一带的国度和物产。没有神话传说，以写实为主。

海内东北陬以南者。

钜燕[1]在东北陬。

国在流沙中者埻、端[2]，玺、㬊[3]，在昆仑虚东南。一曰海内之郡，不为郡县在流沙中[4]。

【注释】

[1]钜燕，大燕国。[2]埻（dūn）、端，郭璞注："埻音敦。"国名。[3]玺（xǐ）、㬊（huàn），国名。[4]流沙中，郝懿行注："《海内东经》之篇而说流沙内外之国，下文又杂厕东南诸州及诸水，疑皆古经之错简。"

【译文】

海内由东北角向南的国家、山川、河流依次如下。

大燕国在海内的东北角。

在流沙中的国家有埻端国、玺国、㬊国，都在昆仑山的东南面。还有一种说法认为埻端国和玺国、㬊国是在海内建置的郡，不把它们称为郡县，是因为处在流沙中的缘故。

国在流沙外者，大夏[1]、竖沙、居繇[2]、月支[3]之国。

【注释】

[1]大夏，郭璞注："大夏国城方二三百里，分为数十国，地和温，宜五谷。"[2]居繇（yáo），郭璞注："繇音遥。"一作属繇国。[3]月支（ròu zhī），郭璞注："月支国多好马、美果，有大尾羊如驴尾，即㹀羊也。小月支、天竺国皆附庸云。"

【译文】

在流沙以外的国家，有大夏国、竖沙国、居繇国、月支国等国。

西胡白玉山在大夏东，苍梧在白玉山西南，皆在流沙西，昆仑虚东南。昆仑山在西胡西，皆在西北。

【译文】

西胡的白玉山国，在大夏国的东面，苍梧国在白玉山国的西南面，都在流沙的西面，昆仑山的东南面。昆仑山位于西胡的西面。总的位置都在西北方向。

雷泽 [1] 中有雷神 [2]，龙身而人头，鼓其腹 [3]。在吴西 [4]。

【注释】

[1] 雷泽，郭璞注："今城阳有尧冢灵台。雷泽在北也。"
[2] 雷神，《大荒东经》："东海中有流波山，入海七千里。其上有兽，状如牛，苍身而无角，出入水则必风雨。其光如日月，其声如雷，其名曰夔。黄帝得之，以其皮为鼓劲，橛以雷兽之骨，声闻五百里，以威天下。"郭璞注："雷兽，即雷神也，人面龙身鼓其腹者；橛犹击也。"
[3] 鼓其腹，意思是雷神敲打肚子时，就会放出响雷来。[4] 在吴西，在吴地的西边。

雷　神

【译文】

泽中有一位雷神，长着龙的身子，人的头，他一鼓起肚子就发出轰隆隆的响雷声。雷泽在吴国的西部。

都州在海中，一曰郁州^[1]。

琅邪台^[2]在渤海间、琅邪之东。其北有山^[3]。一曰在海间。

韩雁^[4]在海中，都州南。

【注释】

[1] 都州在海中，一曰郁州，这两句，郭璞注："今在东海朐县界，世传此山自苍梧从南徙来，上皆有南方物也。"[2] 琅邪台，琅邪即琅琊。郭璞注："今琅琊在海边，有山嶕峣特起，状如高台，此即琅琊台也。琅琊者，越王勾践入霸中国之所都。"[3] 其北有山，郝懿行注："琅邪台在今沂州府，其东北有山，盖劳山也。劳山在海间，一曰牢山。"[4] 韩雁，郝懿行注："韩雁盖古国名。韩有三种，见《魏志·东夷传》。"

【译文】

都州国在海里。一种说法认为都州叫作郁州。

琅邪山在渤海中，在琅邪山的东面。琅邪台的北面有座大山。

韩雁国在海中，在都州的南面。

始鸠^[1]在海中，辕厉南。

会稽山在大楚南。

【注释】

[1] 始鸠（jiū），郭璞注："国名。或曰，鸟名也。"

【译文】

始鸠国在海中，在韩雁国的南面。

会稽山在大楚国的南面。

岷三江：首大江出汶山，北江出曼山，南江出高山。高山在城都西。入海在长州南。

浙江出三天子都，在其东。在闽西北，入海，余暨南。

庐江出三天子都，入江，彭泽西。一曰天子鄣。

淮水出余山，余山在朝阳东，义乡西，入海，淮浦北。

湘水出舜葬东南陬，西环之。入洞庭下。一曰东南西泽。

【注释】

[1]汶山，郝懿行注："汶即岷也，已见《中次九经》岷山。"郭璞注："今江出汶山郡升迁县岷山，东南经蜀郡犍为至江阳，东北经巴东、建平、宜都、南郡、江夏、弋阳、安丰至庐江南界，东北经淮南、下邳至广陵郡入海。"[2]曼山，郝懿行注："曼山即崌山。"[3]高山，郝懿行注："高山即峡山。"[4]城都西，郝懿行注："城当为成。"[5]三天子都，即三天子鄣，已见《海内南经》。[6]余暨，郭璞注："余暨县属会稽，今为永兴县。"[7]彭泽，郭璞注："彭泽今彭蠡也，在寻阳彭泽县。"[8]朝阳，郭璞注："朝阳县今属新野。"[9]"湘水"两句，郭璞注："环，绕也。今湘水出零陵营道县阳湖山入江。"[10]入洞庭下，郭璞注："洞庭，地穴也，在长沙巴陵。今吴县南太湖中有包山，下有洞庭，穴道潜行水底，云无所不通，号为地脉。"

【译文】

岷山三大江，第一条大江是从汶山流出，北江从曼山流出，还有南江从高山流出。高山座落在城都的西面。三条江水最终都注入大海，入海处在长州的南面。

浙江源自三天子都，在蛮东。在闽西北部，浙江最终注入大海，入海处在余暨的南边。

364

庐江也源自三天子都，却注入长江，入江处在彭泽的西面。还一种说法认为在天子鄣。

淮水源自余山，余山座落在朝阳的东面，义乡的西面。淮水最终注入大海，入海处在淮浦的北面。

湘水源自帝舜葬地的东南角，然后向西环绕流去。湘水最终注入洞庭湖下游。一种说法认为注入东南方的西泽。

汉水出鲋鱼之山 [1]，帝颛顼葬于阳，九嫔葬于阴，四蛇卫之。

濛水出汉阳 [2] 西，入江，聂阳 [3] 西。

温水出崆峒山，在临汾南 [4]，入河，华阳北。

颍水 [5] 出少室，少室山在雍氏南，入淮西鄢北。一曰缑氏 [6]。

汝水出天息山，在梁勉乡西南，入淮极西北 [7]。一曰淮在期思 [8] 北。

泾水出长城北山，山在郁郅、长垣 [9] 北，北入渭，戏北 [10]。

【注释】

[1] 汉水出鲋鱼之山，郝懿行注："汉水所出，已见《西山经》嶓冢之山，此经云'出鲋鱼之山'，鲋鱼或作鲋隅，即《海外北经》务隅之山，《大荒北经》又作'附鱼之山'，皆即广阳山之异名也，与汉水源流绝不相蒙，疑经有讹文。[2] 汉阳，郭璞注："汉阳县属朱提。"[3] 聂阳，或作渫阳。[4]"温水"两句，郭璞注："今温水在京兆阴盘县，水常温也。临汾县属平阳。"[5]"颍水"三句，郭璞注："今颍水出河南阳城县乾山，东南经颍川汝阴至淮南下蔡，入淮。鄢，今鄢陵县，属颍川。"[6] 缑氏，郭璞注："县属河南。"[7]"汝水"三句，郭璞注："今汝水出南阳鲁阳县大盂山，东北至河南梁县，东南经襄城、颍川、汝南至汝阳襄

365

信县入淮。淮极，地名。"[8]期思，郭璞注："期思县属弋阳。"
[9]郁郅、长垣，郭璞注："皆县名也。"[10]北入渭，郭璞注：
"今泾水出安定朝那县西笄头山，东南经新平、扶风至京兆高陵
县入渭。

【译文】

汉水源自鲋鱼山，帝颛顼葬在鲋鱼山的南面，帝颛顼的九
个嫔妃葬在鲋鱼山的北面，有四条巨蛇守护着它。

濛水源自汉阳西面，最终注入长江，入江处在聂阳的西面。

温水源自崆峒山，崆峒山坐落在临汾南面，温水最终注入
黄河，入河处在华阳的北面。

颍水源自少室山，少室山坐落在雍氏的南面，颍水最终在
西鄢的北边注入淮水。一种说法认为在缑氏注入淮水。

汝水源自天息山，天息山坐落在梁勉乡的西南，汝水最终
在淮极的西北注入淮水。一种说法认为入淮处在期思的北面。

泾水源自长城的北山，北山坐落在郁郅长垣的北面，泾水
最后流入渭水，入渭处在戏的北面。

渭水[1]出鸟鼠同穴山，东注河，入华阴北。

白水[2]出蜀，而东南注江，入江州[3]城下。

沅水山出象郡镡城[4]西，入东注江，入下隽[5]西，合洞
庭中。

赣水[6]出聂都东山，东北注江，入彭泽西。

泗水[7]出鲁东北而南，西南过湖陵西，而东南注东海，
入淮阴北。

郁水出象郡，而西南注南海，入须陵东南。

肄水[8]出临晋西南，而东南注海，入番禺西。

366

潢水^[9]出桂阳西北山，东南注肄水，入敦浦西。

洛水^[10]出洛西山，东北注河，入成皋西。

【注释】

[1]"渭水"句，郭璞注："鸟鼠同穴山今在陇西首阳县，渭水出其东，经南安、天水、略阳、扶风、始平、京兆、弘农、华阳县入河。"[2]白水，郭璞注："色微白浊，今在梓潼白水县，源从临洮之西西倾山来，经沓中，东流通阴平至汉寿县入潜。"[3]江州，郭璞注："江州县属巴郡。"[4]象郡镡（xín）城，郭璞注："象郡今日南也。镡城县今属武陵。"[5]下隽，郭璞注："下隽县今属长沙。"[6]赣水，郭璞注："今属赣水出南康南野县西北。"[7]泗水，郭璞注："今泗水出鲁国卞县，西南至高平湖陆县，东南经沛国、彭城、下邳至临淮下相县入淮。"[8]肄水，郭璞注："番禺县属南海，越之城下也。"[9]潢水，潢或作湟。[10]洛水，郝懿行注："洛水所出，《中次四经》谓之谨举山。"

【译文】

渭水源自鸟鼠同穴山，向东流入黄河，入河处在华阴的北面。

白水源自蜀地，然后向东南流而注入长江，入江处在江州城下。

沅水源自象郡镡城的西面，向东流而注入长江，入江处在下隽的西面，最后汇入洞庭湖中。

赣水从聂都东面的山中流出，然后向东北流而注入长江，入江处在彭泽的西面。

泗水从鲁地的东北方流出，然后向南流，再往西南流经湖陵的西面，然后转向东南而流入东海，入海处在淮阴的北面。

郁水源自象郡，然后向西南流而注入南海，入海处在须陵

367

的东南面。

肆水从临晋武的西南方流出，然后向东南流而注入大海，入海处在番禺的西面。

潢水从桂阳西北的山中流出，然后向东南流而注入肆水，入肆处在敦浦的西面。

洛水从上洛西边的山中流出，然后向东北流而注入黄河，入河处在成皋的西边。

汾水[1]出上窳北，而西南注河，入皮氏[2]南。

沁水[3]出井陉山东，东南注河，入怀东南。

济水[4]出共山南东丘，绝钜鹿泽[5]，注渤海，入齐琅槐东北。

潦水[6]出卫皋东，东南注渤海，入潦阳。

虖沱水[7]出晋阳城南，而西至阳曲北，而东注渤海，入越章武北。

漳水[8]出山阳东，东注渤海，入章武南。

【注释】

[1]汾水，郭璞注：“今汾水出太原晋阳，故汾阳县，东南经晋阳，西南经河西平阳，至河东汾阴入河。”[2]皮氏，郭璞注：“皮氏县属平阳。”[3]沁水，郝懿行注：“沁水已见《北次三经》谒戾之山。”[4]济水，郝懿行注：“济水已见《北次二经》王屋之山。”[5]绝钜鹿泽，郭璞注：“绝，犹截度也。钜鹿，今在高平。”[6]潦水，郭璞注：“出塞外卫皋山。玄菟高句骊县有潦山，小潦水所出。西河注大潦。”[7]虖沱水，郝懿行注：“虖沱所出，已见《北次三经》泰戏之山。”[8]“漳水”三句，郭璞

注："新城汋阴县亦有漳水。"

【译文】

汾水源自上窳的北面，然后向西南流而注入黄河，入河处在皮氏的南面。

沁水从井陉山的东面流出，向东南流而注入黄河，入河处在怀的东南面。

济水源自共山南面的东丘，流经钜鹿泽，最终注入渤海，入海处在齐地琅槐的东北面。

潦水从卫皋的东面流出，然后向东南流而注入渤海，入海处在潦阳。

滹沱水从晋阳城南流出，然后向西流到阳曲的北面，再向东流而注入渤海，入海处在章武的北面。

漳水从山阳的东面流出，向东流而注入渤海，入海处在章武的南面。

卷十四　大荒东经

《大荒东经》记载了东海之外的山川、河流、国度和物产，还有很多神话传说。虽然这部分记载的事情多荒诞不经、奇异诡谲，但是充满了神奇浪漫的色彩。

少昊和帝俊的国家已经脱离原始游牧民族的习惯，开始驯化野兽，这是定居农耕生活的象征。青丘国、柔仆民、黑齿国、夏州、盖余之国可能是古代东夷部落的遗种。大言山、明星山、猗天苏门山、壑明俊疾山，都是太阳和月亮运行轨道上的山脉，对这些山的描述反映了古人农耕生活对天文知识的需求，同时也是古人观测地理天象的实践成果。

《大荒东经》的神话母题很多，主要有三大神话。第一是金乌负日。"汤谷上有扶木，一日方至，一日方出，皆载于乌。"在《大荒东经》中"五采之鸟""三青鸟"是很普遍的，这说明这个时代的人是"崇鸟崇日"的。这是一个典型的自然崇拜神话。第二个是王亥到东夷贩牛，因为淫乱被有易部族杀害的神话。王亥是殷人的祖先，在《竹书纪年》和甲骨卜辞都有记载，而且他还是最早从事商业活动的人。因此，这是一个始祖崇拜的神话。第三是黄帝的大将应龙处杀蚩尤与夸父，天旱下雨，本是自然气候的变化，与应龙无关，这儿也姑且当作神话传说了。还有皇帝以夔兽皮为鼓，以雷兽之骨敲击的战争神话传说。

东海之外大壑[1]，少昊之国[2]。少昊孺帝颛顼于此[3]，弃其琴瑟[4]。有甘山者，甘水[5]出焉，生甘渊[6]。

【注释】

[1]大壑（hè），大谷。[2]少昊之国，少昊，金天氏帝挚之号。传说少昊在东海建国，以鸟为官，少昊自名挚；挚、鸷古字相通。[3]少昊孺帝颛顼于此，少昊在此地扶养帝颛顼。孺，通"乳"，扶养。[4]弃其琴瑟，少昊把颛顼幼童时玩过的琴瑟扔在大壑里。郭璞注："言其壑中有琴瑟也。"[5]甘水，郝懿行注："甘水穷于成山，见《大荒南经》。"[6]生甘渊，郭璞注："水积则成渊也。"

【译文】

东海之外有一个深不知底的沟壑，这里是少昊建国的地方。少昊就在这里养育帝颛顼成长，帝颛顼幼年玩耍过的琴瑟还丢在这里。这儿有座甘山，甘水从这座山流出，然后流汇成一个大甘渊。

大荒东南隅有山，名皮母[1]地丘。

东海之外，大荒之中，有山名曰大言[2]，日月所出。

【注释】

[1]皮母，或作波母。[2]大言，一作大谷。

【译文】

大荒的东南角有座山，叫皮母地丘山。

东海以外，大荒当中，有座山名叫大言山，太阳和月亮是从这里升起的。

有波谷山者，有大人之国[1]。有大人之市[2]，名曰大人之堂。有一大人踆[3]其上，张其两耳。

有小人国，名靖人[4]。

【注释】

[1] 大人之国，即大人国，见《海外东经》。[2] 大人之市，郝懿行注：“《海外东经》云‘大人之市大海中’，今登州海市常有状如云。”[3] 踆，郭璞注：“踆或作俊，皆古‘蹲’字。”[4] 靖人，靖，细小。靖人，小人也。

【译文】

在波谷山附近，有个国叫大人国。大人国有大人市，是大人们集会的地方。这里的山形像堂室一样，所以又叫大人堂。有一个大人正蹲在山上，张开他的两只耳朵。

有个小人国，人们称他们为靖人。

有神，人面兽身，名曰犁䰃[1]之尸。

有濦山[2]，杨水出焉。

有芮国[3]，黍食，使四鸟[4]：虎、豹、熊、罴。

【注释】

[1] 䰃（líng），灵神。[2] 濦（jué）山，古山名，亦水名。[3] 芮（wěi）国，当作妫，舜之居地。[4] 鸟，古代鸟兽通名。

【译文】

有一个神人，长着人面兽身，叫作犁䰃尸。

有座濦山，杨水就是从这座山流出的。

有一个芮国，这个国家的人以黄米为食物，能驯化驱使四种野兽：虎、豹、熊、罴。

大荒之中，有山名曰合虚[1]，日月所出。

有中容之国。帝俊生中容[2]，中容人食兽、木实[3]，使四鸟：豹、虎、熊、罴。

【注释】

[1] 合虚，一作"虚"。[2] 帝俊生中容，郭璞注："俊亦舜字，假借音也。"一说帝俊为颛顼。[3] 食兽、木实，郭璞注："此国中有赤木玄木，其华实美。"

【译文】

大荒当中，有座山叫作合虚山，太阳和月亮是从这里升起的。

有一个国家叫中容国。是帝俊的后裔。中容国的人吃野兽的肉、树上的果实，能驯化驱使四种野兽：豹、虎、熊、罴。

有东口之山。有君子之国，其人衣冠带剑[1]。

有司幽[2]之国。帝俊生晏龙[3]，晏龙生司幽。司幽生思士，不妻[4]；思女，不夫[5]。食黍，食兽，是使四鸟。

【注释】

[1]"君子之国"两句，郭璞注："亦使虎豹，好谦让也。"[2] 司幽，郝懿行注："司幽一作思幽。"[3] 晏龙，郝懿行注："晏龙是为琴瑟，见《海内经》。"[4] 不妻，不娶妻。[5] 不夫，不嫁夫。

375

有东口山，山中有个君子国，这个国家的人穿衣戴帽，腰间佩带宝剑，文质彬彬，有君子的风度。

有个司幽国。帝俊生了晏龙，晏龙生了司幽，司幽生了思土，而思土没有娶妻生子；司幽还生了思女，而思女没有嫁丈夫。司幽国的人以小米为主食，也吃野兽肉，能驯化驱使四种野兽。

山海经

有大阿之山者。

大荒中有山名曰明星，日月所出。

有白民之国。帝俊生帝鸿[1]，帝鸿生白民，白民销姓，黍食，使四鸟：虎、豹、熊、罴。

【注释】

[1] 帝鸿，即黄帝。

【译文】

有一座山叫作大阿山。

大荒当中有一座高山，叫作明星山，太阳和月亮是从这里升起的。

有个国家叫白民国。帝俊生了帝鸿，帝鸿的后代是白民，白民国的人姓销，以小米为食物，能驯化驱使四种野兽：老虎、豹子、熊、罴。

有青丘之国，有狐，九尾[1]。

有柔仆民，是维嬴土之国[2]。

【注释】

[1] 有狐，九尾，郭璞注："太平则出而为瑞也。"郝懿行注："青丘国九尾狐，已见《海外东经》。"[2] 维嬴土之国，柔仆民所处的国家，土地肥沃丰饶。郭璞注："嬴犹沃衍也；音盈。嬴土之国，也即《大荒西经》之'沃之国'。"

【译文】

有个青丘国。青丘国有一种狐狸，长着九条尾巴。

有一群人被称作柔仆民，他们是维嬴国的国民。

有黑齿之国 [1]。帝俊生黑齿 [2]，姜姓，黍食，使四鸟。

【注释】

[1] 黑齿之国，黑齿国已见《海外东经》。郭璞注："齿如漆也。"[2] 帝俊生黑齿，郭璞注："圣人神化无方，故其后世所降育多有殊类异状之人，诸言生者，多谓其苗裔，未必是亲所产。"

【译文】

有个黑齿国。是帝俊的后代，姓姜，这个国家的人吃小米，能驯化驱使四种野兽。

有夏州之国。有盖余之国。

有神人，八首人面，虎身十尾，名曰天吴 [1]。

【注释】

[1] 天吴，郭璞注："水伯。"已见《海外东经》。

377

【译文】

有夏州国。在夏州国附近又有一个盖余国。

有个神人，长着八颗头，人面，虎的身形，十条尾巴，名叫天吴。

大荒之中，有山名曰鞠陵于天、东极、离瞀[1]，日月所出。名曰折丹[2]，东方曰折。来风曰俊，处东极以出入风[3]。

【注释】

[1] 鞠陵于天、东极、离瞀（mào），郭璞注："三山名也。"[2] 名曰折丹，郭璞注："神人。"郝懿行注："'名曰折丹'，上疑脱'有神'二字。"[3] 处东极以出入风，折丹神处在大地的东极，管理风的出入。郭璞注："言此人能宣节风气，时其出入。"

【译文】

在大荒当中，有三座高山分别叫作鞠陵于天山、东极山、离瞀山，都是太阳和月亮升起的地方。有个神人名叫折丹，东方人只叫他为折，来风称他为俊，他就处在大地的东极，主管风起风息。

东海之渚[1]中有神，人面鸟身，珥两黄蛇[2]，践[3]两黄蛇，名曰禺䝞。黄帝生禺䝞，禺䝞生禺京，禺京处北海，禺䝞处东海，是惟海神。

【注释】

[1]渚，郭璞注："岛。"[2]珥（ěr）两黄蛇，郭璞注："以蛇贯耳。"即耳朵上挂着两条黄蛇。[3]践，脚踏，脚踩。

【译文】

东海的岛屿上，有一个神人，长着人的面孔，鸟的身子，耳朵上穿挂着两条黄色的蛇，脚下踩踏着两条黄蛇，名叫禺虢。黄帝生了禺虢，禺虢生了禺京。禺京住在北海，禺虢住在东海，都是海神。

有招摇山，融水出焉。有国曰玄股[1]，黍食，使四鸟。

【注释】

[1]玄股，郭璞注："自髀以下如漆。"玄股国已见《海外东经》。

【译文】

有座招摇山，融水从这座山流出。那里有个国家叫玄股国，这个国家的人吃五谷杂粮，能驯化驱使四种野兽。

有困民国，勾姓而食[1]。有人曰王亥[2]，两手操鸟，方食其头。王亥托于有易、河伯仆牛[3]。有易杀王亥，取仆牛[4]。河念有易，有易潜出，为国于兽，方食之，名曰摇民。帝舜生戏，戏生摇民。

【注释】

[1]因民国，又作困民国。勾姓而食，姓勾，以黍为食。[2]王亥，相传为殷国的国君。[3]河伯，仆牛，郭璞注："河伯、仆牛，

皆人姓名。"[4]"有易"两句，意是有易国君恨王亥淫了他的妻子，于是杀了王亥，没收了他的牛羊（后来殷国新君上甲微兴率军报复，差点把有易族都给消灭了）。

王 亥

【译文】

有个国家叫困民国，这个国家的人姓勾，以五谷为食物。有个人叫王亥，他用两手抓着一只鸟，正在吃鸟头。王亥把一群肥牛寄养在有易、水神河伯那里。有易把王亥杀死，抢走了他的牛羊。有易被灭之后，河伯念念不忘有易，便帮助有易族人偷偷地逃出来，在有野兽的地方重新建立国家，得以生存，这个国家叫摇民国。还有一种说法认为帝舜生了戏，戏生了摇民。

海内有两人[1]，名曰女丑[2]。女丑有大蟹。

【注释】

[1]海内有两人，郭璞注："此乃有易所化者也。"郝懿行注："两人盖一为摇民，一为女丑。"[2]女丑，即女丑之尸。见《海外西经》，女丑就是女巫。

【译文】

海内有两个神人，其中的一个名叫女丑。女丑旁边有一只大蟹。

大荒之中，有山名曰孽摇頵羝[1]，上有扶木[2]，柱三百里，其叶如芥[3]。有谷曰温源谷[4]。汤谷上有扶木[5]。一日方至，一日方出，皆载于乌[6]。

【注释】

[1] 孽摇頵羝（yún dī），古山名。[2] 扶木，即扶桑树。[3] 其叶如芥，郭璞注："柱犹起高也。叶似芥菜。"[4] 温源谷，郭璞注："温源即汤谷也。"[5] 汤谷上有扶木，汤谷上长了棵扶桑树。郭璞注："扶桑在上。"[6] 乌，郭璞注："中有三只乌。"

【译文】

在大荒当中，有座山名叫孽摇頵羝。山上有棵扶桑树，高达三百里，叶子的形状像芥菜叶。有道山谷叫作温源谷。也叫汤谷，汤谷上也长了棵扶桑树，一个太阳刚刚下山，另一个太阳正升起，都是由三足乌驮着。

有神，人面、犬耳、兽身，珥两青蛇，名曰奢比尸[1]。

【注释】

[1] 奢比尸，奢比之尸，已见《海外东经》。

【译文】

有一个神人，长着人的面孔、大大的耳朵像狗耳朵、野兽的身形，耳朵上穿挂着两条青色的蛇，这神名叫奢比尸。

有五采之鸟[1]，相乡[2]弃沙[3]。惟帝俊下友。帝下两坛，采鸟是司[4]。

【注释】

[1] 有五采之鸟，意即有一群五彩羽毛的鸟。《大荒西经》："有五采鸟三名，一曰皇鸟，一曰鸾鸟，一曰凤鸟。"[2] 相乡，即相向，成双成对之意。[3] 弃沙，意同"婆娑"，盘旋，翩翩起舞之状。[4]"帝下"两句，帝俊在下界的两座祠坛，就是由这些五采鸟在管理着的。郭璞注："言山下有舜二坛，五采鸟主之。"

【译文】

有一群长着五彩羽毛的鸟，相对着起舞，天帝帝俊从天上下来和它们交友。帝俊在下界的两座祭坛，由这群五彩鸟掌管着。

五采鸟

大荒之中，有山名曰猗天苏门，日月所在。有壎民[1]之国。

有綦山[2]，又有摇山。有䁈[3]山。又有门户山。又有盛山。又有待山。有五采之鸟。

【注释】

[1] 壎（xuān）民：国民。[2] 綦（qí）山：山名。[3] 䁈（zèng）山：山名。

【译文】

在大荒之中，有一座山名叫猗天苏门山，是太阳和月亮升起的地方。有个国家叫壎民国。

有座綦山。还有座摇山。有座䁈山。还有座门户山。又有座盛山。又有座待山。还有一群五彩鸟。

东荒之中，有山名曰壑明俊疾，日月所出。有中容之国[1]。

【注释】

[1] 中容之国，郝懿行注："中容之国，已见上文。诸文重复杂沓，盖作者非一人，书成非一家故也。"

【译文】

在东荒当中，有座山名叫壑明俊疾山，是太阳和月亮升起的地方。这里还有个中容国。

东北海外，又有三青马、三骓[1]、甘华。爰[2]有遗玉、三青鸟[3]、三骓、视肉、甘华、甘柤，百谷所在。

【注释】

[1] 三骓（zhuī），郝懿行注："三骓，详《大荒南经》。"骓，指毛色苍白而有杂色的马。[2] 爰（yuán），于是，还。[3] 三青鸟，郝懿行注："三青鸟，详《大荒西经》。"

【译文】

东北海外，又有三青马、三骓马、甘华树。这里还有千年玉石、三青鸟、三骓马、视肉怪兽、甘华树、甘柤树。是五谷生长繁茂的地方。

有女和月母[1]之国。有人名曰鹓[2]，北方曰鹓，来之风曰狻[3]。是处东极隅以止日月，使无相间[4]出没，司其短长。

【注释】

[1] 女和月母，郝懿行注："女和月母即羲和和常仪之属也。"[2] 鹓（wǎn），古代传说中神的名字。[3] 猣（yǎn），郭璞注："言亦有两名也，猣音剡。"[4] 间（jiàn），杂乱无序。

【译文】

有个国家叫女和月母国。国中有神人名鹓，北方人称作鹓，从这个国家吹来的风称作猣，他就处在大地的东北角以便掌管太阳和月亮的运行，使他们不会杂乱无序地升落，控制它们出没时间的长短。

大荒东北隅中，有山名曰凶犁土丘。应龙[1]处南极，杀蚩尤[2]与夸父，不得复上[3]，故下数旱[4]，旱而为应龙之状，乃得大雨[5]。

【注释】

[1] 应龙，郭璞注："龙有翼者也。"[2] 蚩尤，郭璞注："作兵者。"[3] 不得复上，郭璞注："应龙遂住地下。"[4] 故下数旱，郭璞注："上无复作雨者故也。"[5] "旱而"两句，意即遇到旱灾之时，人们便就装扮成应龙的样子求雨，就能得到大雨。郭璞注："今之士龙本此。气应自然冥感，非人所能为也。"

应　龙

【译文】

在大荒的东北角上，有一座山名叫凶犁土丘山。应龙就住

384

在这座山的最南端，因杀了神人蚩尤和神人夸父，不能再回到天上，因此天下频遭旱灾。一遇天旱人们就装扮成应龙的样子求雨，就能得到大雨。

东海中有流波山，入海七千里。其上有兽，状如牛，苍身而无角，一足，出入水则必风雨，其光如日月，其声如雷，其名曰夔。黄帝得之，以其皮为鼓，橛[1]以雷兽[2]之骨，声闻五百里，以威天下。

【注释】

[1]橛，敲击。[2]雷兽，即雷神。郭璞注："雷兽即雷神也，人面龙身，鼓其腹者。橛犹击也。"

【译文】

东海中有座流波山，这座山在距离东海七千里的地方。山上有一种野兽，形状像牛，是青苍色的身子但没有犄角，仅有一条腿，出入海水时就一定会刮大风下大

夔

雨，它发出的亮光如同太阳和月亮，它吼叫的声音如同雷响，这种兽名叫夔。黄帝得到它，用它的皮制成鼓，用雷兽的骨头敲打这鼓，响声传到五百里以外，作战时便以此来增长士气，威震群敌。

卷十五　大荒南经

《大荒南经》记载了南海一带的山川、鸟兽、国家和物产，保留了很多古代氏族的来源传说，同时还有一些神话传说。这里所谓的大荒以南显然范围很广，既有南海之中的氾天山，也有南海之外陆地上的野兽双双，赤水之东的苍梧之野。而苍梧是帝舜的葬身之地，显然还在大陆之上。

季禺国是颛顼的后裔，帝舜的妻子娥皇生了三身国，帝舜生无淫、降载处，就是亚载民的先祖，载民国可能是《大荒西经》"沃民国"一类，他们可能是神裔，得天独厚。类似的记述似乎并不能完全被认为是神话，其中有可能包含了一些早期的民族血缘关系和民族迁移的历史。

《大荒南经》也记载了一些神话。比如禹攻云雨，也就是民间自古就有的禹巫山治水的神话传说。后羿射杀凿齿的英雄神话，羲和生日的太阳崇拜神话。蚩尤丢弃桎梏化为枫木的化身神话，这与《大荒东经》中黄帝的大将应龙处杀蚩尤与夸父，天旱下雨的神话有出入，传说不一，我们也姑且当作神话传说罢了。

南海之外，赤水之西，流沙之东，有兽，左右有首[1]，名曰跋踢[2]。有三青兽[3]相并，名曰双双[4]。

【注释】

[1]左右有首，左右都有脑袋，即双头兽。郝懿行注："并封前后有首，此左右有首，所以不同并封，见《海外西经》。然《大荒西经》之屏蓬即并封也，亦云左右有首。"[2]跋（chù）踢，即为"跋荡"，传说中的兽名。[3]三青兽，或作三青鸟。[4]双双，郭璞注："言体合为一也。"

【译文】

在南海之外，赤水的西面，流沙的东面，生长着一种野兽，它的左右各有一个头，名称是跋踢。还有一种连体三青兽，名叫双双。

有阿山者。南海之中，有氾天之山，赤水穷焉[1]。赤水之东，有苍梧之野，舜与叔均之所葬也[2]。爰有文贝[3]、离俞[4]、鸱久[5]、鹰、贾、委维[6]、熊、罴、象、虎、豹、狼、视肉。

【注释】

[1]"氾天"二句，意即有一座氾天山，赤水流到此处就穷尽了。郭璞注："流极于此山也。"《西次三经》："昆仑之丘，赤水出焉，而东南流注于氾天之水。"[2]舜与叔均之所葬也，郭璞注："叔均，商均也。舜巡狩，死于苍梧而葬之，商均因留，死，亦葬焉。墓今在九疑之中。"[3]文贝，紫贝。[4]离俞，即离朱。[5]鸱（chī）久，即鸺鹠。[6]委维，即委蛇。

【译文】

有座山叫阿山。位于南海之中，又有一座氾天山，位于赤水的尽头。在赤水的东边，有个地方叫苍梧野，帝舜与叔均就葬在这里。这里有紫贝、离朱鸟、鹞鹰、老鹰、乌鸦、两头蛇、熊、罴、大象、老虎、豹子、狼、视肉怪兽。

有荣山，荣水 [1] 出焉。黑水之南，有玄蛇，食麈 [2]。

有巫山者，西有黄鸟。帝药 [3] 八斋 [4]。黄鸟于巫山，司此玄蛇。

【注释】

[1] 荣山、荣水，一作"荥山、荥水"。[2] 食麈（zhǔ），郭璞注："今南山蚰蛇吞鹿，亦此类。"麈，驼鹿。[3] 帝药，郭璞注："天帝神仙药在此也。"神仙药也即神仙不死之药。[4] 八斋，八厨，八个处所。

【译文】

有座荣山，荣水就是从这座山流出。在黑水的南面，有一条大黑蛇，这种蛇吃驼鹿。

有座山叫巫山，在巫山的西面有黄鸟。天帝的神仙药，就藏在巫山的八个斋舍中。黄鸟在巫山上，监视着这里的大黑蛇。

大荒之中，有不庭之山，荣水穷焉。有人三身，帝俊妻娥皇，生此三身之国，姚姓，黍食，使四鸟 [1]。有渊四方，四隅皆达，北属黑水，南属大荒，北旁名曰少和之渊，南旁名曰从渊，舜之所浴也。

【注释】

[1] 四鸟，即四兽。

【译文】

在大荒当中，有座不庭山，是荣水的尽头。这里的人都是一人三身。帝俊的妻子叫娥皇，这三身国的人就是他们的子孙后代。三身国的人姓姚，吃小米饭，能驯化驱使四种野兽。这里有一个四方形的渊潭，四方都能旁通，北边与黑水相连，南边和大荒相通。北侧的渊称作少和渊，南侧的渊称作从渊，帝舜会来这里洗澡。

又有成山，甘水穷焉。有季禺之国，颛顼之子[1]，食黍。有羽民之国[2]，其民皆生毛羽。有卵民之国，其民皆生卵。

【注释】

[1] 颛顼之子，郭璞注："言此国人颛顼之裔子也。"[2] 羽民之国，已见《海外南经》。

【译文】

又有一座成山，是甘水的尽头。这里有个国家叫季禺国，他们是帝颛顼的子孙后代，吃小米饭。还有个国家叫羽民国，这里的人都长着羽毛。还有个国家叫卵民国，它的国民都是卵孵化的。

大荒之中，有不姜之山，黑水穷焉。又有贾山，汔水[1]出焉。

又有言山。又有登备之山^[2]。有恝恝^[3]之山。又有蒲山，澧水出焉。又有隗山，其西有丹^[4]，其东有玉，又南有山，漂水出焉。有尾山。有翠山。

【注释】

[1] 汽（qì）水，古水名，汽同汽。[2] 登备之山，即登葆山，郭璞注："即登葆山，群巫所从上下者也。"郝懿行注："登葆山见《海外西经》巫咸国。"[3] 恝（jiá）恝，古山名。[4] 其西有丹，郝懿行注："经内丹类非一，此但名之曰丹，疑即丹臒之省文也。"

【译文】

大荒之中，有座不姜山，是黑水的尽头。又有座贾山，汽水从这座山流出。又有座言山。又有座登备山。还有座恝恝山。又有座蒲山，澧水从这座山流出。又有座隗山，它的西面蕴藏有丹臒，它的东面蕴藏有精美的玉石。南面还有座山，漂水就是从这座山中流出。又有座尾山。还有座翠山。

有盈民之国，於姓，黍食。又有人方食木叶。

有不死之国，阿姓，甘木是食。

【译文】

有个国家叫盈民国，国民都姓於，吃小米饭。还有人正在吃树叶。

有个国家叫不死国，这里的人姓阿，吃的是不死树。

大荒之中，有山名曰去痓。南极果，北不成，去痓果。

南海渚中，有神，人面，珥两青蛇，践两赤蛇，曰不廷胡余[1]。

有神名曰因因乎，南方曰因乎夸风[2]，曰乎民，处南极以出入风。

【注释】

[1] 不廷胡余，郭璞注："神名耳。" [2] 夸风，疑为"来风"之误。

【译文】

在大荒当中，有座山叫作去痓山。南极果，北不成，去痓果。

在南海的岛屿上，有一位神，长着人的面孔，耳朵上穿挂着两条青蛇，脚底下踩踏着两条红蛇，这个神叫不廷胡余。

有个神名叫因因乎，南方人称他为因乎，从南方吹来的风称乎民，这个神在南极主管风起风息。

有襄山。又有重阴之山。有人食兽，曰季釐。帝俊生季釐，故曰季釐之国。有缗渊，少昊生倍伐，倍伐降处缗渊。有水四方，名曰俊坛[1]。

【注释】

[1] 有水四方，名曰俊坛，缗渊此地有个像座土坛的四方形水池，名叫俊坛。郭璞注："水状似土坛，因名舜坛也。"舜即帝俊。

【译文】

有座襄山。又有座重阴山。有种人专以野兽为食，名叫季釐国。季釐国的人是帝舜的后裔。有一大片大渊叫缙渊。在那里生活的人被称为倍伐人，他们是少昊的后代。缙渊此地有个像座土坛的四方形水池，名叫俊坛。

有载民之国[1]。帝舜生无淫，降载处，是谓巫载民。巫载民盼姓，食谷。不绩不经，服也；不稼不穑，食也[2]。爰有歌舞之鸟，鸾鸟自歌，凤鸟自舞[3]。爰有百兽，相群爰处。百谷所聚[4]。

【注释】

[1] 载民之国，即载国，已见《海外南经》。郭璞注："为有黄色。"[2] "巫载"六句，意为巫载民姓盼，吃五谷粮食，不从事纺织，自然有衣服穿；不从事耕种，自然有粮食吃。服也，郭璞注："言自然有布帛也。"食也，郭璞注："言五谷自生也；种之为稼，收之为穑。"[3] "爰有"三句，这里有能歌善舞的鸟，鸾鸟自由自在地歌唱，凤鸟自由自在地起舞。[4] 百谷所聚，那里是百谷汇聚的地方。

【译文】

有个国家叫载民国。帝舜生了无淫，无淫被贬在载这个地方，他的子孙后代就是巫载民。巫载民姓盼，吃五谷粮食，不从事纺织，自然有衣服穿；不从事耕种，自然有粮食吃。这里有能歌善舞的鸟，鸾鸟自由自在地歌唱，凤鸟自由自在地起舞。这里又有各种野兽，群居相处。这里还是各种农作物汇聚的地方。

大荒之中，有山名曰融天，海水南入焉。

有人曰凿齿，羿杀之 [1]。

有蜮山者，有蜮民之国 [2]，桑姓，食黍，射蜮是食。有人方扝 [3] 弓射黄蛇，名曰蜮人。

蜮民国

【注释】

[1] 羿杀之，郭璞注："射杀之也。"后羿杀凿齿。已见《海外南经》。[2] 蜮民之国，郭璞注："蜮，短狐也。似鳖，含沙射人，中之则病死。此山出之，亦以名云。"[3] 扝（yū），挽，张。

【译文】

在大荒当中，有座山叫作融天山，海水从南面流进流出。

有一个神叫凿齿，后羿杀了他。

有座山叫作蜮山，山里有个蜮民国，国民都姓桑，吃小米饭，也把射死的蜮吃掉。有人正在拉弓射黄蛇，名叫蜮人。

有宋山者，有赤蛇，名曰育蛇。有木生山上，名曰枫木 [1]。枫木，蚩尤所弃其桎梏，是为枫木 [2]。

有人方齿虎尾，名曰祖状之尸。

有小人，名曰焦侥之国 [3]，幾姓，嘉谷是食。

【注释】

[1]"枫木"两句，郭璞注："蚩尤为黄帝所得，械而杀之，

395

已摘弃其械，化而为树也。"[2]枫木，郭璞注："即今枫香树。"[3]焦侥（yáo）之国，郭璞注："皆长三尺。"见《海外南经》。

【译文】

有座山叫作宋山，山中有一种红色的蛇，名叫育蛇。山上还有一种树，名叫枫树。枫树，是蚩尤被杀之后，黄帝摘去他身上的刑具，变化而成的一种树。

有个神人牙齿呈四方形，还咬着老虎的尾巴，他的名字叫祖状尸。

有个小人国，名叫焦侥国，这个国家的人姓幾，吃的是优良谷米。

大荒之中，有山名歹朽[1]涂之山，青水[2]穷焉。有云雨之山，有木名曰栾。禹攻[3]云雨，有赤石焉生栾[4]，黄本，赤枝，青叶，群帝焉取药[5]。

【注释】

[1]歹朽（xiǔ），即醜涂，歹朽同朽。[2]青水，郭璞注："青水出昆仑。"[3]攻，郭璞注："攻谓槎伐其林木。"槎，砍，斫。[4]"有赤"句，郭璞注："言山有精灵，复变生此木于赤石之上。"[5]"黄本"四句，郭璞注："言树花实皆为神药。"

【译文】

在大荒当中，有座山名叫歹朽涂山，是青水的尽头。还有座云雨山，山上有一棵树叫作栾树。大禹在云雨山砍伐树木时发现，红色岩石上生长出这种栾树，黄色的茎干，红色的枝条，青色的叶子，天帝们都从栾树的花果中提取神药。

有国曰颛顼，生伯服[1]，食黍。有鼬[2]姓之国。有苕山。又有宗山。又有姓山。又有壑山。又有陈州山。又有东州山。又有白水山，白水出焉，而生白渊，昆吾[3]之师所浴也。

【注释】

[1]伯服，颛顼之子，字伯服。[2]鼬（yòu），郭璞注："音如橘柚之柚。"[3]昆吾，山名，这里是人名。

【译文】

有个国家叫颛顼，颛顼的后代叫伯服，伯服国的人吃小米饭。有个鼬姓国，国中有座苕山，又有宗山。又有姓山。又有壑山。又有陈州山。又有东州山。还有白水山，白水从这座山流出，然后流下来汇聚成为白渊，白渊是昆吾的将士洗澡的地方。

有人名曰张弘[1]，在海上捕鱼。海中有张弘之国，食鱼，使四鸟。

有人焉，鸟喙，有翼，方捕鱼于海。

【注释】

[1]张弘，应作"长弘"；张弘国，就是《海外南经》之中的长臂国。

【译文】

有种人名叫作张弘，在海上捕鱼为生。他们的国家在海上，叫张弘国，这里的人以鱼为食，能驯化驱使四种野兽。

有一种人，长着鸟的嘴，有翅膀，

张弘国

擅长在海上捕鱼。

大荒之中，有人名曰驩头。鲧妻士敬，士敬子曰炎融，生驩头。驩头人面鸟喙，有翼，食海中鱼，杖翼而行[1]。维宜芑、苣、穋、杨是食[2]。有驩头之国[3]。

【注释】

[1] 杖翼而行，意即驩头虽有翅膀但不能飞，只能把翅膀当作拐杖走路。郭璞注：“翅不可以飞，倚杖之用行而已。”[2] 维宜芑（qǐ）、苣（jù）、穋（qiú）、杨是食，驩头经常拿芑、苣、穋、杨这几样救荒的植物来当食品。[3] 驩头之国，一作谨头国、谨朱国，见《海外南经》“谨头国”。

【译文】

在大荒当中，有种人名叫驩头。鲧娶妻子叫士敬，士敬生个儿子叫炎融，炎融生了驩头。驩头长着人面鸟嘴，有翅膀，以海中鱼为食，他们凭借翅膀行走。他们也以芑、苣、穋、杨，为食。他们的国家叫驩头国。

帝尧、帝喾、帝舜葬于岳山[1]。爰有文贝、离俞、鸱久、鹰、延维[2]、视肉、熊、罴、虎、豹；朱木[3]，赤枝，青华，玄实。有申山者。

【注释】

[1] 岳山，即狄山。[2] 延维，即委蛇、委维。[3] 朱木，《大荒西经》：“有盖山之国，有树，赤皮枝干，青叶，名曰朱木。”

帝尧、帝喾、帝舜都葬在岳山。这里有花斑贝、三足乌、鹪鹰、老鹰、乌鸦、两头蛇、视肉、熊、罴、老虎、豹子；还有朱木树，是红色的枝干、青色的花朵、黑色的果实。那里还有座申山。

大荒之中，有山名曰天台高山，海水入焉[1]。

东南海之外，甘水之间，有羲和之国。有女子名曰羲和，方日浴于甘渊[2]。羲和者，帝俊之妻，生十日[3]。

【注释】

[1] 海水入焉，应作"海水南入焉。"[2] 日浴于甘渊，应作"浴日于甘渊"。意即羲和正在甘渊里为她的太阳儿子洗澡。[3] 生十日，生了十个太阳。郭璞注："言生十子，各以日名名之。"

【译文】

在大荒当中，有座山名叫天台高山，海水从山的南面流入。

在东南海之外，甘水河之间，有个羲和国。这里有个叫羲和的女子，正在甘渊给太阳洗澡。羲和这个女子，是帝俊的妻子，她生了十个太阳儿子。

有盖犹之山者，其上有甘柤[1]，枝干皆赤，黄叶、白华、黑实。东又有甘华，枝干皆赤，黄叶。有青马[2]。有赤马，名曰三骓[3]。有视肉。

有小人名曰菌人[4]。

有南类之山[5]，爰有遗玉、青马、三骓、视肉、甘华，百谷所在。

【注释】

[1]甘柤（zhā），已见《海外北经》。[2]青马，已见《海外东经》。[3]三骓，已见《大荒东经》"三青马""三骓"。[4]菌人，应为"靖人"，小人，侏儒。[5]南类之山，神人居住地。

【译文】

有座山叫盖犹山，山上有甘柤树，红色的枝条和茎干，黄色的叶子，白色的花朵，黑色的果实。这座山的东面还有甘华树，红色的枝条和茎干，黄色的叶子。山上还有青马。还有红马，名叫三骓。还有视肉。

有一种十分矮小的人，名叫菌人。

有座南类山，山上有遗玉、青马、三骓马、视肉、甘华树。这里是百谷繁茂生长的地方。

卷十六　大荒西经

《大荒西经》的经文很长，内容很多，主要记录了中土大荒以西的山川、氏族、物产、神话。

　　《大荒西经》开篇便说"有山而不合，名曰不周负子"。这就是《西次三经》不周之山。后边则有流沙、赤水、黑水、弱水之渊、西王母、三青鸟，这些环绕西部的标志物一一提到；并讲到"沃之野"的"鸾鸟自歌，凤鸟自舞，爰有百兽，相群是处"的情景，这与《海外西经》"诸夭之野"相印证，也足以说明这一带物产丰富、百兽成群。

　　《大荒西经》对西王母的记载比较详尽，西王母人面、虎身、虎齿，戴胜有豹尾的形象十分生动。有轩辕之台，射者由于畏敬黄帝的神灵而不敢西向的记载，表明黄帝在中华始祖中的崇高地位。另外，《大荒西经》还有关于夏启《九辩》《九歌》来历的说明，人间从此有了乐曲，而这些内容可以和屈原的《离骚》相印证。

　　与《大荒东经》的记载相对应，《大荒西经》也记载了太阳和月亮运行的轨道，方山上有青树，名叫柜格之松，是太阳、月亮下山的地方，和东海的扶桑树对应。帝俊妻常羲生月十二并给月亮洗澡的故事也和《大荒东经》的内容呼应，可见神话也是有系统、有逻辑的。

西北海之外，大荒之隅，有山而不合[1]，名曰不周负子，有两黄兽守之。有水曰寒暑之水。水西有湿山，水东有幕山。有禹攻共工国山。

【注释】

[1] 有山而不合，意思是有座山断裂了合不拢。

【译文】

在西北海之外，大荒的一角落，有座山断裂而合不拢，名叫不周山，有两只黄色的野兽守护着它。那里有一条水流名叫寒暑水。水的西面有座湿山，水的东面有座幕山。还有一座禹攻共工国山。

有国名曰淑士，颛顼之子[1]。

有神十人，名曰女娲之肠[2]，化为神，处栗广之野，横道而处[3]。

【注释】

[1]"有国"两句，郭璞注："言亦出自高阳氏也。"[2] 女娲之肠，郭璞注："或作'女娲之腹'。女娲，古神女而帝者，人面蛇身，一日中七十变，其腹化为此神。栗广，野名。"[3] 横道而处，郭璞注："言断道也。"

【译文】

有个国家名叫淑士国，是帝颛顼的后裔。

有十个神人，名叫女娲之肠，他们是女娲的肠子变化而成的，他们在一片叫栗广的原野上生活；而且他们就在大路当中断道而居住。

有人名曰石夷，来风曰韦，处西北隅以司日月之长短[1]。

有五采之鸟，有冠，名曰狂鸟[2]。

有大泽之长山，有白氏之国[3]。

西北海之外，赤水之东，有长胫之国[4]。

【注释】

[1]"处西"句，郭璞注："言察日月暑度之节。"[2]狂鸟，郭璞注："《尔雅》云：'狂，梦鸟。'即此也。"[3]白氏之国，一作白氏之民。[4]长胫之国，郭璞注："脚长三丈。"郝懿行注："长胫即长股也，见《海外西经》。"

【译文】

有位神人名叫石夷，其所来之风叫韦，石夷住在西北角，掌管太阳和月亮升起、落下的时间长短。有一种长着五彩羽毛的鸟，这种鸟头上有冠，名叫狂鸟。

有一座大泽长山，那里有个白氏国。

狂 鸟

在西北海之外，赤水的东面，有个长胫国。

有西周之国，姬姓，食谷。有人方耕，名曰叔均。帝俊生后稷[1]，稷降以百谷。稷之弟曰台玺，生叔均。叔均是代其父及稷播百谷，始作耕[2]。有赤国妻氏[3]。有双山。

404

【注释】

[1] 帝俊生后稷，郭璞注："俊宜为喾，喾第二妃生后稷也。"[2]"叔均"二句，意即叔均代替父亲和后稷播种各种谷物，开始创造耕田的方法。《海内经》："后稷是播百谷，稷之孙曰叔均，是始作牛耕。"[3] 赤国妻氏，郝懿行注疑"赤国妻氏"为《海内经》中之"大比赤阴"；"大比赤阴"是地名。一疑二者俱为人名。

【译文】

有个西周国，国民姓姬，以五谷为食。有个人正在耕田，名叫叔均。帝俊生了后稷，后稷把各种谷物的种子从天上带到人间。后稷的弟弟叫台玺，台玺生了叔均。叔均代替父亲和后稷播种各种谷物，开始创造耕田的方法。西周国还有个赤国妻氏。西周国还有座双山。

西海之外，大荒之中，有方山者，上有青树[1]，名曰柜格之松[2]，日月所出入也。

西北海之外，赤水之西，有先民之国，食谷，使四鸟。

【注释】

[1] 青树，或作青松。[2] 柜格之松，郭璞注："木名，'柜'音矩。"

【译文】

在西海之外，大荒之中，有座山叫方山，山上有棵青色大树，名叫柜格松，是太阳和月亮出入的地方。

在西北海之外，赤水的西岸，有个先民国，这里的人吃的是五谷，能驯化驱使四种野兽。

有北狄之国。黄帝之孙曰始均，始均生北狄。

有芒山。有桂山。有榣山，其上有人，号曰太子长琴。颛顼生老童[1]，老童生祝融[2]，祝融生太子长琴，是处榣山，始作乐风[3]。

【注释】

[1]颛顼生老童，郝懿行注："老童亦为神，居騩山，已见《西次三经》。"[2]祝融，郭璞注："即重黎也，高辛氏火正，号曰祝融也。"《海内经》中祝融乃炎帝之裔，此言颛顼之孙，则祝融又为黄帝之裔；传闻又同所致。[3]始作乐风，郭璞注："创制乐风曲也。"

【译文】

有个北狄国。黄帝的孙子叫始均，始均的后代子孙，就是北狄国人。

北狄国附近有座芒山。还有桂山。有榣山，山上有一个人，号称太子长琴。颛顼生了老童，老童生了祝融，祝融生了太子长琴，于是太子长琴住在榣山上，自从太子长琴开始作乐曲，人间才有了音乐。

有五采鸟三名：一曰皇[1]鸟，一曰鸾鸟，一曰凤鸟。

有虫[2]状如菟，胸以后者裸不见，青如猨状。

【注释】

[1]皇，同"凰"。[2]虫，指兽，古代鸟兽都可以称作虫。

【译文】

有种长着五彩羽毛的鸟，它有三个名字：一叫凤鸟，一叫鸾鸟，一叫凤鸟。

有一种野兽的形状像兔子，身上长满毛，胸脯以后看不见裸露的地方，它的皮毛是青色的，就像猿的样子。

大荒之中，有山名曰丰沮玉门，日月所入。

有灵山，巫咸、巫即、巫盼、巫彭、巫姑、巫真、巫礼、巫抵、巫谢、巫罗十巫，从此升降，百药爰在。

【译文】

在大荒之中，有座山名叫丰沮玉门山，是太阳和月亮降落的地方。

有座灵山，巫咸、巫即、巫盼、巫彭、巫姑、巫真、巫礼、巫抵、巫谢、巫罗这十巫都来这座山上采药，山中百药俱生。

十　巫

西有王母之山、壑山、海山[1]。有沃之国[2]，沃民是处。沃之野，凤鸟之卵是食，甘露是饮。凡其所欲，其味尽存。爰有甘华、甘柤、白柳、视肉、三骓、璇瑰、瑶碧、白木[3]、琅玕、白丹、青丹，多银、铁。鸾鸟自歌，凤鸟自舞，爰有百兽，相群是处，是谓沃之野。

【注释】

[1]"西有"句，郭璞注："皆群大灵之山。""西有"当为"有

407

西"。[2]沃之国，郭璞注："言其土饶沃也。"[3]白木，郭璞注："树色正白。今南方有文木，亦黑木也。"

【译文】

有座西王母山。璺山、海山在其附近。有个沃民国，沃民便居住在这里。生活在沃野的人，吃的是凤鸟产的蛋，喝的是天降的甘露。凡是他们心里想要的美味，这里都有。这里还有甘华树、甘柤树、白柳树，视肉、三骓马、璇玉瑰石、瑶玉碧玉、白木树、琅玕树、白丹、青丹，多出产银、铁。鸾鸟自由自在地歌唱，凤鸟自由自在地舞蹈，还有百兽，群居相处，这就是物产丰富的沃野。

有三青鸟[1]，赤首黑目，一名曰大鵹，一名曰少鵹[2]，一名曰青鸟。

有轩辕之台，射者不敢西向射，畏轩辕之台[3]。

大荒之中，有龙山，日月所入。

有三泽水，名曰三淖，昆吾之所食也。

【注释】

[1]三青鸟，郝懿行注："三青鸟为西王母取食，见《海内北经》。"[2]鵹(lí)，古鸟名。[3]轩辕之台，同轩辕之丘，见《海外西经》。

【译文】

有三只青色的神鸟，红色的头，黑色的眼，一只叫大鵹，一只叫少鵹，一只叫青鸟。

有座轩辕台，射箭的人都不敢向西射，因为敬畏轩辕台上黄帝的神灵。

大荒之中，有座龙山，是太阳和月亮降落的地方。

有三个水泽汇成一体，名叫三淖，是昆吾族人取得食物的地方。

有人衣青，以袂蔽面，名曰女丑之尸[1]。

有女子之国[2]。

有桃山。有䖟山[3]。有桂山。有于土山。

有丈夫之国[4]。

【注释】

[1]"有人"三句，袂（mèi），郭璞注："袖。女丑之尸见《海外西经》。"[2]女子之国，郭璞注："王顾至沃沮国，尽东界，问其耆老，云：'国人尝乘船捕鱼遭风，见吹数十日，东一国，在大海中，纯女无男。'即此国也。"女子国已见《海外西经》。[3]䖟（méng）山，郝懿行注："上文已有芒山、桂山；芒、䖟声同也。"[4]丈夫之国，郭璞注："其国无妇人也。"丈夫国已见《海外西经》。

【译文】

有个人穿着青色衣服，用袖子遮住脸，名叫女丑尸。

有个女人国。

有座桃山。还有座䖟山。又有座桂山。又有座于土山。

有个丈夫国。

有弇州之山，五采之鸟仰天[1]，名曰鸣鸟。爰有百乐歌舞之风[2]。

有轩辕之国^[3]。江山^[4]之南栖为吉。不寿者乃八百岁^[5]。

西海陼中，有神人面鸟身，珥两青蛇，践两赤蛇，名曰弇兹^[6]。

【注释】

[1] 仰天，仰头向天。郭璞注："张口嘘天。"[2]"爰有"句，郭璞注："爰有百种伎乐歌舞风曲。"[3] 轩辕之国，郭璞注："其人人面蛇身。"已见《海外西经》。[4]"江山"句，意即轩辕国的人都喜欢栖息在江山的南边以得到吉祥。郭璞注："即穷山之际也。山居为栖。吉者，言无凶夭。"[5]"不寿"句，郭璞注："寿者数千岁。"[6]"西海"五句，西海的岛屿上，有一个神人，长着人的脸，鸟的身子，耳朵上穿挂着两条青蛇，脚底下踩踏着两条红蛇，名叫弇（yǎn）兹。陼（zhǔ），郝懿行注："《尔雅》云：'小洲曰陼。'陼同渚。"弇兹，郝懿行注："此神形状，全似北方神禺强，唯彼作践两青为异，见《海外北经》。"

【译文】

有座弇州山，山上有一种长着五彩羽毛的鸟，正仰天鸣叫，这种鸟叫鸣鸟。据说那儿有能歌善舞之风，有上百种伎乐歌舞之曲。

有个轩辕国。这里的人把居住在江河山岭的南边当作是吉利的事，就是寿命不长的人也能活到八百岁。

西海的岛屿上，有一个神人，长着人的脸、鸟的身子，耳朵上穿挂着两条青蛇，脚底下踩踏着两条红蛇，名叫弇兹。

大荒之中，有山名曰日月山，天枢也。吴姖天门，日月所入。有神，人面无臂，两足反属于头山^[1]，名曰嘘。颛顼生老童，老童生重及黎^[2]，帝令重献^[3]上天，令黎邛^[4]下地，下地是生噎^[5]，处于西极，以行日月星辰之行次^[6]。

【注释】

[1] 山，郝懿行注："'山'当为'上'字之讹。"[2] 重，传说中掌管天上事物的官员南正。黎，传说中掌管地下人类的官员火正。[3] 献，上举。[4] 邛（qióng），与"献"相对为文，姑且以"下压"释之。[5] 下地是生噎，郝懿行注："此语难晓。"[6] 行次，运行次序。

【译文】

大荒之中，有座山名叫日月山，这是天门的枢纽。这座山的主峰叫吴姬天门山，是太阳和月亮降落的地方。有一个神人，形状像人而没有臂膀，两脚朝天，头朝地，名叫噎。帝颛顼生了老童，老童生了重和黎，帝颛顼命令重托着天用力往上举，又命令黎撑着地使劲朝下按。于是黎来到地下并生了噎，他就处在大地的最西端，主管着太阳、月亮和星辰运行的先后次序。

有人反臂^[1]，名曰天虞^[2]。

有女子方浴月。帝俊妻常羲，生月十有二，此始浴之。

【注释】

[1] 反臂，即两只胳膊反转过来朝后生。[2] 天虞，郭璞注："即尸虞也。"郝懿行注："尸虞未见所出，据郭注当有成文经，疑在经内，今逸。"

【译文】

有个神人双臂反着长，名叫天虞。

有个女子正在替月亮洗澡。帝俊的妻子常羲生了十二个月亮，这位给月亮洗澡的女子便是常羲。

常羲浴月

有玄丹之山^[1]。有五色之鸟，人面有发。爰有青鸾、黄鹜^[2]、青鸟、黄鸟，其所集者其国亡。

有池名孟翼^[3]之攻颛顼之池。

【注释】

[1]玄丹之山，郭璞注："出黑丹也。"[2]青鸾（wén），黄鹜（áo），古鸟名。[3]孟翼，郭璞注："孟翼，人姓名。"

【译文】

有座玄丹山。在玄丹山上有一种长着五彩羽毛的鸟，这种鸟长着一副人的面孔而且有头发。这里还有青鸾、黄鹜。青鸾、黄鹜，在哪个国家聚集，哪个国家就会有亡国之灾。

有个大水池，名叫孟翼攻颛顼池。

大荒之中有山，名曰鏖鏊钜^[1]，日月所入者。

有兽，左右有首，名曰屏蓬^[2]。

412

【注释】

[1] 鏖（áo）鳌（áo）钜（jù）：山名。[2] 屏蓬，郭璞注："即并封也，语有轻重耳。并封已见《海外西经》。"

【译文】

大荒之中，有座山名叫鏖鳌钜山，是太阳和月亮降落的地方。

有一种野兽，左边和右边各长着一个头，名叫屏蓬。

有巫山[1]者。有壑山者。有金门之山，有人名曰黄姖之尸。有比翼之鸟[2]。有白鸟青翼，黄尾，玄喙。有赤犬，名曰[3]天犬，其所下者有兵。

【注释】

[1] 巫山，已见《大荒南经》。[2] 比翼之鸟，已见《海外南经》。[3]"名曰"二句，郝懿行注："赤犬名天犬，此自兽名，亦如《西次三经》阴山有兽名天狗耳。"

【译文】

有座山叫巫山。还有壑山。还有金门山，山上有个黄姖尸。山中还有比翼鸟。有一种白鸟，长着青色的翅膀，黄色的尾巴，黑色的嘴壳，不知它叫什么名字。有一种红色的狗，名叫天犬，天犬到哪里，哪里就会发生战乱。

天　犬

西海之南，流沙之滨，赤水之后，黑水之前，有大山，名曰昆仑之丘[1]。有神人面虎身，有文有尾，皆白[2]。处之。其下有弱水之渊环之，其外有炎火之山，投物辄然[3]。有人，戴胜[4]，虎齿，有豹尾，穴处，名曰西王母。此山万物尽有。

【注释】

[1] 昆仑之丘，已见《西次三经》《海内西经》。[2] "有神"三句，有文有尾，一作"文虎"。皆白。《西次三经》："昆仑之丘，是实惟帝之下都，神陆吾司之。其神状虎身而九尾，人面而虎爪。是神也，司天之九部，及帝之囿时。"[3] "其下"三句，弱水之渊，郭璞注："其水不胜鸿毛。"已见《海内西经》。炎火之山，郭璞注："今去扶南东万里，有耆薄国，东复五千里许，有火山国，其山虽霖雨，火常燃。火中有白鼠，时出山边求食，人捕得之，以毛作布，今之火浣布是也。即此山之类。"[4] 戴胜，头上戴着玉胜。

【译文】

在西海的南面，流沙的边沿，赤水的后面，黑水的前面，屹立着一座大山，就是昆仑山。有一个神人，长着人的面孔、老虎的身子，尾巴有花纹，而尾巴上有许多白色斑点，这个神就住在昆仑山上。昆仑山的周围，被弱水汇聚的深渊环绕着。深渊的外边有座炎火山，一投进东西就会燃烧起来。山上有个神人，头上戴着玉制首饰，满口的老虎牙齿，有一条豹子似的尾巴，住在洞穴中，名叫西王母。这座山中世间万物应有尽有。

大荒之中，有山名曰常阳之山。日月所入。
有寒荒之国。有二人女祭、女薎[1]。

【注释】

[1] 女祭、女薎（mèi），即《海外西经》之女祭、女戚，均为祀神的女巫。

【译文】

大荒之中，有座山名叫常阳山，常阳山是太阳和月亮降落的地方。

有个寒荒国。有两个女神，女祭和女薎。

有寿麻之国。南岳娶州山女，名曰女虔。女虔生季格，季格生寿麻。寿麻正立无景，疾呼无响。爰有大暑，不可以往。

有人无首，操戈盾立，名曰夏耕之尸[1]。故成汤伐夏桀于章山，克之，斩耕厥[2]前。耕既立，无首，走厥咎[3]，乃降于巫山。

【注释】

[1] 夏耕之尸，郭璞注："亦形（刑）天尸之类。"[2] 厥，句中助词，相当于"之"。[3] 走厥咎，郭璞注："逃避罪也。"

【译文】

有个国家叫寿麻国。南岳娶了州山的女儿为妻，她的名字叫女虔。女虔生了季格，季格生了寿麻。寿麻端端正正站在太阳下不见任何影子，高声疾呼而四面八方没有一点回响。据说寿麻国异常炎热，人们不可以到那里去。

夏耕尸

415

有个人没有首级，手操着盾戈立在山上，他名叫夏耕尸。从前成汤在章山讨伐夏桀，打败了夏桀，成汤斩杀夏耕尸的头。夏耕尸被杀之后没有倒下，为了逃跑便来到了巫山。

有人名曰吴回[1]，奇[2]左，是无右臂。

有盖山之国。有树，赤皮支干，青叶，名曰朱木[3]。

有一臂民[4]。

大荒之中，有山名曰大荒之山，日月所入。

【注释】

[1]吴回，火神祝融。也有说是祝融的弟弟，亦为火正之官。[2]奇，单数。[3]朱木，郝懿行注："朱木已见《大荒南经》。"[4]一臂民，郝懿行注："一臂民已见《海外西经》。"

【译文】

有个人名叫吴回，只剩下左臂，而没了右臂。

有个盖山国。这个国家有一种树，树皮、树枝、树干都是红色的，叶子是青色的，名叫朱木。

有一种只长一只胳膊的人称一臂民。

大荒之中，有一座山，名叫大荒山，是太阳和月亮降落的地方。

有人焉三面，是颛顼之子，三面一臂，三面之人不死。是谓大荒之野。

西南海之外，赤水之南，流沙之西，有人珥两青蛇，乘两龙，名曰夏后开[1]。开上三嫔于天[2]，得《九辩》与《九歌》

以下。此天穆之野，高二千仞，开焉得始歌《九招》。

【注释】

[1] 夏后开，即夏后启，汉人避讳景帝刘启，改启为开。
[2] 三嫔于天，指三度宾于天帝。"嫔"通"宾"，为客之意。

【译文】

这里有一种人，头上的前边及左右各长着一张脸，却只有一只胳膊，他们是颛顼的子孙后代，三张脸一只胳膊，这种三面一臂人能长生不老，生活在大荒野中。

在西南海之外，赤水的南岸，流沙的西面，有个人耳朵上穿挂着两条青蛇，乘着两条龙，这人名叫夏后开。夏后开进献三个美女给天帝，得到天帝的乐曲《九辩》和《九歌》后下降到人间。夏后开就在天穆之野，高达二千仞，从夏后开开始，人间才得到天上的《九招》乐曲。

夏后开

有互人之国[1]。炎帝[2]之孙名曰灵恝，灵恝生互人，是能上下于天[3]。

有鱼偏枯[4]，名曰鱼妇，颛顼死即复苏[5]。风道[6]北来，天乃大水泉，蛇乃化为鱼，是为鱼妇。颛顼死即复苏。

【注释】

[1] 互人之国，也即"氐人国"。[2] 炎帝，郭璞注："炎帝，神农。"[3] 上下于天，郭璞注："言能乘云雨也。"[4] 偏枯，半身不遂之意。[5] 颛顼死即复苏，郭璞注："言其人能变化也。"[6] 道，从。

【译文】

有个互人国。炎帝的孙子名叫灵恝，灵恝的后代是互人，互人国的人都能乘云驾雾。

有一条干枯的鱼，名叫鱼妇，是帝颛顼死后变成的。风从北方吹来，天于是涌出大水如泉，蛇于是变化成为鱼，这便是所谓的鱼妇。它是颛顼死后的化身。

有青鸟，身黄、赤足，六首，名曰鸀鸟 [1]。

有大巫山。有金之山。西南大荒之中隅，有偏句、常羊之山。

【注释】

[1] 鸀（chù）鸟，古鸟名。

【译文】

有一种青鸟，身子是黄色的，脚是红色的，长有六个头，名叫鸀鸟。

有两座大山。大巫山和金之山。在这两座山的西南，在大荒的一个角落，有偏句山、常羊山。

卷十七　大荒北经

《大荒北经》的篇幅很长，神话素材也很多。

《大荒北经》首先从东北海外的附禺山开始，那里是颛顼的葬身之地。这从侧面呼应了《大荒东经》记载的颛顼是少昊在东海之外抚养长大的这样一个事实。附禺山的物产几乎和昆仑一样富饶，这也说明颛顼在神话传说中的重要地位。

《大荒北经》最重要的内容就是黄帝和蚩尤的涿鹿之战，这是炎黄神话中极为重要的一个，这一传说足以说明我国古代北方是有过种族间激烈斗争的，涿鹿之战为华夏族的形成奠定了基础。神话里女魃的形象非常生动，还通过应龙不能上天解释了一些地区多雨的原因，这是古人对自然现象的认识不够深入的结果。夸父逐日的神话也是《大荒北经》中记载的重要神话，突出反映了原始人在实际生活中同自然作斗争的坚决意志。

《大荒北经》之中仍然有很多与氏族血统有关的记载。比如叔歜国是颛顼后裔，犬戎是黄帝的后代，等等。这对古代先帝先皇的研究有一定的作用。虽然这其中也有神话传说，但是《山海经》一个突出特点是以神话阐释历史，这充分说明历史和神话是同步的。

东北海之外，大荒之中，河水之间，附禺之山^[1]，帝颛顼与九嫔葬焉。爰有鸥久、文贝、离俞、鸾鸟、凤鸟、大物、小物。有青鸟、琅鸟、玄鸟、黄鸟、虎、豹、熊、罴、黄蛇、视肉、璿瑰、瑶碧，皆出卫于山^[2]。丘方员三百里，丘南帝俊竹林在焉，大可为舟。竹南有赤泽水^[3]，名曰封^[4]渊，有三桑无枝^[5]。丘西有沉渊^[6]，颛顼所浴。

【注释】

[1] 附禺之山，郝懿行注："《海外北经》作务隅，《海内东经》又作附禺，皆一山也。"[2] 皆出卫于山，应作"皆出于山"。"卫"字与下文"丘"连属为"卫丘"。[3] 赤泽水，郭璞注："水色赤也。"[4] 封，大。[5] 三桑无枝，已见《北次二经》《海外北经》。郭璞注："皆高百仞。"[6] 沉渊，深渊。

【译文】

在东北海之外，大荒之中，黄河水流经的地方，有座附禺山，帝颛顼与他的九个妃嫔就葬在这座山。这里有鸥鹰、花斑贝、离朱鸟、鸾鸟、凤鸟、大物、小物。还有青鸟、琅鸟、燕子、黄鸟、老虎、豹子、熊、罴、黄蛇、视肉、璿玉瑰石、瑶玉碧玉，都出产于这座山。卫丘方圆三百里，卫丘的南面有帝俊的竹林，竹子大得可以做成船。竹林的南面有红色的湖水，名叫封渊。那里有三棵没有枝条的桑树。卫丘的西面有个沉渊，沉渊是帝颛顼洗澡的地方。

有胡不与之国^[1]，烈姓，黍食。

大荒之中，有山，名曰不咸。有肃慎氏之国^[2]。有蜚蛭^[3]，四翼。有虫，兽首蛇身，名曰琴虫^[4]。

【注释】

[1] 胡不与之国，郭璞注："一国复名耳，今胡夷语皆然。"[2] 肃慎氏之国，郝懿行注："肃慎国见《海外西经》。"[3] 蜚蛭（fēi zhì），郭璞注："翡、窒两音。"即会飞的虫。[4] 琴虫，郭璞注："亦蛇类也。"郝懿行注："南山人以虫为蛇，见《海外南经》。"

【译文】

有个胡不与国，这里的人姓烈，以五谷为食。

大荒之中，有座山名叫不咸山。有个肃慎氏国。有一种能飞的蛭，长着四只翅膀。有一种蛇，是野兽的脑袋蛇的身子，名叫琴虫。

有人名曰大人。有大人之国[1]，釐姓，黍食。有大青蛇，黄头，食麈[2]。有榆山。有鲧攻程州之山[3]。

【注释】

[1] 大人之国，已见《海外东经》及《大荒东经》。[2] 食麈（zhǔ），吞食驼鹿。已见《大荒南经》。[3] 鲧攻程州之山，郭璞注："皆因其事而名物也。"郝懿行注："程州，盖亦国名，如禹攻共工国山之类。"程州，约是国名，或部族名。

【译文】

有一种人，身材高大，名叫大人。他们的国家叫大人国，这里的人姓釐，以五谷为食。有一种大青蛇，黄色的脑袋，能吞食大鹿。有座榆山。还有座鲧攻程州山。

大荒之中，有山名曰衡天。有先民之山。有槃木[1]千里。

有叔歜[2]国。颛顼之子，黍食，使四鸟：虎、豹、熊、罴。有黑虫如熊状，名曰猎猎[3]。

【注释】

[1] 槃（pán），盘曲的大树。[2] 歜，音 chù。[3] 猎（jiè）猎：动物名。

【译文】

大荒之中，有座山名叫衡天山。还有座先民山。山上有种高大的槃树，枝干高达千里。

有个叔歜国，这里的人都是颛顼的子孙后代，以五谷为食，能驯化驱使四种野兽：虎、豹、熊和罴。有一种形状与熊相似的黑虫，名叫猎猎。

有北齐之国，姜姓，使虎、豹、熊、罴。

大荒之中，有山名曰先槛[1]大逢之山，河济所入[2]，海北注焉。其西有山，名曰禹所积石[3]。

【注释】

[1] 先槛，一作"光槛"。[2] 河济所入，黄河水和济水流入的地方。[3] 禹所积石，已见《海外北经》。

【译文】

有个北齐国，这里的人姓姜，能驯化驱使虎、豹、熊和罴。

大荒之中，有座山名叫先槛大逢山，是河水和济水流入的地方，海水从北面注到这里。它的西边也有座山，名叫禹所积石山。

有阳山者。有顺山者，顺水出焉。有始州之国，有丹山。有大泽[1]方千里，群鸟所解。

【注释】

[1] 大泽，郝懿行注：“大泽已见《海内西经》。”

【译文】

有座阳山。阳山附近有座顺山，顺水从这座山流出。有个始州国，国中有座丹山。

有一大泽方圆千里，是群鸟脱换羽毛的地方。

有毛民之国[1]，依姓，食黍，使四鸟。禹生均国，均国生役采，役采生修鞈[2]，修鞈杀绰人。帝念之，潜为之国，是此毛民。

【注释】

[1] 毛民之国，已见《海外东经》，郭璞注：“其人面体皆生毛。”[2] 鞈，音 gé。

【译文】

有个毛民国，国民都姓依，以五谷为食，能驯化驱使四种野兽。大禹生了均国，均国生了役采，役采生了修鞈，修鞈杀了绰人。大禹同情绰人被杀，暗地里帮绰人的子孙后代建成国家，这个国家就是毛民国。

有儋耳之国[1]，任姓，禺号[2]子，食谷[3]。北海之渚中有神，人面鸟身，珥两青蛇，践两赤蛇，名曰禺强。

【注释】

[1] 儋（dān）耳之国，郭璞注：“其人耳大下儋，垂在肩上。”《海外北经》有聂耳国，也为大耳之国。[2] 禺号，郝懿行注：“禺号即禺虢，《大荒东经》云：‘黄帝生禺虢，禺虢生禺京，禺京生禺强也，京强声相近。’”[3]“食谷”句，郭璞注：“言在海岛中种粟给食，谓禺强也。”

【译文】

有个儋耳国，这里的人姓任，是神人禺号的子孙后代，以五谷为食。在北海的岛屿上，有一个神人，长着人的面孔鸟的身子，耳朵上穿挂着两条青蛇，脚底下踩踏着两条红蛇，名叫禺强。

大荒之中，有山名曰北极天柜，海水北注焉。有神，九首人面鸟身，名曰九凤。又有神衔蛇操蛇，其状虎首人身，四蹄长肘，名曰强良[1]。

【注释】

[1] 强良，郭璞注：“亦在畏兽画中。”

【译文】

大荒之中，有座山名叫北极天柜山，海水从北面注到这里。有一个神人，长着九颗人头，鸟的身子，名叫九凤。

强良

又有一个神人，嘴里衔着蛇，手中握着蛇，他的形貌是老虎的头人的身，有四只蹄子和长长的臂肘，名叫强良。

大荒之中，有山名曰成都载天。有人珥两黄蛇，把两黄蛇，名曰夸父。后土生信，信生夸父。夸父不量力，欲追日景，逮之于禺谷[1]。将饮河而不足也，将走大泽，未至，死于此。应龙已杀蚩尤，又杀夸父[2]，乃去[3]南方处之，故南方多雨。

又有无肠之国，是任姓，无继[4]子，食鱼。

【注释】

[1] 逮之于禺谷，郭璞注："禺渊，日所入也；今作虞。"[2] 又杀夸父，郭璞注："上云夸父不量力，与日竞而死，今此复云为应龙所杀，死无定名，触事而寄，明其变化无方，不可揆测。"[3]"乃去"两句，郭璞注："言龙水物，以类相感故也。"[4] 无继，国名，即《海外北经》中之"无膂国"。

【译文】

大荒之中，有座山名叫成都载天山。有一个人的耳上穿挂着两条黄蛇，手上握着两条黄蛇，名叫夸父。后土生了信，信生了夸父。而夸父自不量力，想要追赶太阳的光影，一直追到禺谷。夸父口渴，想喝水解渴，于是喝干了黄河的水却还不解渴，于是他想去喝大泽的水，还未到，便渴死在大泽附近。另一种说法是应龙在杀了蚩尤以后，又杀了夸父，因他的神力耗尽上不了天，就去南方居住，所以南方的雨水特别多。

又有个无肠国，这里的人姓任。他们是无继国的子孙后代，以鱼为食。

共工之臣名曰相繇[1]，九首蛇身，自环，食于九土[2]。其所歍所尼[3]，即为源泽，不辛乃苦，百兽莫能处。禹湮洪水，杀相繇，其血腥臭，不可生谷，其地多水，不可居也。禹湮之，三仞三沮[4]，乃以为池，群帝因是以为台[5]，在昆仑之北[6]。

【注释】

[1] 相繇，郭璞注："相柳也，语声转耳。"[2] 九土，郝懿行注："《海外北经》作九山。"[3] 所欧（wū）所尼，欧，呕吐。尼，停、止。[4] 三仞三沮，仞通"忍"，意为忍受、堵住。沮，郭璞注："言禹以土塞之，地陷坏也。"[5] 群帝因是以为台，郭璞注："地下宜积土，故众帝因来此共作台。"此台即《海内北经》中之帝尧、帝喾台等。[6] 昆仑之北，《海内北经》："台四方，在昆仑东北。"

【译文】

共工有一位臣子名叫相繇，长了九个头，身体像蛇一样盘旋成一团。贪婪地霸占九座神山以供其食用。他只要张口一吐，那儿立即变成大沼泽，那臭味不是辛辣的就是很苦的，百兽中没有能居住在这里的。大禹为了治水，杀死了相繇，而相繇的血又腥又臭，以致那里不能种植谷物；当地雨水又多，水涝成灾，使人不能居住。大禹去堵水，多次堵住，又多次塌陷，于是形成了大水塘，诸帝于是把它建成祭台。祭台在昆仑山的北面。

有岳之山，寻[1]竹生焉。

大荒之中，有山名曰不句，海水入焉。

【注释】

[1] 寻，郭璞注："大竹名。"

【译文】

　　有座岳山，山中生长着一种高大的寻竹。

　　大荒之中，有座山名叫不句山，海水从北面注到这里。

　　有系昆之山者，有共工之台，射者不敢北乡。有人衣青衣，名曰黄帝女魃[1]。蚩尤作兵伐黄帝，黄帝乃令应龙攻之冀州之野。应龙畜水，蚩尤请风伯雨师，纵大风雨。黄帝乃下天女曰魃，雨止，遂杀蚩尤。魃不得复上，所居不雨[2]。叔均[3]言之帝，后置之赤水之北。叔均乃为田祖[4]。魃时亡之[5]，所欲逐之者，令曰："神北行！"先除水道，决通沟渎。

【注释】

　　[1] 魃（bá），造成旱灾的怪物。[2]"魃不得"两句，郭璞注："旱气在也。"[3] 叔均，即商均，已见《大荒西经》。[4] 田祖，郭璞注："主田之官。"[5] 魃时亡之，意即女魃不守本分，经常逃亡，到处逞威。郝懿行注："亡谓善逃逸也。"

【译文】

　　有座山叫系昆山，山上有共工台，射箭的人因敬畏共工的神灵而不敢朝北方射箭。有一个人穿着青色衣服，名叫黄帝女魃。蚩尤兴兵攻打黄帝，黄帝便派应龙到冀州的原野去攻打蚩尤。应龙蓄水备战，而蚩尤请来风伯和雨师，纵起一场大风雨。黄帝就降下名叫魃的天女助战，雨被止住，于

女　魃

428

是杀死蚩尤。女魃因神力耗尽而不能再回到天上，她居住的地方总不下雨。叔均将此事禀报给黄帝，后来黄帝就把女魃迁徙到赤水的北面偏僻之处。叔均便成了主管田地的田神。女魃不守本分，经常逃亡，到处逞威。要将她赶走的人，便大声命令她说："神啊请回赤水北边去吧！"并且事先清除水道，挖通沟渠以便让女魃早日返回。

有人方食鱼，名曰深目民之国 [1]，盼姓，食鱼。

有钟山者。有女子衣青衣，名曰赤水女子献 [2]。

【注释】

[1] 深目民之国，即深目国，已见《海外北经》。[2] 赤水女子献，疑为赤水之女魃。

【译文】

有一群人正在吃鱼，名叫深目民的国民，这里的人姓盼，以鱼为食。

有座钟山。山上有个女子，穿青色衣服，名叫赤水女子献。

大荒之中，有山名曰融父山，顺水入焉。有人名曰犬戎。黄帝生苗龙，苗龙生融吾，融吾生弄明，弄明生白犬，白犬有牝牡 [1]，是为犬戎，肉食。有赤兽，马状无首，名曰戎宣王尸 [2]。

【注释】

[1] 白犬有牝（pìn）牡，郭璞注："言自相配合也。"即身

429

上有雌雄二性器官，能自相交配。
[2] 戎宣王尸，郭璞注："犬戎之神名也。"

【译文】

大荒之中，有座山名叫融父山，是顺水的尽头。山上有个人名叫犬戎。黄帝生了苗龙，苗龙生了融吾，融吾生了弄明，弄明生了白犬，这白犬有雌雄两性，这便成犬戎，以肉为食。山上还有一种红色野兽，形状像马却没有脑袋，名叫戎宣王尸。

戎宣王尸

有山名曰齐州之山、君山、鬶[1]山、鲜野山、鱼山。

有人[2]一目，当面中生。一曰是威姓[3]，少昊之子，食黍。

有继无民，继无民任姓，无骨子[4]，食气、鱼。

【注释】

[1] 鬶，音 qín。[2]"有人"二句，郝懿行注："此人即一目国也，见《海外北经》。"[3]威姓，《海内北经》"鬼国"称"为物人面而一目，与此同。威、鬼音近。"[4]无骨子，郭璞注："言有无骨人也。"

【译文】

有几座山分别叫作齐州山、君山、鬶山、鲜野山、鱼山。

有一种人只有一只眼睛，这只眼睛长在脸部的正中。一种说法认为他们姓威，是少昊的子孙后代，以五谷为食。

有个无继民的，无继民都姓任，是无骨国的子孙后代，以空气和鱼为食。

西北海外，流沙之东，有国曰中輠[1]，颛顼之子，食黍。有国名曰赖丘。有犬戎国。有神，人面兽身，名曰犬戎。

【注释】

[1] 中輠（biàn），一作中轮。

【译文】

在西北方的海外，流沙的东面，有个国家叫中輠国，这里的人是颛顼的子孙后代，以五谷为食。

有个国家名叫赖丘。还有个犬戎国。国中有种神，长着人的面孔，兽的身子，名叫犬戎。

西北海外，黑水之北，有人有翼，名曰苗民[1]。颛顼生骧头，骧头生苗民，苗民釐姓，食肉。有山名曰章山。

大荒之中，有衡石山、九阴山、洞野之山，上有赤树，青叶，赤华，名曰若木[2]。

【注释】

[1] 苗民，郭璞注："三苗之民。" [2] 若木，郭璞注："生昆仑西附西极，共华光赤下照地。"

【译文】

在西北方的海外，黑水的北岸，有一种人长着翅膀，名叫苗民。颛顼生了驩头，驩头生了苗民，苗民人姓釐，吃的是肉类食物。还有一座山名叫章山。

大荒之中，有衡石山、九阴山、洞野山，山上有一种红树，青色的叶子，红色的花朵，这种树名叫若木。

有牛黎[1]之国。有人无骨，儋耳之子。

西北海之外，赤水之北，有章尾山[2]。有神，人面蛇身而赤，直目正乘，其瞑乃晦，其视乃明，不食不寝不息，风雨是谒[3]。是烛九阴[4]，是谓烛龙。

【注释】

[1] 牛黎，即《海外北经》中之"柔利"。[2] 章尾山，《海外北经》作"钟尾山"。[3] 风雨是谒，郭璞注："言能请致风雨。"[4] 是烛九阴，郭璞注："照九阴之幽阴也。"

【译文】

有个牛黎国。这里的人身上没有骨头，是儋耳国人的子孙后代。

在西北海之外，赤水的北岸，有座章尾山。山上有个神，长着人的面孔蛇的身子，全身红色，它双眼眯成一条缝，他闭上眼睛天下就是黑夜、睁开眼睛天下就是白昼，他不吃饭不睡觉不休息，只以风雨为食物。他能照耀一切阴暗的地方，所以称作烛龙。

卷十八　海内经

《海内经》记载的内容比较杂乱，包括海内各个方位的地理、物产、部族。

《海内经》开篇就把朝鲜和天毒并列，恐怕就是因为记叙的位置过于随便所致。在叙述过程中，跳跃性很强，在叙述完东海之内的朝鲜之后，马上就跳到了西海的壑市，之后又转移到流沙周围的国家。

《海内经》还记载了南方的地理风物和山川河流。记载的顺序大致由西至东，前面提到过的巴、赣巨人、流黄辛氏国等都再次出现。之后又跳到北方，前文没有的幽都之山、钉灵国在这里也有记录。

最值得一说的是《海内经》中出现了一些关于中华文明起源的神话传说。比如帝俊生晏龙，晏龙发明琴瑟。帝俊有子八人，创制歌舞，车、弓箭的发明，等等。这些都是关于中华文明发源的浪漫传说。

在古代神话中，关于洪水灾害及人类与之抗争的内容是一个经常提到的话题。《海内经》中就记载了我国的洪水创世神话，鲧禹治水，划分九州。这些神话故事充分赞扬了大禹挑战自然的不屈不挠的英雄气慨，但这其中也充满了悲剧色彩。

东海之内，北海之隅，有国名曰朝鲜[1]、天毒[2]，其人水居[3]，偎人爱之[4]。

西海之内，流沙之中，有国名曰壑市。

西海之内，流沙之西，有国名曰氾叶。

【注释】

[1] 朝鲜，郭璞注："朝鲜今乐浪县，箕子所封也。列亦水名也，今在带方，带方有列口县。"已见《海内北经》。[2] 天毒，即天竺。郭璞注："天毒即天竺国，贵道德，有文书、金银、钱货，浮屠出此国中也。晋大兴四年，天竺胡王献珍宝。"[3] 水居，印度近印度洋，故言。[4] 偎人爱之，郭璞注："偎亦爱也。"

【译文】

在东海之内，北海的一个角落，有个国家名叫朝鲜。还有一个国家叫天毒国，天毒国的人傍水而居，慈爱待人，从不杀生。

在西海之内，流沙之中，有个国家名叫壑市国。

在西海之内，流沙之西，有个国家名叫氾叶国。

流沙之西，有鸟山[1]者，三水出焉[2]。爰有黄金、璿瑰[3]、丹货、银、铁，皆流于此中[4]。又有淮山，好水出焉。

【注释】

[1] 鸟山，《水经注》："流沙历壑市之国，又径于鸟山之东。"[2] 三水出焉，郭璞注："三水同出一山也。"[3] 璿（xuán）瑰，玉石。[4] 皆流于此中，郭璞注："言其中有杂珍奇货也。"

【译文】

流沙之西，有座山叫鸟山，三条河流都是从这座山流出。

435

据说这里藏有黄金、璇瑰、丹货、银和铁。附近还有座大山叫淮山，好水就是从这座山流出。

流沙之东，黑水之西，有朝云之国[1]、司彘之国。黄帝妻雷祖生昌意[2]。昌意降处若水，生韩流。韩流擢耳[3]、谨耳[4]、人面、豕喙，麟身、渠股[5]、豚止[6]，取淖子[7]曰阿女，生帝颛顼。

【注释】

[1] 朝云之国，《水经注》："流沙又径于鸟山之东，朝云之国。"[2]"黄帝"句，郭璞注："《世本》云：'黄帝娶于西陵氏之子，谓之累祖，产青阳及昌意。"[3]擢耳，郭璞注："长咽。"即长胫。[4]谨耳，小耳。[5]渠股，郭璞注："渠，车辋，言跰脚也。"即罗圈腿。[6]止，足，脚。[7]淖子，即蜀山子。

【译文】

在流沙的东面，黑水的西岸，有朝云国、司彘国。黄帝的妻子雷祖生下昌意。昌意自天上降到若水居住，生下韩流。韩流长着长长的脑袋、小小的耳、人的面孔、猪的长嘴、麒麟的身子、罗圈的腿、小猪的蹄子，韩流娶淖子氏的阿女为妻，生下帝颛顼。

韩 流

流沙之东，黑水之间，有山名不死之山[1]。

华山青水之东，有山名曰肇山。有人名曰柏高[2]，柏高上下于此，至于天。

【注释】

[1] 不死之山，郭璞注："即员丘也。"见《海外南经》之"不死民"。[2] 柏高，郭璞注："柏子高，仙者也。"

【译文】

在流沙的东面，黑水之间，有座山名叫不死山。

在华山青水的东面，有座山名叫肇山。有个仙人名叫柏高，柏高便是从此山登天下地的。

西南黑水之间，有都广[1]之野，后稷葬焉[2]。爰有膏菽、膏稻、膏黍、膏稷[3]，百谷自生，冬夏播琴[4]。鸾鸟自歌，凤鸟自儛，灵寿[5]实华，草木所聚。爰有百兽，相群爰处[6]。此草也[7]，冬夏不死。

【注释】

[1] 都广，一作"广都"。[2] 后稷葬焉，郭璞注："其城方三百里，盖天下之中，素女所出也。"[3] 膏稷，郭璞注："言味好皆滑如膏。"[4] 播琴，郭璞注："播琴犹播殖，方俗言耳。"即播种，楚方言。[5] 灵寿，郭璞注："木名也，似竹，有枝节。"[6] 相群爰处，成群结队地在此地和睦相处。郭璞注："于此群聚。"[7] 此草也，郝懿行注："此草犹言此地之草，古文省耳。"

【译文】

在黑水的西南部，有一片原野叫都广野，后稷就埋葬在这里。这里出产膏菽、膏稻、膏黍、膏稷，各种谷物自然成长，冬夏都能播种。鸾鸟自由自在地歌唱，凤鸟自由自在地舞蹈，灵寿树开花结果，丛草树林茂盛。这里还有各种禽鸟野兽，群居相处。在这个地方生长的草，无论寒冬炎夏都不会枯死。

南海之外[1]，黑水青水之间[2]，有木名曰若木[3]，若水出焉。

【注释】

[1]南海之外，一作"南海之内"。[2]黑水青水之间，一作"黑水之间"。[3]若木，郭璞注："树赤华青。"已见《大荒北经》，中云："赤树，青叶赤华。"

【译文】

在南海的外边，黑水和青水之间，有一种树名叫若木，而若水就从那儿发源。

有禺中之国。有列襄之国。有灵山[1]，有赤蛇在木上，名曰蝡蛇，木食[2]。

有盐长[3]之国。有人焉鸟首，名曰鸟氏[4]。

【注释】

[1]"有灵山"四句，灵山，已见《大荒西经》。[2]蝡（ruǎn）蛇，木食，郭璞注："言不食禽兽也。"[3]盐长，一作"监长"。[4]鸟氏，应作"鸟民"。

【译文】

　　有个禺中国。还有个列襄国。两个国中有灵山山脉，山中的树上有种蛇，名叫蝡蛇，以树为食。

　　有个盐长国。这里的人长着鸟一样的脑袋，称作鸟氏。

　　有九丘，以水络之 [1]：名曰陶唐 [2] 之丘、有叔得之丘、孟盈 [3] 之丘、昆吾之丘 [4]、黑白之丘、赤望之丘、参卫之丘、武夫之丘、神民之丘 [5]。有木，青叶紫茎，玄华黄实，名曰建木 [6]。百仞无枝，有九欘 [7]，下有九枸，其实如麻 [8]，其叶如芒 [9]，大暤爰过 [10]，黄帝所为。

【注释】

　　[1] 以水络之，即水环绕在九座山的下面。络，绕。[2] 陶唐，郭璞注："尧号。"[3] 叔得、孟盈，郝懿行注："叔得、孟盈皆人名号也。孟盈或作盖盈，古天子号。"[4] 昆吾之丘，郭璞注："此山出名金也。尸子曰：'昆吾之金'。"已见《中次二经》。[5] 武夫之丘，郭璞注："此山出美石。"神民之丘，郭璞注："言上有神人。"[6] 建木，已见《海内南经》。[7] 九欘（zhǔ），郭璞注："枝回曲也。"意即在树顶上生了许多弯曲的丫枝。[8] 其实如麻，郭璞注："似麻子也。"[9] 其叶如芒，郭璞注："芒木似棠梨也。"[10] 大暤爰过，郭璞注："言庖羲于此经过也。"郝懿行注："庖羲生于成纪，去此不远，容得经过之。"大暤又叫太昊、太皡，即伏羲氏。

【译文】

　　有九座山丘，都被水环绕着，名称分别是陶唐丘、叔得丘、孟盈丘、昆吾丘、黑白丘、赤望丘、参卫丘、武夫丘、神民丘。

九丘之上有一种神木，青色的叶子，紫色的茎干，黑色的花朵，黄色的果实，名叫建木，高达百仞，但是树干上不长枝条，只在树顶上有九根弯蜒曲折的大干，树底下有九条盘旋交错的根节，它的果实像麻子，叶子像芒树叶。大皞凭借建木登上天界，那是黄帝制作的天梯。

有窫窳[1]，龙首，是食人。有青兽，人面，名曰猩猩。

西南有巴国[2]。大皞[3]生咸鸟，咸鸟生乘厘，乘厘生后照[4]，后照是始为巴人[5]。

【注释】

[1] 窫窳，郭璞注："居弱水中。"已见《海内南经》。[2] 巴国，郭璞注："今三巴是。"[3] 大皞，又叫太昊、太皓，即伏羲氏。[4] 照，一作"昭"。[5] 始为巴人，郭璞注："为之始祖。"

【译文】

有一种窫窳兽，长着龙一样的脑袋，会吃人。还有一种野兽，长着人一样的面孔，名叫猩猩。

西南方有个巴国。大皞生了咸鸟，咸鸟生了乘厘，乘厘生了后照，而后照就是巴国人的始祖。

有国名曰流黄辛氏[1]，其域中方三百里，其出是尘土。有巴遂山。渑水出焉。

又有朱卷之国。有黑蛇[2]，青首，食象。

南方有赣巨人[3]，人面长臂，黑身有毛，反踵[4]，见人笑亦笑，唇蔽其面，因即逃也[5]。

440

【注释】

[1] 流黄辛氏国，郝懿行注："《海内西经》云'流黄酆氏之国'即此。又《南次二经》云'柜山西临流黄'亦此也。"
[2] 黑蛇，郭璞注："即巴蛇也。"巴蛇食象，已见《海内南经》。
[3] 赣巨人，郭璞注："即枭阳也。"枭阳国已见《海内南经》。
[4] 反踵，足后跟反转生。[5] 因即逃也，就作"因可逃也"。

【译文】

有个国家名叫流黄辛氏国，它的疆域方圆三百里，外出即是尘土。还有一座巴遂山，渑水从这座山流出。

又有个朱卷国。这里有一种黑颜色的大蛇，长着青色的头，能吞食大象。

南方有一种赣巨人，长着人的面孔而嘴唇长长的，黑黑的身上长满了毛，脚尖朝后而脚跟朝前反长着，看见人就发笑，嘴唇能遮住他的脸面，人就趁此立即逃走。

又有黑人，虎首鸟足，两手持蛇，方啗[1]之。

有嬴民，鸟足。有封豕[2]。

有人曰苗民[3]。有神焉，人首蛇身，长如辕[4]，左右有首[5]，衣紫衣，冠旃冠[6]，名曰延维[7]，人主得而飨食之，伯[8]天下。

【注释】

[1] 啗，吞吃。[2] 封豕（shǐ），郭璞注："大猪也，羿射杀之。"[3] 苗民，郭璞注："三苗民也。"[4] 辕，车辕。郭璞注："大如车毂；泽神也。"[5] 左右有首，郭璞注："岐头。"
[6] 冠旃（zhān）冠，戴着红色的帽子。旃，本义是纯红色的旗帜，这里取其红义。[7] 延维，郭璞注："委蛇。"[8] 伯，通"霸"。

【译文】

　　还有一种黑人，脑袋像虎，长一双鸟足，两只手握着蛇，正在吞食它。

　　有一种人叫赢民，那里的人脚像鸟足一样，还有一种名叫封豕的野猪。

　　有种人叫苗民。苗民国中有个神，头部像人，身形像蛇，身子如车辕，左右各有一个头，喜欢穿紫色衣服，戴红色帽子，名叫延维，君主得到它并供奉它，便可以称霸天下。

黑　人　　　　　　　　　　封　豕

　　有鸾鸟自歌，凤鸟[1]自舞。凤鸟首文曰德，翼文曰顺，膺文曰仁，背文曰义。见则天下和。

　　又有青兽如菟，名曰䍃狗[2]。有翠鸟，有孔鸟[3]。

　　南海之内有衡山[4]。有菌山。有桂山[5]。有山名三天子之都[6]。

【注释】

　　[1]凤鸟，郭璞注："言和平也。"已见《南次三经》。[2]䍃

442

（jùn）狗，郭璞注："薗言如朝菌之菌。"[3]孔鸟，郭璞注："孔雀也。"[4]衡山，郭璞注："南岳。"[5]桂山，郭璞注："或云衡山有菌桂，桂员似竹，见《本草》。"[6]三天子之都，郭璞注："三天子之鄣山。"

【译文】

有鸾鸟自由自在地歌唱，有凤鸟自由自在地舞蹈。凤鸟头上的花纹是"德"字，翅膀上的花纹是"顺"字，胸脯上的花纹是"仁"字，背后的花纹是"义"字，这是一种吉祥鸟，它一出现天下就会太平。

又有一种像兔子的青色野兽，名叫薗狗。又有翡翠鸟。还有孔雀。

在南海以内，有座衡山，又有座菌山，还有座桂山。还有座山叫作三天子都山。

南方苍梧之丘，苍梧之渊，其中有九嶷山，舜之所葬，在长沙零陵界中。

北海之内，有蛇山者，蛇水出焉，东入于海。有五采之鸟，飞蔽一乡，名曰翳鸟[1]。又有不距之山，巧倕[2]葬其西。

【注释】

[1]翳（yì）鸟，郭璞注："凤属也。"凤凰之类。[2]巧倕（ruì），相传是帝尧的巧匠，或说是黄帝时的巧匠。

【译文】

南方有一片山丘叫苍梧丘，山下有个深渊叫苍梧渊，在苍梧丘和苍梧渊的中间有座九嶷山，帝舜就葬在这座山中。九嶷山位于长沙零陵境内。

在北海之内，有座山叫蛇山，蛇水从蛇山流出，向东流入大海。有一种长着五彩羽毛的鸟，成群地飞上蓝天，能遮蔽一乡的天空，这种鸟名叫翳鸟。还有座不距山，巧倕便葬在不距山的西面。

翳 鸟

北海之内，有反缚盗械[1]、带戈常倍之佐[2]，名曰相顾之尸[3]。

伯夷父[4]生西岳，西岳生先龙，先龙是始生氐羌，氐羌乞姓。

北海之内，有山，名曰幽都之山。黑水出焉，其上有玄鸟、玄蛇[5]、玄豹、玄虎、玄狐蓬尾。

【注释】

[1]盗械，因罪戴着刑具的人。[2]倍之佐，背叛臣佐的身份。倍，通"背"。佐，臣子辅佐帝王。[3]相顾之尸，郭璞注："亦贰负臣危之类。"已见《海内西经》。[4]伯夷父，郭璞注："伯夷父，颛顼师，今氐羌其苗裔也。"伯夷，相传是帝颛顼的师傅。[5]玄蛇，已见《大荒南经》。

444

【译文】

在北海之内，有个人被反绑双手，身戴刑具，身上还佩带一把戈，他的名字叫相顾尸。

伯夷父的后代叫西岳，西岳生了先龙，先龙的后代子孙便是氐羌，氐羌人姓乞。

北海之内，有座山名叫幽都山，黑水从这座山流出。山上有黑色的玄鸟、玄蛇、玄豹、玄虎，还有叫玄狐蓬尾的大尾巴狐狸。

有大玄之山。有玄丘之民 [1]。有大幽之国 [2]。有赤胫之民 [3]。

有钉灵之国，其民从膝已下有毛，马蹄，善走。

【注释】

[1] 玄丘之民，郭璞注："言丘上人物尽黑也。"[2] 大幽之国，郭璞注："即幽民也，穴居无衣。"[3] 赤胫之民，郭璞注："膝已下正赤色。"

【译文】

有座大玄山，山里的人们叫玄丘民。有个大幽国。国中有赤胫民。

有个钉灵国，这个国家的人从膝盖以下的腿部都有毛，双脚像马蹄一样，善于奔跑。

炎帝之孙伯陵，伯陵同 [1] 吴权之妻阿女缘妇，缘妇孕三年，是生鼓、延、殳 [2]。始为侯 [3]。鼓、延是始为钟，为乐风 [4]。

【注释】

[1]同，通"通"，私通之意。[2]殳，音 shū。[3]侯，箭靶。[4]乐风，乐曲。

【译文】

炎帝的孙子叫伯陵，伯陵与吴权的妻子阿女缘妇私通，阿女缘妇怀孕三年，生下鼓、延、殳三个儿子。殳发明了箭靶，鼓、延二人发明了乐器钟，并制作了乐曲。

黄帝生骆明，骆明生白马，白马是为鲧[1]。

帝俊生禺号，禺号生淫梁，淫梁生番禺，是始为舟。番禺生奚仲，奚仲生吉光，吉光是始以木为车。

少暤生般，般是始为弓矢。

【注释】

[1]"黄帝"三句，郭璞注："（鲧）即禹父也。"

【译文】

黄帝生了骆明，骆明生了白马，这白马就是鲧。

帝俊生了禺号，禺号生了淫梁，淫梁生了番禺，番禺是制作船的祖师。番禺生了奚仲，奚仲生了吉光，奚仲、吉光父子用木头制做出车。

少暤生了般，般发明了弓和箭。

帝俊赐羿彤弓素矰，以扶下国，羿是始去恤下地之百艰。

帝俊生晏龙[1]，晏龙是为琴瑟。

帝俊有子八人，是始为歌舞。

【注释】

[1] 帝俊生晏龙，已见《大荒东经》。

【译文】

帝俊赏赐给后羿一张红色的弓和一些白色的矰箭，令后羿射除恶患，以便扶助天下邦国，后羿开始体恤下民，并去除天下各种艰苦。

帝俊生了晏龙，晏龙开始制作琴和瑟两种乐器。

帝俊有八个儿子，他们开始创作出歌曲和舞蹈。

帝俊生三身 [1]，三身生义均 [2]，义均是始为巧倕，是始作下民百巧。后稷是播百谷。稷之孙曰叔均，是始作牛耕。大比赤阴 [3]，是始为国。禹、鲧是始布土，均定九州。

【注释】

[1] 帝俊生三身，帝俊妻娥皇生三身之国，已见《大荒南经》。[2] 义均，即《大荒南经》《大荒西经》中之叔均（商均）。[3] 大比赤阴，郝懿行注："大比赤阴，四字难晓，推寻文义，当是地名。"因此译文且以地名译之。

【译文】

帝俊的后代是三身国的人。三身人生了义均，义均便是巧倕，从巧倕开始，人们会制作各种农具。后稷开始播种各种农作物。后稷的孙子叫叔均，这位叔均最先使用牛耕田。他在大比赤阴受封而建国。大禹和鲧最早兴修水利，使天下均衡地划分为九州 。

炎帝之妻，赤水之子听讹生炎居，炎居生节并，节并生戏器，戏器生祝融，祝融降处于江水，生共工。共工生术器，术器首方颠[1]，是复土壤[2]，以处江水。共工生后土，后土生噎鸣，噎鸣生岁十有二[3]。

洪水滔[4]天，鲧窃帝息壤以埋洪水，不待帝命。帝令祝融杀鲧于羽郊[5]。鲧复生禹，帝乃命禹卒布土以定九州[6]。

【注释】

[1] 首方颠，头顶是方且平的。郭璞注："头顶平也。"[2] 复土壤，郭璞注："复祝融之所也。"[3] "噎鸣"句，郭璞注："生十二子，皆以岁名名之，故云然。"[4] 滔，郭璞注："漫也。"[5] 羽郊，郭璞注："羽山之郊。"[6] "帝乃"句，天帝只好命禹去布土治水，使九州得到安定。郭璞注："鲧绩用不成，故复命禹终其功。"

【译文】

炎帝的妻子，即赤水氏的女儿听讹生下炎居，炎居生了节并，节并生了戏器，戏器生了祝融。祝融被贬居到长江边，便生了共工。共工生了术器。术器的头顶是方方正正的，他恢复了祖父祝融的土地，又住在长江边上。共工生了后土，后土生了噎鸣，噎鸣生了十二个以岁命名的儿子。

洪荒之时，到处是漫天大水。鲧便偷拿天帝的息壤用来堵塞洪水。但是他没有得到黄帝之令。黄帝派祝融把鲧杀死在羽山。

鲧死后剖腹生下了禹，天帝只好令禹去挖土治洪水，终于平定天下九州。